文化产业管理丛书

U0963743

# 文化经纪理论与实务

主　编　颜　海　彭桂芳　蒋冬青
副主编　张晓骏　高津君　熊晓亮

Culture Brokerage Theory and Practice

WUHAN UNIVERSITY PRESS
武汉大学出版社

图书在版编目(CIP)数据

文化经纪理论与实务/颜海,彭桂芳,蒋冬青主编．—武汉：武汉大学出版社,2016.3(2019.12 重印)
文化产业管理丛书
ISBN 978-7-307-17362-0

Ⅰ.文…　Ⅱ.①颜…　②彭…　③蒋…　Ⅲ.文化市场—经纪人—高等学校—教材　Ⅳ.G114

中国版本图书馆 CIP 数据核字(2015)第 295058 号

责任编辑:詹　蜜　　责任校对:李孟潇　　版式设计:马　佳

出版发行：**武汉大学出版社**　(430072　武昌　珞珈山)
(电子邮箱：cbs22@ whu.edu.cn　网址：www.wdp. com.cn)
印刷：武汉图物印刷有限公司
开本:720×1000　1/16　印张:14.75　字数:299 千字　插页:1
版次:2016 年 3 月第 1 版　　2019 年 12 月第 2 次印刷
ISBN 978-7-307-17362-0　　定价:32.00 元

# 前　言

文化产业风起云涌，方兴未艾，而文化经纪则是连接文化产品和文化市场不可或缺的纽带和桥梁，是文化产业发展的必备要素。"文化经纪理论与实务"作为文化产业管理专业的核心课程，我们既要注重其理论的系统性和先进性，同时更要体现其自身的实践性和应用性。基于此，编者在充分讨论、集思广益的前提下，拟定了以文化经纪总论开头，依据文化经纪的主体、客体、条件以及业态等构成要素展开分析和论述，并穿插相关案例，在介绍文化经纪知识的同时，应用知识解决实际经纪问题，让理论和实务紧密关联起来的编写思路。与此同时，编者还保留了"文化产业管理丛书"的编写风格，每章都按照【内容提要】【案例分析】【拓展阅读】【本章小结】以及【思考讨论】的体例展开，体现出清晰和模块构成的特色。

本书由颜海负责统筹和体例结构的设计，并负责编写第 1 章、前言和参考文献；彭桂芳负责第 2 章的编写；蒋冬青负责第 4 章、第 5 章和第 7 章的编写；张晓骏负责第 3 章的编写；熊晓亮负责第 6 章的编写；高津君负责第 8 章和附录的编写。本书在编写过程中参考和摘录了其他作者的相关成果和观点，在此一并向他们表示真诚的感谢，同时由于编者水平所限，加之实践经验匮乏，书中一定存在有错误和疏漏，敬请广大同仁、专家和读者给予批评指正！

Contents 目 录

# 第1章 文化经纪总论

内容提要

文化经纪是连接文化产品和文化市场不可或缺的纽带和桥梁，是文化产业发展的必备要素。本章从文化与文化市场等概念的界定入手，阐述了文化经纪的内涵与构成，并系统地介绍了文化经纪发展演变的历史和中外文化经纪概况，为学习后续相关知识奠定必要的基础。

## 1.1 文化与文化市场

### 1.1.1 文化的含义与特点

文化是指人类活动的模式以及给予这些模式重要性的符号化结构。不同的人对“文化”有不同的定义，通常文化包括文字、语言、地域、音乐、文学、绘画、雕塑、戏剧、电影等。大致上可以用一个民族的生活形式来指称它的文化。在考古学上“文化”则指某一历史时期的遗迹、遗物的综合体。同样的工具、用具、制造技术等是同一种文化的特征。有时文化也指文明。

文化实际上主要包含器物、制度和观念三个方面，具体包括语言、文字、习俗、思想、国力等，客观地说文化就是社会价值系统的总和。

文化和文明有时候在用法上混淆不清。于是有学者提出区别，文明偏在外，凡是政治、法律、经济、教育等生活上的表现，以及工艺与科学的成果，都可以认为是文明的表现。至于文化则偏在内，偏重于精神方面，包含了宗教、哲学、艺术等思想与习俗。

首先文化是共有的，它是一系列共有的概念、价值观和行为准则，它是使个人行为能力为集体所接受的共同标准。文化与社会是密切相关的，没有社会就不会有文化，但是也存在没有文化的社会。在同一社会内部，文化也具有不一致性。例如，在任何社会中，男性的文化和女性的文化就有不同。此外，不同的年龄、职业、阶级等之间也存在着亚文化的差异。

文化是学习得来的，而不是通过遗传而天生具有的。生理的满足方式是由文化决定的，每种文化决定这些需求如何得到满足。从这一角度看，非人类的灵长目动物也有各种文化行为的能力，但是这些文化行为只是单向的文化表现，如吃白蚁的方式以及警戒的呼喊声等。这和人类社会中庞大复杂的文化象征体系相比较显得有些微不足道。文化的基础是象征，其中最重要的是语言和文字，但也包含其他表现方式，如图像（如图腾、旗帜）、肢体动作（如握手、吐舌）、行为解读（如送礼）等。我们几乎可以说整个文化体系是透过庞大无比的象征体系深植在人类的思维之中，而人们也透过这套象征符号体系解读呈现在眼前的种种事物。因此如何解读各种象征在该文化的实质意义便成为人类学和语言学等社会学科诠释人类心智的重要方式之一。此外，文化作为相互关系的整体而呈现出一体化的趋势。

### 1.1.2　文化市场的含义、主体与属性

所谓文化市场，是指按价值规律进行文化艺术产品交换，和提供有偿文化服务活动的场所。它是文化艺术产品生产和消费的中介。它必须具备三个条件：一是要有能供人们消费并用于交换的劳动产品和活动；二是要有组织这种活动的经营者和需求者；三是要有适宜的交换条件。

文化市场主体一般是指各类文化产业单位。文化产业，根据联合国教科文组织的定义，是指“按照工业标准生产、再生产、储存以及分配文化产品和服务的一系列活动”。在我国，文化市场主体一般包括演出业、图书报刊业、广播影视业、娱乐业、音像业、艺术品经营业、网络文化业、文物拍卖业、文化旅游业等门类。因此，文化市场可以划分为演出市场、娱乐市场、音像市场、网络文化市场、电影市场、书报刊市场、艺术品市场、文物市场等多种类型。

文化市场的性质是由文化商品的一般性、特殊性和文化商品交换过程中所体现的生产关系的性质决定的。

**（1）商品经济属性**

列宁说过：“市场是商品经济的范畴。”① 与其他专业市场一样，文化市场具有商品经济的一般性，这是由文化商品的一般性决定的。这包括两层含义：

①文化商品和其他商品一样具有价值、实用价值和交换价值；

②文化市场的运行必须符合市场经济规律。

**（2）意识形态属性**

文化市场不仅具有商品经济的一般性意识形态的特殊性，而且具有意识形态的特殊性，这是由文化商品所包含的文化内容这一特殊性决定的。这也包括两层

---

① 列宁．列宁选集（第 1 卷）［M］．北京：人民出版社，1993：161.

含义：

①文化商品具有意识形态属性。从功能上讲，文化商品（含商品性服务）大致分四种类型：一是知识型，如关于乐理知识的书籍、中学生数理化教材等；二是引导型，如哲学著作；三是审美型，如音乐、诗歌、书画；四是休闲型，如卡拉OK、交际舞。除了纯粹的知识型产品，一般文化商品的生产、流通、消费都体现着一定的价值观念。而价值观念总是受特定的社会制度的制约。这也正是我国把文化市场作为社会主义精神文明建设重要阵地的根本原因。

②文化市场运行必须以社会效益为最高准则。社会效应是相对于经济效益而言。文化市场的社会效应，是指文化市场在运行过程中所产生的政治效果、思想效果、道德效果、知识效果、审美效果、娱乐效果以及文化积累效果的总和，是文化商品（含商品性服务）的使用价值在实现过程中获取的总收益。文化商品的使用价值就是文化商品的精神价值。优秀的文化产品，能够增长人们的科学文化知识，培养人们树立正确的世界观、人生观、价值观，而劣质文化、恶质文化则污染人们的灵魂，降低人们的思想、道德、文化素质，甚至把人引入歧途。任何时代、任何社会都重视精神文化的教化功能。社会主义文化生产的目的是为了满足人民群众的精神文化需要，文艺的方向是为人民服务，为社会主义服务，因此，在文化市场工作中，坚持社会效益第一的原则，是建设有中国特色社会主义文化的题中之意。

**（3）社会制度属性**

文化市场是市场经济的有机组成部分，市场经济的社会制度属性决定了文化市场的社会制度属性。我国实行的社会主义市场经济体制，就决定了我国文化市场的社会主义属性。这主要包含三层含义：

①我国文化市场是以国办文化为主导的文化市场。只有这样，才能保证我国文化市场的社会主义性质，才能使党的路线、方针、政策在文化市场得到很好的贯彻。

②我国文化市场是政府导向型的有序竞争的市场。这是因为一是基于市场机制的盲目性、自发性的缺陷，因此必须由政府手段来弥补。二是基于国家的整体战略目标。文化市场的建设必须服从、服务于我国社会主义现代化建设的整体目标，为经济建设和改革开放提供强大的精神动力和智力支持。三是基于国际竞争中的文化安全。在全球化特别是我国已加入世贸组织的今天，这一点显得格外突出。

③文化市场发展的根本目的是为了满足人民群众日益增长的精神文化需求，社会效益是其最高准则。

### 1.1.3 文化市场体系的内涵、构成与特征

文化市场体系是开展文化生产、文化建设的重要条件，是文化产业发展的基础。因此，科学地界定文化市场体系，明晰其基本构成与特征，有着非常重要的

意义。

**（1）文化市场体系的内涵**

文化市场体系是指由文化市场交易中的相互影响、相互作用的各种文化市场共同构成的有机系统。

文化市场是构成文化市场体系的基础。文化市场体系由众多的文化市场共同构成。所谓文化市场，即围绕文化产品与服务的市场交换而开展一系列经济活动并由此而形成的各种经济关系的总和。文化市场是从经济的角度来考察文化活动所形成的认知。与一般商品市场一样，文化市场也由以下基本要素构成。

一是文化市场主体，即文化市场产品和服务的经营者或提供者，是文化市场供求关系中的卖方。在文化产品或服务的所有者将文化产品或服务带到市场上交换的过程中，文化产品或文化服务的提供者将自己对于文化商品、服务的经济利益、经济需要通过具体的商品交换反映出来。文化产品和服务的经营者、提供者因提供文化产品或服务而成为文化市场中的供给方，是文化市场的基本构成要素。

二是文化市场客体，即在文化市场上用作交换的文化商品。因形式不同，主要有有形的文化产品、无形的文化服务和作为商品的文化要素资源。其中，有形的文化产品包括图书、光盘、工艺品等，无形的文化服务包括演出、话剧、歌剧等以服务形式进行交易的文化商品，作为商品的文化要素资源主要包括知识产权、人才、资本、信息、技术及地产等方面的资源。市场是进行商品交换，发生经济关系而形成的，进行文化商品的买卖是文化市场的基本内容。因此，具备大量的可供交换的文化产品、文化服务、文化要素资源是文化市场存在的基础，是文化市场形成的基本构成要素。

三是交换对象，即既具有文化消费需求又具备支付能力的购买者，是文化市场的买方。这是一个由书店的读者、剧院的观众、拍卖会上的竞拍者、文具购买者、旅游者等组成的庞大文化消费群体。

除此之外，还可从微观即企业角度来考察文化市场。这实际上也是考察文化市场需求的构成。文化市场的需求，主要由人口、购买力、购买欲望三个方面要素构成①。

**（2）文化市场体系的构成**

我国的文化市场体系，由三大基本类型的市场共同构成。

①文化产品市场。这是以文化物质实体产品为交易对象的所有场所、过程、关系等的集合。其特征包括：市场交换对象是有形的文化产品；以个体分散购买消费为主；交易频繁、次数多、量大；就商品阶段性质而言，是最终满足消费者消费的阶段。凡具有上述特征的文化市场，都可称为文化产品市场。

---

① 罗紫初．出版学基础［M］．太原：山西人民出版社，2005：8，32.

②文化服务市场。这是文化商品市场的特殊形态，是以无形文化服务为交易内容的所有场所、过程和关系等的集合。其特征包括：市场交换对象是无形的文化服务；交易次数少，但门类繁多；以个体集中消费为主；生产过程与消费过程具有同一性，一旦生产终止，它所提供的文化价值、消费者的文化享受也就结束了。除此之外，享受文化服务的费用比一般服务费用高，文化服务具有奢侈品的性质。凡具有上述特征的文化市场，都可称为文化服务市场。

③文化要素市场。这是指为文化产品和服务的生产与经营活动提供所需的各种基本要素的市场。文化要素市场通过提供生产经营文化商品必不可少的有形或无形的生产要素，担负着为文化市场体系配置资源、促进文化市场体系顺利运行的重任。其特征如下：首先，文化要素市场中交易的商品既有有形的也有无形的，并且是以无形要素为主；其次，市场购买者主要是各类文化企业，交易次数少但交易对象相对固定；最后，就商品阶段而言，文化要素市场是连接生产和生产性消费的市场，是在文化市场体系内部运行的市场。凡具有上述特征的文化市场，都可称为文化要素市场。

文化产品市场、文化服务市场和文化要素市场三类市场的具体构成可见表1-1：

表 1-1　**文化市场体系**

| 文化产品市场 | 文化服务市场 | 文化要素市场 |
|---|---|---|
| 印刷出版物（书报刊）市场 | 广播及影视市场 | 文化生产资料市场 |
| 电子出版物市场 | 演出市场 | 文化资本市场 |
| 音像出版物市场 | 会展市场 | 知识产权市场 |
| 文物艺术品市场 | 娱乐休闲服务市场 | 文化人才市场 |
| 文化专用设备市场 | 文化艺术及创意设计服务 | 文化技术市场 |
| 文化用品市场 | 文化产品生产的服务市场 | 文化信息市场 |
| 软件市场 | 网络市场 | 文化地产市场 |

**（3）文化市场体系的基本特征**

要科学构建现代文化市场体系，促进文化产业健康繁荣发展，就必须准确把握文化市场体系的基本特征。市场体系的特征，是由构成体系的各类市场的特征决定的；而市场的特征，又在很大程度上取决于市场交换对象的属性。文化市场的交换对象是各种类型的文化产品，由文化产品所具有的两重属性：商品性与文化性所决定，文化市场既具有与其他商品经济领域市场体系所共同具有的基本特征，也具有不同于其他商品经济领域市场体系的个性化特征。作为整个国民经济市场体系中的一个子系统，文化市场体系毫无疑问地具有所有商品市场体系所共同具有的基本特性。

①统一性。

文化市场体系的统一性，主要表现在以下几个方面：一是各类文化市场目标功能的同一性，无论是文化产品类市场，还是文化服务类市场或文化要素类市场，其运行目标都是向社会提供丰富多彩的文化产品与服务，都有满足消费者文化精神需求的功能。二是文化市场商品交换价格的可计量性，这是维系文化市场统一性的基础，虽然文化产品在内容价值方面难以找到合适的判断标准，但可以依据其内容所依附的物质形态产品的质量状况计价，如光盘的材料优劣、清晰度，图书、报纸、期刊的纸张优劣及印刷质量、装帧质量，影视剧的制作工期与成本，演出剧目的排练及服装、道具等费用，等等。即使是一些难以用价格衡量的要素，如出版物作者、演员、画家可依其名气尽量量化。如在一定时期，出版物作者的稿酬依其知名度及其所在专业领域的影响力以版税制的方式浮动支付，演员、歌手的出场费及画家的作品拍卖也可依照其当时的知名度确定一个建议性的价格范围或价格标准。总之，由于文化产业的经营者们对文化活动中一切可能的因素都采用了尽量使其计量化的做法，使得文化市场体系也与其他国民经济领域的市场体系一样，具有统一性的特征。

②开放性。

文化市场体系的开放性，主要表现在以下几个方面：一是文化市场主体可以自由进入，符合条件的国内外经营者可以合法自由地经营；二是文化市场消费者可以按自己意愿自由消费；三是各类文化市场协调发展，开放式经营；四是文化市场各种要素，如资金、人才、信息等，都可以自由流动。文化产品自身特征也要求其发展必须具有开放性的市场环境，在一个封闭式的市场空间中出文化精品，是难以想象的事。毛泽东同志提出的“百花齐放，百家争鸣”发展我国文化艺术事业的方针，就是对文化市场所具有的开放性特征的最佳诠释。在网络化与数字化时代，人与人之间，不同领域、行业之间，不同地域、国别之间，联系交流已变得十分便捷，多媒体互动、全媒体交流，使整个世界成为一个开放式的大家庭。文化作为维系人类大家庭和谐的重要力量，其市场的开放性特征也就更为突出了。

③竞争性。

既然进入市场的文化产品具有商品性的一面，那么文化市场的经营者就必然会围绕获取更多的利益而相互展开争斗，由此而使文化市场也与其他国民经济领域的市场体系一样，具有竞争性的特征。文化市场体系的竞争性，主要表现在以下几个方面：一是所有的文化市场经营者都必须围绕自己的产品与服务的市场成功交换而展开争斗；二是同一文化市场的各类经营为了各自的生存必然会展开竞赛；三是文化市场中为产品经营者服务的中介、咨询等机构及其他要素市场经营者也必然会参与到竞争中来；四是文化市场消费者与经营者之间围绕商品交换价格也在进行着争斗。

④有序性。

文化市场体系的有序性，主要表现在以下几个方面：一是各类文化市场运行规则的一致性，都要按照统一的规则来运行，市场经营活动要遵循社会效益优先的原则，要遵纪守法经营；二是交换价格公开透明，图书有统一定价，报刊有统一的定价，剧场、影院提供的演出与播映服务也有统一的票价；三是文化市场的交易具有良好的秩序，包括市场主体的合法性，交换产品的合法性，市场交易程序规范等；四是良好的经营竞争环境，包括健全的文化市场信用制度、强有力的财产和知识产权保护措施、灵活多样的文化产品生产制作方式和流通渠道等。只有建立有序的文化市场体系，才能保证和维护文化市场主体的契约关系，保持文化市场交易活动的生机和活力；也才能保证公平的文化市场竞争，实现文化资源的有效配置①。

除了上面所述的共性之外，文化市场体系与其他国民经济领域的市场体系相比较，还具有以下特征。

①文化生产目的的非盈利性。

文化产品的生产本质上属于知识生产的范畴。知识生产是一种目的崇高的劳动。人类有着对科学及未知世界探索的本能，并将成果用于造福全人类的这样一种责任感，从而进行文化知识的生产，并非是以商品交换获取利益目的。我们知道，如果是为钱而写书，那是写不出真正的好作品的。马克思也说过："作家绝不是把自己的作品作为手段，作品就是目的的本身；无论对作家或其他人来说，作品根本不是手段，所以在必要时可以为了作品的生存而牺牲个人的生存。"②

美国一位科学家在他 102 岁寿辰的时候曾向 1986 年诺贝尔化学奖获得者李远哲说："我不相信科学家在实验室里废寝忘食、埋头苦干是为了得什么奖的。科学是十分崇高的事业，是为人类造福的事业。"马克思还指出："弥尔顿创作《失乐园》得到 5 镑……出于同春蚕吐丝一样的必要而创作《失乐园》，那是他的'天性'的能动表现。"③

马克思在这里所指的"天性"，是指为人类献身的精神，正是这种精神的驱使，才使弥尔顿创作出了《失乐园》这部不朽的名著。荷兰画家凡·高画了很多油画，只有一幅得以在他生前以很低的价格（少于三百法郎）售出。他的生活穷得难以忍受，他画那些画是为了什么？（有趣的是，他的画在今天创下了最高拍卖

---

① 江宗德．把握现代文化市场体系的基本特征［N］．人民日报，2011-08-01.

② 马克思，恩格斯．马克思恩格斯选集（第 1 卷）［M］．北京：人民出版社，1972：27.

③ 马克思，恩格斯．马克思恩格斯选集（第 26 卷）［M］．北京：人民出版社，1974：432.

价纪录，超过 4 亿法郎。）今天很多艺术家想钱的事情想得太多了，太商业化了，这也是他们未能创造出一些伟大作品的原因。因为文化产品的生产本质上是非盈利性的①。文化生产目的的非盈利性使它有别于其他商品生产。此外，作为一种知识产品，文化产品的生产活动可谓艰难的探索经历。因为，新知识是无数知识单元排列组合的结果。在浩瀚的可能组成的知识结构中获取知识产品是一个艰难的探索过程。这一过程中，生产者的投入产出都是一个未知数。此一特点及知识生产的其他特点，如：知识产品的无形性、低可比性、知识生产的非重复性、继承性等，决定着文化产品的生产就目的而言，具有非盈利性，不能完全按商品生产的方式来组织。

②文化产品使用价值的精神性。

商品的使用价值，是其具有的能够满足消费者某种需求的属性。就文化产品来说，其使用价值是各种文化产品中内化了的文化价值。正如前面所提到的，文化价值是一个外延十分广泛的概念，至少包括了认知价值（获取认识客观世界的知识）、审美价值（获得愉悦等美感）、传承价值（保存文化）、教化价值（净化心灵）、传播价值（获取信息，消除行为决策的不确定性）等内容。人们之所以购买消费文化产品，是因为文化产品所具有的使用价值能够满足自己追求文化价值的需求。读书可以学习知识，看电影可以受思想熏陶，欣赏艺术表演可以陶冶情操，参加职能培训可以掌握技能，等等，这种种对于文化价值的追求，都属于非物质性的精神需求。文化产品使用价值的精神性，使其发挥作用时在作用领域、作用范围、作用方式等方面都与一般物质生活商品大不相同。

从作用领域看，一般生活类商品的使用价值在物质生活中实现，而文化产品的使用价值则首先在精神生活中实现。文化产品对人们物质生活的影响，首先是通过各种文化价值的传播，影响人们的思想观念、道德情操、行为举止，提高人们的文化科学技术水平，然后再间接地影响人们的物质生活。

③文化市场交换价格的背离性。

作为文化市场的交换对象，文化商品的交换价格并未反映其真实价值。一般的物质商品的价值作为社会必要劳动的凝聚，是有形的，可计量的。一块手表比一盒粉笔的市场交换价格要高得多，是因为生产一块手表所耗费的社会必要劳动时间比生产一盒粉笔所需的社会必要劳动时间要多得多。在同类产品中，如服装，同类款式的大衣，有的只要几十元，有的则价格上万元，那是因为它们各自使用的原材料和加工工艺不同，所耗费的劳动时间也因此不同所致。此外，相同商品在不同的时间和不同的地区，其交换价格可能会有些差别，那是因为供求关系的变化而出现的

① 徐亮．文化市场根本特征和管理原则的探讨［J］．中共济南市委党校济南市行政学院济南市社会主义学院学报，1999（2）．

临时的价格波动，是不可能稳定的，长时间地歪曲商品价值的。由此可见，一般的物质商品的交换价格是遵循价值规律，围绕商品价值上下波动，即使存在价格与价值背离的情况，也不会很突出、不普遍，是能大体反映市场流通商品真正价值的。而文化产品是精神产品的物化形式，它的交换价格，如出版物的定价、电影票价、剧院演出的门票价等，只反映了精神产品在物化过程中能计量的那部分劳动耗费，如所花费的工时费，所消耗的物质材料费，所使用的设备损耗费，等等，没有或很少包含凝结在精神产品价值形成过程中的全部劳动耗费。如：印张大体相同的书，其定价也就大体相同，而不论这些书的内容质量，书的定价中所含的作者稿酬部分是很难反映作者所耗费的劳动的；剧场演出门票也只计算了排练的人力物力耗费加基本利润，等等。事实上，正如前面所说，知识产品的生产是一个艰难的探索过程，其劳动价值量无法用社会必要劳动时间来衡量。马克思撰《资本论》延续 40 年，罗曼·罗兰写《约翰·克利斯朵夫》延续 20 年，我国汉代学者扬雄撰《方言》，仅收集资料即用了 27 年。这些不朽的著作，其价值根本不能用货币来衡量。因此可以说，文化市场交换价格与价值相背离具有必然性、普遍性①。文化产品的这一市场特点，决定着文化市场的经营者不能像一般商品的经营者那样以主要受商品价格制约的货币利润作为经营取舍的价值尺度，而必须考虑产品文化价值和内容质量，要以市场交换价格所无法反映的产品的内在文化价值作为经营取舍的依据。

④文化市场消费的非消耗性。

就一般商品市场消费而言，对一件商品或一项服务的消费，就是消耗其使用价值。面包可以满足人们充饥的需求，饥饿者购买面包并将其吃掉，面包的使用价值就被消耗掉了。文化产品的使用价值，是由于文化产品所蕴含的文化知识能够满足文化消费者追求文化价值的精神需求这样一种属性。在文化市场的消费中，消费者获得了精神需求的满足，却并没有将文化产品的这种使用价值消耗掉，这就是文化市场产品消费中所具有的非消耗性特征。

## 1.2 文化经纪的界定与构成

### 1.2.1 文化经纪的界定

文化经纪的简单理解来说就是文化中介。一般来讲，文化中介是指在文化经济市场中，为交易的双方提供信息、促成交易而收取佣金等报酬的文化服务机构，涉及文化信息、文化产品、文化人才、文化生产传播的资料，设备和技术等文化市场要素，从事文化的策划、居间、行纪、代理、咨询、出租等经济活动，由自然人、

① 罗紫初．出版学基础［M］．太原：山西人民出版社，2005：60.

法人或非法人单位在取得必要的文化经纪资格证书，在工商行政管理局注册登记并领取文化中介组织的营业执照而成为文化市场的经营性主体，其形态包括文化个人独资企业、文化经纪人事务所与文化经纪公司等①。

### 1.2.2　文化经纪的特征

虽然文化中介与一般经济组织有许多相似之处，而作为服务型的经营机构，文化中介组织又与代理，经纪，租赁等服务行业的机构之间形成了交叉错综的关联，但是就其特有的属性而言，文化经纪至少具有以下的特征：

**（1）以文化中介为核心的市场经营主体**

众所周知，文化经纪能够成为市场经济领域中一种独特的经营主体，根本的原因在于它所从事的对象是文化经济领域，包括有形的文化产品和无形的文化服务活动。前者如美术字画，文艺作品、影视音像、数字光盘等，后者如文艺表演、艺术展览、文化娱乐等。因此，与一般经纪组织的中介对象不同，文化经纪的经营范围只能是文化市场要素，是进入市场的文化商品和文化服务。

**（2）为文化产品交易的双方充当中介**

与一般的服务性行业不同，文化经纪经营主体既不是文化产品的生产者，也不是文化商品的购买者。经营主体所经纪的文化产品是由他人生产制作的。在整个文化经纪的交易过程中，文化经纪主体也不是文化经纪活动的交易双方之一，只是充当着促成文化产品交易的媒介。尽管如此，文化经纪却是文化经济市场中一种不可或缺的机制，它直接引发、撮合、促使某项文化交易活动的进行和完成，在文化市场中起到了一种架设与充当桥梁的作用。

**（3）以经纪人的名义从事文化经纪活动**

虽然，在经纪人和委托人的法律关系上，国际法学界至今还存在着争议，如海洋法系的国家主张间接代理说，大陆法系国家则提出准委托说，而中国台湾地区法律界又强调特殊承揽说。我国大陆现有的法律对此并没有作严格的界定。根据2004 年国家工商行政管理局第 14 号令《经纪人管理办法》规定：“本办法所称经纪人，是指在经济活动中，以收取佣金为目的，为促成他人交易而从事居间、行纪或者代理等经纪业务的自然人、法人和其他经济组织。”可见，该管理办法虽然表述了经纪人的经营特征，可是对于经纪人的行业属性没有作出完整而明确的规定，只是将居间、行纪或者代理等经营行为归为经纪人的经纪业务项目。由于它没有确立经纪人的行业特性，因而不可能区分出经纪行业与其他经营行为的本质区别，也不可能严格地界定这些经纪人经营项目的法律特征。

---

①　李恒光．市场中介组织：含义及类别的探讨［J］．北京行政学院学报，2001（6）．

**(4) 以佣金为主要经济收入的文化服务报酬**

作为一种国际惯例，经纪人的主要经济报酬是佣金，它通常是由中介交易双方承担，并在经纪合同中明确规定。随着当代文化经纪范围的扩大，文化经纪活动的开支也与日俱增，用传统的单项佣金已经无法准确地反映文化经纪人的实际支出，而这些经纪费用有时又直接会影响到文化经纪业务的成败，或者损害到现有的佣金比率额度。所以，既要使文化经纪合理的佣金收入获得法律的保护，也要为文化活动的成本费用制定适当的行业规则，从而使文化经纪在文化市场中切实地树立起独立的市场主体地位①。

### 1.2.3　文化经纪构成要素

文化经纪主要由以下几个方面构成：

第一，文化经纪经营组织及文化经纪人。文化经纪组织实际就是由从事此行业的人员构成。文化经纪人，简单地说就是作为文化产品交易中介从中获得佣金的商人。文化经纪业的发展也同时不断地对文化经纪人的知识背景和业务素质提出更高的要求。随着社会经济的飞速发展人们对文化需求的提高，文化产业发展规模日益扩大，文化经纪业务内容也不断深化和丰富，文化经纪人的知识背景也日益多样化。越来越多具有经济学、营销学、商业管理等知识结构或从业经历的人们加入进来，为文化经纪业的持续发展注入新的活力②。

第二，文化商品。文化商品是相对于物质产品而言，它是满足人们精神文化需要用来交换的劳动产品。文化商品是文化经纪业得以存在、发展的效用基础。在文化经纪活动中，文化经纪人搜寻、检索、重组文化产品信息的技能作为文化商品是以一定的形式存在的。正因为文化经纪人提供的收费文化产品信息服务有效用价值，能够给客户带来商业利润和其他利益，客户才会购买文化经纪业提供的服务，为文化经纪业的存在和发展提供土壤和养分。

第三，文化经纪消费者。文化经纪消费者是文化经纪人业务活动成果的直接消费者和顾客。满足文化经纪消费者的潜在和现实文化需求是文化经纪人业务活动的宗旨和目标。文化消费者的信息需求拉动文化经纪业不断向前发展，就此意义上文化消费者是文化经纪活动的主要对象之一。如何吸引和引导文化消费者也是文化经纪组织思考的问题。

第四，文化市场要素。我们这里所讲的文化市场是广义的文化市场，它是文化商品交换过程中所反映各种经济关系的总和，它不仅包括文化商品交换的场所，还

① 姚海琳．地方政府对企业集群成长的作用与中介组织发育［J］．学术研究，2003(6)．

② 李贺林，曹振刚．社会主义文化市场概论［M］．北京：北京出版社，1998：112.

包括文化商品与其他任何形式的商品间的交换关系和文化生产资料所有者与其他生产资料所有者之间的经济关系①。文化经纪是文化市场中关键要素之一，文化市场的形成和发育与文化经纪业的发展程度、发展水平息息相关。随着文化消费者的日益增长和文化服务类型、文化商品的增多，文化经纪市场也会逐渐发展、壮大。文化经纪组织要采取多种营销手段，寻求潜在文化消费者，培养客户，不断拓展市场。

## 1.3 文化经纪行业

文化经纪行业大体可分为以下三类：

第一类，直接为文化产品交易活动服务的“桥梁”组织。

比如演出经纪机构、商品经纪机构、影视经纪机构、文物经纪机构、模特经纪机构、文化旅游经纪机构、工艺品经纪机构、新闻出版经纪人及各种文化代理机构或经纪人等。

第二类，为文化产业投资者服务的各类文化艺术咨询机构。

第三类，能起到市场中介作用、协调和约束文化市场经营的主体行为的行业自律组织，比如文化市场中的行业协会②。

文化经纪根据经纪主体还可以根据类型的不同分为市场经纪企业和个人独立经纪人；根据经纪主体从事的行业和职业不同，可分为不同文化产业的经纪机构和经纪人，他们最基本的工作就是通过市场中介服务来促成文化产品的经营交易。

《国家“十一五”时期文化发展规划纲要》从完善文化要素市场角度提出“发展文化经纪代理、评估鉴定、技术交易、推介咨询、担保拍卖等中介服务机构，引导其规范运作，向品牌化、专业化方向发展”的要求，以促进文化产业的发展壮大。党的十七大报告指出：“在时代的高起点上推动文化内容形式、体制机制、传播手段创新，解放和发展生产力，是繁荣文化的必由之路。”为此，进一步认识文化中介机构的概念、性质及功能，深入分析、培育发展文化中介机构的必然性，对于大力发展文化产业，满足人民群众日益增长的文化需求，推动社会主义文化大发展大繁荣具有重要意义。

### 1.3.1 文化中介机构概念、分类及性质

文化中介机构属于文化经纪企业。一般来讲，文化中介机构是指在文化经济市场中，为进行文化产品生产和服务交易的双方提供信息、促成交易而收取报酬的文

---

① 李康华．文化市场营销学［M］．北京：书海出版社，2006：211.

② 徐秋林．发展社会中介组织的问题及对策［J］．科技情报开发与经济，2004（2）．

化服务机构。内容涉及文化信息、文化产品、文化人才、文化生产传播的资料、设备和技术等文化市场要素，从事文化的策划、居间、行纪、代理、咨询、出租等经纪活动。由自然人、法人在取得必要的文化经纪资格证书，经工商行政管理部门注册登记并领取文化中介机构营业执照，而成为文化市场的经营性主体。其形态主要包括文化个人独资企业、文化经纪人事务所和文化经纪公司等。从一定意义上说，文化中介机构的发育，代表了文化总体服务功能的水平，是衡量一个城市文化事业繁荣和文化产业发展的重要尺度。

依据经济学对市场中介机构的性质分类，文化中介包括经纪类，如文化项目经纪、项目接洽、投融资经纪、文艺演出经纪等；代理类，如文化产品销售代理、广告代理等；交易类，包括文化拍卖组织等；咨询类，如文化政策法规咨询、技术咨询等；认证、资信评估和担保类，如投融资担保、信用担保等；社团类，包括文化行业协会、民间文化组织等。其中，经纪类、代理类、交易类属于交易型性质。该类型组织首先要求建立起搜寻经济信息的渠道或稳定的信息沟通方式，能够以较低的费用掌握众多潜在市场交易主体的报价；同时，必须在广大潜在的交易主体之间建立起良好的诚信信誉。咨询类、认证、资信评估和担保类属于准则型性质，该类型组织成功运作的基础在于其公信力，中立、公正是其生存和发展之本。而社团类则为管理型性质。有了管理型市场中介机构这一环节，有助于政府顺利实现从直接管理到间接管理的过渡，提高政府对市场及其交易主体的管理效率，避免政府因直接管理导致的管理幅度过大而影响宏观调控能力。

### 1.3.2 文化中介机构在文化产业中的作用

加速文化行政职能转变，维护文化市场秩序。随着我国文化行政管理体制改革的深入，政府的管理职能要逐渐从直接管理向间接管理转化，一些具体事项应由中介机构承担，改变诸如文艺演出之类活动也要由政府直接操办等现状，提高文化产品和服务的市场化程度。同时，随着政企分开和政府职能的转变，文化中介机构还将发挥“经济警察”的功能，在监督文化企业行为，调节文化市场纠纷，维护和规范文化市场经济秩序中发挥应有的作用。

拓展文化信息传播渠道，促进文化产品流通。文化中介机构的作用发挥得越充分，政府与企业、单位与个人、企业之间，甚至是国内外企业之间沟通的领域就越宽广、渠道越多样，文化信息的传播就愈加便捷和顺畅。文化中介机构在文化商品的交换活动中，通过经纪人的创造性智力劳动与服务，不仅为文化交易的双方提供了一种接触的机会、成交的可能与现实，而且也为文化信息的传播开辟了一种交往、对话的渠道，既扩大了文化信息的传播，又促进了文化产品的流通。

优化配置文化资源，扩大文化再生产。文化资源是文化生产的基础条件，是人们从事文化生产、文化活动所必需的可资利用的各种资源，它包括文本要素、资本要素、设备要素、技术要素、人才要素等。文化资源相对于人民群众的需求是有限的，合理配置文化资源是拓展文化再生产规模的前提。文化中介机构能够在文化市场层面给文化资源配置提供一种有效机制，刺激、疏导文化资源在企业内和行业间的合理配置和有效整合，从而形成文化扩大再生产的基础。

完善文化专业市场，培育文化市场体系。文化中介机构不但在存量文化市场从事文化商品经纪活动，而且在增量文化市场开辟着文化产品的中介领域。这就使它在文化市场的结构性演变进程中形成某种重构力量：一方面完善文化专业市场的结构；另一方面建构跨行业的文化市场，如文化策划市场、文化人才市场、文化公关市场、文化出租市场等。同时，文化中介机构还能够广泛吸引民营、个体、外资等非公资本参与文化市场建设，并把分散的、独立的个体文化市场连接起来，对于充实、培育文化市场体系起着不可替代的作用。

降低交易成本，提高文化企业竞争力。社会分工的细化降低了转型成本，但分工越细，交易就越频繁和复杂，致使交易成本上升，比如制度不健全、规则不透明、诚信缺失等造成的成本提高。高素质的文化中介机构可以帮助各经营主体改善信息状况、降低交易成本，特别是信息成本，从而节约了社会劳动，降低企业总体生产成本，提高文化企业在市场中的竞争能力。

引导文化经济消费，培育文化消费群体。作为文化市场的经营性主体，文化中介机构直接面向广大文化消费者。专业的文化经纪知识与职业的文化经纪实践，使经纪人能够较为准确地了解文化市场的需求，及时地把握文化消费的动向。灵敏的市场嗅觉与创新的经纪理念使文化经纪人在顺应文化大众消费心态的同时，能够因势利导，兴起文化消费热潮，引领文化消费时尚，培育文化消费群体。可以说，在当代世界各国此起彼伏的文化消费热潮中，文化经纪人称得上是文化时尚消费的弄潮儿。

### 1.3.3　文化中介机构的基本功能

**（1）服务功能**

服务功能是文化中介机构的一项重要功能，其服务对象主要包括政府和文化经济主体、法人和公民。一方面，我国一部分文化中介机构是由政府职能转变而来，承担着政府的部分职能，特别是管理型文化中介机构，例如出版行业协会承担着贯彻落实政府的有关政策，促进出版行业的健康发展的职能①。另一方面，文化中介机构联系面广、信息渠道多、掌握的信息量大，能够凭借专业性特征，依靠专业人才和专业技术及时、迅速地获取市场信息，并对信息进行分析、归纳和整合，最终形成信息资料数据库。因此，文化中介机构的信息反馈功能可以为政府决策提供信

① 朱静雯. 现代书业企业管理学（第 2 版）[M]. 苏州：苏州大学出版社，2013：33-34.

息咨询服务。此外，文化中介机构可以为经济主体、法人和公民提供全方位、多领域、多层面的服务。在文化产品和服务的交换过程中，文化中介机构涉及的领域宽广，信息传播速度更快、更便捷，通过创造性智力劳动和服务，能够促进文化信息交流渠道多样化，为交易双方提供更多接触机会，扩大文化信息传播范围，促进文化商品交易。文化中介机构既服务于文化生产者，将文化产品和服务及时卖出，又服务于文化消费者，及时满足他们的文化需求。文化中介机构还可以发挥“把关人”作用，对文化市场需求进行因势利导，引领文化消费时尚，掀起各种文化消费热潮，从而能够培养文化消费群体，在带来经济效益的同时创造更多的社会效益。

**（2）沟通功能**

文化供给和需求是文化商品流通领域中的两个重要方面，文化生产者专注于文化产品的生产，往往没有足够的时间和精力去了解需求市场、对产品和服务进行策划以及更好地营销等①。文化中介机构是文化产品和文化市场沟通的桥梁。它活跃于文化生产、文化交换、文化消费三大领域，能够传播文化产品信息、促进文化产品和服务的流通，调节文化供需。文化中介机构也是政府与市场主体之间的桥梁和纽带。文化中介机构一方面与政府部门保持着密切的联系，对政府的政策方针有比较深入的了解；另一方面，与文化经济主体、法人和公民交往密切，比较了解他们的要求和呼声，文化中介机构可以代表文化企业与政府对话，充当政府和企业之间的桥梁和纽带。文化中介机构不仅可以发挥政府与社会、政府与企业以及不同企业之间的桥梁和纽带作用，还可以协调不同利益主体之间的关系。在市场经济条件下，由于利益关系的强化和利益主体的多元化，文化生产者、文化经营者和文化消费者之间的矛盾和利益更加突出，例如制造虚假广告、侵权盗版行为会损害不同文化主体的合法利益，文化中介机构通过调节利益群体之间的关系，缓解或者避免矛盾的激化。协调不同文化主体的利益，维护不同文化主体的合法权益是文化中介机构的重要职责。

**（3）公证功能**

市场经济条件下，各种经济关系错综复杂，受各种经济利益的驱动，市场主体的违法行为时有发生。一方面，尽管文化中介机构的全部职能是提供文化中介服务并通过提供服务获取报酬，但文化中介机构的服务不同于其他商业服务，这种服务是居间性的、双向的，既要对政府负责，又要对文化企业负责，服务的质量和内容要接受政府的管理和社会监督。因此，公正性和客观性是对文化中介机构的必然要求。另一方面，文化中介机构是经过严格的资格审查、依法成立的独立法人组织，其从业人员具有明显的专业优势，能够对有关的法律法规和产业政

① 胡攀．我国文化中介机构自议［J］．重庆社会主义学院学报，2007（3）：39-41.

策的落实进行查证核实，对市场主体发布的各种文化经济信息进行核实并发表客观公正的核查报告，还可以为政府制定行业规范提供咨询等。文化中介机构的地位和性质是促进文化市场主体经济活动的公平和公正，促进文化经济秩序的规范化。此外，文化商品一方面是物化的精神产品，另一方面也是通过市场交换实现的文化精神产品和娱乐服务的总和，其经济价值难以度量，所以文化中介机构的作用不仅可以沟通供需双方，提供信誉保证，它们还对文化产品的价值认定起着举足轻重的作用。

**（4）监督功能**

市场经济要求政府转变职能，对经济运行进行间接调控，不直接干预企业的生产经营活动。政府职能转变后，一部分权力还给企业，一部分权力交给市场；一部分职能放给社区组织，一部分职能就转给中介组织。

然而，市场经济本身具有自发性、盲目性、滞后性等弊端，一些文化企业习惯于计划管理，政府转变职能后，经济管理主体暂时空缺，我国文化市场体系发育不完善，文化生产者、经营者不成熟，必然会导致盲目竞争，因此，需要文化中介机构承担政府的某些社会职能，对文化市场运行进行监督和协调。文化中介机构的监督是一种综合性监督，且独立于行政管理之外，在某种意义上比政府监督更有效、更贴近市场，特别是非盈利性文化中介机构，比如行业协会、同业公会、商会等，它们依据法律法规，制定并执行行规行约和各类标准，对文化产品和服务质量、竞争手段、经营作风进行严格监督，鼓励公平竞争，打击违法、违规行为。

## 1.4　文化经纪的发展演变与现状

我国文化经纪的诞生是伴随着我国改革开放事业的深入发展，文化产品作为商品开始进入市场。如何使艺术产品变为商品，体现其自身价值？文化经纪应运而生。中国 20 多年的文化经纪发展史，经历了从初步引进后的认知时期，到盲目效仿、盲目跟进的实践时期，再到痛苦回顾、理性反思的探索时期的演变过程，反映了中国文化理论工作者和企业家从感性认识到理性认识的质的飞跃，也反映了建立有中国特色的、适应中国文化市场环境的文化理论对于指导文化经纪经营实践有必要性和紧迫性①。

### 1.4.1　认知时期（1978 年 12 月—1985 年）

中国 20 多年文化经纪的发展是与中国的经济体制改革和发展同步进行的。1978 年 12 月，党的十一届三中全会后，随着中国改革开放政策的确立和实施，中

① 李贺林，曹振刚．社会主义文化市场概论［M］．北京：北京出版社，1998：56.

国的经济体制改革首先在农村随后在城市逐步推进。挣脱了体制束缚的文化团体和国有文化机构的积极性被充分调动起来。随着中国的经济迅速发展，流通和市场问题日益为人们所重视，特别是四个经济特区的建立，中国文化市场上有了竞争，再加上外国文化企业的榜样作用，中国人对文化经纪有了初步认识。与此同时，中国的文化理论工作者开始引进国外有关文化产业和文化市场的著作，把国外的文化经纪思想传入国内，为文化经纪理论的引进和传播做出了突出贡献，起到了思想启蒙的作用。

### 1.4.2 转型时期（20世纪80年代中期—90年代中期）

经济改革的重点由农村转向城市，国有企业改革进一步深入，非国有经济蓬勃发展，形成了竞争主体多元化的市场竞争格局。从1984年起，中国陆续开放了14个沿海城市、开辟了3个沿海经济开发区，形成了由点到线到面的广大沿海经济开发区。与此同时，中国的文化市场由卖方市场向买方市场转变，文化经纪组织间的竞争日益激烈：文化消费者需求向多样化发展。中国文化市场环境的改变为文化产品营销理论的传播和应用创造了条件。特别是外国文化经纪品牌的大举进入，将其先进的管理理念和管理方式带到了中国，使中国文化经纪企业看到了一种全新的企业运作方式及其所产生的巨大市场效应。外资品牌的进入加速了中国文化经纪市场实践的步伐。

### 1.4.3 探索时期（20世纪90年代中期以后）

20世纪90年代以后，随着经济改革的深入，我国形成了以公有制为主体、多种所有制结构并存的竞争格局，竞争主体多元化；文化经济市场进一步发展，买方市场全面形成；由于分配方式的多样化，文化消费者需求呈现多样化、个性化特征，而且随着文化产业国际经济一体化的发展，国外文化资本大举进入，内外竞争力量的夹击使得我国文化经纪企业竞争能力弱、创新能力不足、产品结构不合理等缺陷逐渐暴露出来。文化经纪企业对文化市场的适应力在减弱甚至消失。随着中国加入WTO，中国文化经纪企业面临更加严峻的竞争形势。这种状况迫使我国的文化理论界和文化企业界开始进行理性反思，重新审视文化经纪市场的含义，试图探索适合中国国情的文化经纪理论。

总之，从20世纪80年代开始，文化艺术经纪队伍逐渐壮大，其触角伸入艺术各个门类。据统计，目前全国有文化艺术经纪与代理业经营机构205个，其中具有一定规模的演出经纪机构有78个；艺术品经营机构有2205个，其中画廊有1536个、美术公司有584个、艺术品拍卖公司有85个。演出经纪、艺术品经营代理、版权代理、艺术品拍卖等，逐渐深入到文化艺术的每个角落，文化艺术经纪在文化艺术经营活动中发挥着巨大的作用①。

### 1.4.4　我国文化经纪的现状

众所周知，我国文化产业的发展起步较晚，文化经纪的发展也相对更为落后。传统的计划经济体制和政策很难满足人民群众日益增长的精神文化需求。随着改革开放的不断深入，一方面，我国建立和发展社会主义市场经济体制，文化市场逐渐兴起，文化的事业性和市场性并存，人们对文化产品需求进一步增加，文化经纪业得到大力扶持和发展；另一方面，我国积极学习借鉴外国文化经纪先进的成果，努力跟上世界范围科技革命的前进步伐，文化贸易拓展，文化开放加快。在这两股力量的推动下，在文化建设中，我国逐步引入文化经纪产业机制和市场机制，高新技术与文化紧密结合，特别是进入 20 世纪 90 年代以后，我国文化经纪便以旺盛的活力逐渐发展壮大。

世界文化产业的迅猛崛起和发展，是在当代科技进步和经济全球化条件下文化发展的一个世界性的重要趋势，也是当今世界日趋激烈的综合国力竞争的一个重要方面和新的特点。据此，作为连接文化产品和文化市场纽带的文化经纪更显重要，据统计，世界超大企业 500 强中，科技、文化、信息产业的企业越来越多。资料表明，全球 500 家媒体娱乐大公司占据了当今世界 95%的娱乐市场和出版市场，时代华纳、迪士尼、索尼等九大媒体巨霸支配着全球文化市场。有专家称，美国真正的优势是文化与知识财产这两个非常人性化的资源②。毫无疑问，文化产业将成为未来世界经济新的增长点，而文化产业也必将成为我国国民经济结构调整和产业升级的重要支柱产业之一，我国文化经纪也就必须跟上文化产业发展步伐。

我国目前文化经纪发展过程中问题很多，其主要表现在以下几个方面：

第一，文化管理体制改革与文化经纪政策制定系统缺乏整体性创新联动，文化经纪政策创新滞后于文化经纪机构改革创新，已经成为严重阻碍我国文化经纪发展的重要制约因素。我国各方面文化体制的改革虽然已经初步构建了由一系列行政法规和规章构筑起来的文化政策系统，以及由这个系统建立起来的文化管理机制，但是体制转型期建立起来的这一系统和机制，都没有从根本上解决我国文化经纪发展在体制和制度上的一些根本性问题，如政企分开、政事分开、政府文化行政职能转变等。文化产业和经纪管理部门由于缺乏政策系统的创新支持，并未出现政府从“办文化”向“管文化”的战略转变。国家对文化事业，只计投入，不计产出，文化事业从经济上来衡量，是只消耗，而不创造新价值。这种计划经济体制下的管理模式，突出了文化产业的事业性、公益性和福利性，掩盖和抑制了它的经济属性，

① 中国文化报 [N]. 2002-04-08 (3).

② 孟晓翔. WTO 与中国的文化产业 [N]. 经济时报，2002-12-27.

忽视了它的产业性质①。

第三，文化经纪是高技术与高文化高度联姻的产业，对专门人才知识与能力结构的构成有着特殊的要求。而我国文化经纪发展的先进性要求与文化经纪人力资源准备不足之间形成的政策性和战略性矛盾恰是制约我国文化产业快速发展的“瓶颈”。我国发展文化经纪，应该来说，最缺的是经营管理人才和市场策划人才。我们的文化工作者有个通病，就是长于做艺术，短于做商品，其实最好的东西往往是商品化的结果。尤其是加入 WTO 后，文化经纪产业要参与国际竞争，管理和创新是成功的关键，没有好的人才也就不具备竞争的条件；而随着国际文化企业集团越来越多的运用其资本和管理优势，与国内企业争夺市场，争夺人才，这势必使我们本来就紧张的文化产业人才队伍受到更大冲击。

## 本章小结

文化是指人类活动的模式以及给予这些模式重要性的符号化结构。文化市场是指按价值规律进行文化艺术产品交换，和提供有偿文化服务活动的场所。

文化经纪简单来说就是文化中介。文化经纪主要由以下几个方面构成：文化经纪经营组织及文化经纪人；文化商品；文化经纪消费者；文化市场要素。

文化经纪行业大体可分为以下三类：第一类，直接为文化产品交易活动服务的“桥梁”组织。第二类，为文化产业投资者服务的各类文化艺术咨询机构。第三类，能起到市场中介作用、协调和约束文化市场经营的主体行为的行业自律组织。

## 阅读材料

### 培养专业文化经纪人是大势所趋 发展潜力被看好

随着我国文化市场的日趋繁荣，各类文化经纪活动日趋活跃，文化经纪人职业的发展潜力被看好。但目前文化经纪人的数量不到整个行业需求的20%，尤其缺乏高素质的经纪人。文化经纪涉及的行业多、领域宽、内容丰富，培养专业的文化经纪人，已经成为中国文化产业得以持续发展的大势所趋。笔者认

① 胡惠林．关于我国文化产业创新体系问题的思考［M］．北京：文化艺术出版社，2001：360.

为，培养路径主要有以下两种：

一是在高校文化产业管理专业里设立文化经纪方向。目前国内开办文化产业管理专业的学校很多，但是设立文化经纪方向的高校并不多，主要有中国传媒大学、北京电影学院、北京师范大学珠海分校等。目前在文化经纪方向的课程设置上，大多数学校教学计划以文化经济、文化管理、文化市场等相关课程为主，“文化产业概论”、“文化产业经营与管理”、“文化经纪概论”等科目作为必修课，另外，再根据各自培养的需要，增加一些艺术、美学、传播等方面的课程。但目前国内还没有一本权威的关于文化经纪的专业书籍，系统性的分类研究更是薄弱，各校教学也多以院校本身专业优势和老师各自偏好来选择教材和内容。高校设置文化经纪专业，都是面向政府文化管理部门、影视制作公司、文化经纪公司、文化艺术团体等单位输送人才，而这些部门和机构急需具有良好的文化艺术鉴赏能力，熟悉艺术创作规律和业务流程，具备现代企业管理、市场调研、文化产业项目策划和经营能力的复合型高级专业人才。因此，作为高等教育，设置文化经纪专业，是解决这一人才缺口的办法之一。

二是开展文化经纪人执业资格培训。除了高校培养专业的文化经纪人队伍，社会文化经纪行业从业人员应参加文化经纪人执业资格培训及考试。根据国家工商行政管理总局的规定，凡在文化艺术经纪活动中，以收取佣金为目的、从事代理等中介业务的人员均须通过经纪人员从业资格考试，获得《文化经纪资格证书》，并到工商部门办理文化经纪人注册登记后方可开展经纪活动。因此，文化经纪人执业资格培训也成为文化经纪人才培养的重要途径。对于中国文化经纪人的培养，目前大多是通过有关部门不定期地举行集中培训的方式进行，没有形成规模，特别是影视明星经纪人、书画经纪人、模特经纪人等方面的人才急需专业、规范的执业资格培训。

（资料来源：胡晓明（学者）. 中国文化报，http：//www. ce. cn/culture/gd/201304/13/t20130413_ 24286848. shtml，2013-04-13，09：03.

参考文化部将出台三项措施推进文化经纪业发展，http：//www. doc88. com/p－270833450591. html）

## 思考讨论

1. 简述文化与文化市场的内涵及特点。
2. 简述文化市场体系的内涵、构成及特征。
3. 简述文化经纪的界定、构成与特征。

4. 简述文化经纪业的构成、作用与功能。
5. 简述我国文化经纪的发展阶段与特征。
6. 简述我国文化经纪发展的现状。

# 第2章 文化经纪人

内容提要

本章从文化经纪人的概念入手，对文化经纪人的概念进行了明确的界定，在此基础上依据不同的分类标准，对文化经纪人进行了分类；然后探讨了文化经纪人的职能与作用，剖析了文化经纪人的权利与义务，指明了文化经纪人的基本素质与培养路径；最后对文化经纪人的收入和纳税情况进行了一定的说明，使得关于文化经纪人的内容更为充实。

## 2.1 文化经纪人的界定与类型

紧扣十七届六中全会关于文化产业发展的最新精神和文化产业发展新趋势，2012年2月28日，文化部正式向社会发布了《文化部“十二五”时期文化产业倍增计划》，明确提出了“十二五”时期文化部门管理的文化产业增加值至少翻一番的目标。伴随着文化产业成为21世纪最有发展前景和最具市场潜力的新行业，被形象地称为“市场催化剂”或“市场润滑剂”的文化经纪人也逐步被人们所关注，成为很多人心目中的“金领职业”。

### 2.1.1 文化经纪人的界定

何谓文化经纪人？简而言之，就是从事文化及相关产业的经纪人。因此，关于文化经纪人的界定主要取决于两个方面：一是文化及相关产业的范围界定；二是经纪人的界定。

联合国教科文组织将文化产业定义为按照工业化标准生产、再生产、储存以及分配文化产品和服务的一系列活动，采取经济战略，其目标是追求经济利益而不单纯为了促进文化发展。

2012年，国家统计局发布了《文化及相关产业分类》，文中明确规定：文化及相关产业是指为社会公众提供文化产品和文化相关产品的生产活动的集合。其范围包括：

①以文化为核心内容，为直接满足人们的精神需要而进行的创作、制造、传播、展示等文化产品（包括货物和服务）的生产活动；

②为实现文化产品生产所必需的辅助生产活动；

③作为文化产品实物载体或制作（使用、传播、展示）工具的文化用品的生产活动（包括制造和销售）；

④为实现文化产品生产所需专用设备的生产活动（包括制造和销售）。

经纪人，《辞海》解释为买卖双方介绍交易以获取佣金的中间商人。2004 年 8 月 28 日国家工商行政管理总局颁布的《经纪人管理办法》将经纪人界定为：在经济活动中，以收取佣金为目的，为促成他人交易而从事居间、行纪或者代理等经纪业务的自然人、法人和其他经济组织。

综上，我们不妨将文化经纪人界定为：在文化产品和文化相关产品的生产活动中以收取佣金为目的，为促成他人交易而从事居间、行纪或者代理等经纪业务的自然人、法人和其他经济组织。需要指出的是，本定义中文化产品包括文化货物和文化服务；生产活动包括制造和销售。同时，关于这个定义我们可以分为四个层次来理解：一是文化经纪人从事经纪活动的范围是文化产品和文化相关产品的生产活动；二是文化经纪人的主要目的是为了获取佣金；三是文化经纪人的主要活动方式是居间、行纪和代理；四是文化经纪人中的“人”不仅指自然人，也包含法人和其他经济组织。不难看出，文化经纪本身也属于文化产业，文化经纪人也属于文化产业从业人员。

### 2.1.2 文化经纪人的类型

关于文化经纪人的分类，我们有不同的分类标准可以遵循。

①按照文化经纪主体从事的行业分，可以分为演艺经纪人、艺术品经纪人、出版经纪人、旅游经纪人及其他经纪人。

②按照文化经纪人的活动方式分，可以分为文化居间经纪人、文化行纪经纪人、文化代理经纪人。文化居间经纪人，是指以本人的名义为他人提供交易机会，或促成他人之间的交易。文化行纪经纪人，简称“行纪人”，是指受委托人委托，以本人的名义进行一系列文化活动的行为，并承担相应的法律责任。文化代理经纪人，是指受委托人委托，以委托人的名义进行一系列文化活动的行为，并由委托人承担相应的法律责任。

③按照经纪人的组织形式，可以分为个体文化经纪人、合伙文化经纪人、文化经纪公司和其他文化经纪组织形式。其中，所谓个体文化经纪人是指具有民事权利能力和完全民事行为能力，依法登记从事经纪业务的自然人。个体文化经纪人是以

自己的名义独立从事经纪活动，并以个人的全部财产承担无限责任。合伙文化经纪人是具有经纪资格证书的两个以上自然人，以经纪人事务所或其他合伙形式从事经纪业务。它是由各合伙人订立合伙协议，共同出资、合伙经营、共享收益、共担风险，并对合伙企业债务承担无限连带责任的营利性组织。文化经纪公司是依据《公司法》成立的从事文化经纪业务，承担有限责任的企业法人，在经登记机关核准的经营范围从事文化经纪活动。除此之外，由于我国目前文化市场管理尚不十分规范，国内许多广告公司、咨询公司、文化传播公司，还有一些外国个体经纪人或小型公司也见缝插针，介入中国的文化市场从事文化经纪活动。

④根据文化经纪人在文化经纪活动中的参与程度不同，我们也可以将其分为“中介型文化经纪人”和“经营型文化经纪人”。前者指的是为各种文化活动牵线搭桥而从中收取佣金的个人或组织；后者指的是具有文化市场开拓能力的“专业型经纪人”，他们较之单纯的文化中介更加懂文化、善管理，能够凭借敏锐的市场意识和善于经营的头脑，发掘市场潜力并且长期经营某项文化活动，力求延展文化项目的产业链，取得效益的最大化。

## 2.2　文化经纪人的职能与作用

在文化产业迅猛发展的今天，文化经纪人作为“桥梁”和“纽带”，连接着文化产品及其服务的生产、流通、销售、储存及其再生产，在纷繁复杂的文化市场中发挥着重要的职能和作用。

### 2.2.1　文化经纪人的职能

提到文化经纪人，很多人就会想到“星探”、“推手”等，不难看出，文化经纪人在发现文化资源、打造文化品牌、繁荣文化市场等方面具有重要职能。主要表现为以下两个方面：

**(1) 文化信息服务**

在日益激烈的市场竞争环境下，信息是影响竞争胜负的重要因素。作为文化经纪人文化信息服务是其基本职能。一般说来，文化信息服务的原则包括：全面、准确、客观、真实、及时。文化信息服务包含三个方面的内容。

①文化信息收集。信息服务的全面性原则要求文化经纪人在收集信息的时候，必须坚持全方位、多渠道。既要收集官方信息，也要收集非官方信息；既要从报纸杂志、电视广播、展会等传统渠道收集信息，也要从网络论坛、微信、微博等网络渠道收集信息；既要通过剪贴、摘录收集表层信息，也要通过访问、调查、咨询等挖掘深层信息。

②文化信息处理。在这样一个大数据的时代，文化信息浩如烟海且杂乱无章，

因此对文化信息进行去伪存真、去粗取精式的处理就显得尤为重要。对于文化经纪人来说需要建立自己的文化信息资源库，首先，对所收集到的信息按照时间、地点、活动性质等进行分类整理；然后，根据信息服务准确、客观、真实、及时的原则，核实模棱两可的信息，过滤掉虚假的信息，删除过时的信息，在此基础上，根据自己的从业经验和职业敏感，对信息做出客观的判断，并允许出现合乎逻辑的推论。

③文化信息应用。文化信息的应用是文化信息服务的实质阶段，文化信息的收集和处理都是为文化信息的应用打基础的。文化经纪人收集和处理的信息，一方面需要及时、准确、完整地传递给客户，另一方面为自己的文化对接服务提供条件。

**(2) 文化对接服务**

优秀的文化经纪人仅能够提供文化信息服务是不够的，还需要在文化项目的运作中提供对接服务。具体说来，主要包括文化资源与经济资本的对接、文化产品与文化市场的对接。

目前我国文化产业发展面临以下现状：一是文化资源丰富，经济资本总量巨大，但是文化资源因为缺乏经济资本无法开发，经济资本因找不到可投资资源而闲置的情况时有发生；二是一方面大量文化产品因不被市场接受而亏损，另一方面人民群众日益旺盛的文化需求得不到满足。文化经纪人作为文化产业发展的重要中介，理应承担起文化资源与经济资本、文化产品与文化市场的对接服务职能。除此之外，文化经纪人的真正价值还体现在对于文化产品的商业运作、品牌推广以及授权维权上。

### 2.2.2　文化经纪人的作用

文化经纪人作为一种职业，是一个国家和区域文化产业专业化和兴盛的折射，对于整个文化市场的构建、运行发挥着重要的作用，具体说来：

**(1) 有利于深化文化体制改革，优化文化资源的市场配置**

长期以来，受计划经济体制和意识形态的影响，我国文化体制改革的步伐稍落后于经济体制改革步伐，政府对文化大包大揽的现象普遍存在。然而，政府承担大量文化经纪的功能，不仅增加了行政成本，也使得市场活力得不到充分发挥。文化经纪人的出现使得政府得以有所为有所不为，将文化产业的更多经纪职能转移给文化经纪人，既可以提高公共文化管理和服务水平，又有利于创新文化宏观管理体制。

当前，由人才、资本、信息、技术、活动、制度、思潮、创意、符号和价值观等元素组成了特殊的文化“软环境”，文化经纪人的出现不仅进一步扩大了文化市场交换的广度和深度，而且在文化市场层面能给文化资源配置提供一种有效机制，深化了文化市场的社会分工，刺激和疏导文化资源在企业内部和行业之间的合理配置和优化整合，形成文化扩大再生产的基础。

**（2）有利于优化文化市场环境，拉动文化市场消费**

近些年来，我国文化产业发展迅猛，各文化产业门类规模均迅速扩大，文化市场主体增多，在这个过程中，出现了诸如浑水摸鱼、靠“三俗”吸引眼球、盲目投资、重复性开发等扰乱文化市场环境的现象。文化经纪人具有一定的市场敏感度、较好的文化专业素质、出色的公关能力及独有的供销渠道，他们的介入既能够使文化市场秩序规范化、合理化，又能够帮助文化企业和个人及时发现和辨别文化商机，并在遵循行业规则和市场准则的基础上开展业务，使得文化项目的盈利能力和可持续能力增强，有利于营造公平的文化市场竞争氛围，打造有序发展的市场环境，引导文化市场走向良好的市场运作机制与法制建设轨道。

文化经纪人身处文化市场中心，既连接需求，又连接消费，熟知文化产品供给与需求的状况，形成二者的桥梁和纽带。在这个以需求为导向的年代，文化经纪人能够把消费者的需求及时地反馈给文化产品的生产者并协助营销，其最终的结果是市场上出现了更多深受消费者喜爱的文化产品，在很大程度上拉动了文化市场的消费。此外，文化经纪人凭借对文化市场敏锐的嗅觉，在顺应大众文化消费心态的同时，也能够因势利导，通过创造性的智力劳动，引领文化消费时尚，掀起文化消费热潮，培育更多的文化消费群体。

**（3）有利于降低文化市场的交易成本，提高文化市场的整体效率**

其一，文化经纪人以其熟练的专业知识和社会化服务，发挥自身的信息和知识优势，有针对性地为供需双方牵线搭桥，从而活跃了文化市场的氛围，提高了市场交易的成功率，大大节约了社会劳动，降低了市场交易成本。

其二，文化经纪人是联系文化产业相关利益者的中介，他们通过创造性智力劳动与服务，能为政府与企业、单位与个人、企业与企业，甚至国内外企业提供更多的合作机会，更广的沟通领域，更多样的交流渠道，从而使文化信息的传播更加便捷；能提高文化信息的传播速度，促进文化产品流通，从而提高整个文化产业的运转效率。

**（4）有利于增加就业，促进第三产业发展**

按照国家统计局发布的《文化及相关产业分类（2012）》，文化及相关产业共分为 10 大类，50 小类。这些门类都有文化经纪人发展的空间，然而即便是娱乐、出版、艺术品等领域文化经纪人的数量和质量也远远不能满足行业发展的需求，如果算上其他行业门类，文化经纪人的市场缺口巨大，就业前景广阔。

不仅如此，文化经纪人开拓了文化市场的容量，在文化市场的结构性演变进程中形成某种重构力量：一方面完善文化专业市场的结构；另一方面建构跨行业的文化市场，如文化策划市场、文化人才市场、文化公关市场等。文化经纪人还能够广泛吸引民营、个体、外资等非公有资本参与文化市场的建设，对充实、培育文化市场体系，促进第三产业发展起着不可替代的作用。

**（5）有利于提高中国文化软实力，促进世界文化的交流与合作**

虽然我国有光辉灿烂的文明史，然而我国文化还远不是国际主流文化，文化竞争实力与日益增强的综合国力、经济实力很不相称。有资料表明，在世界文化市场上，美国占43%，欧盟占34%，亚太地区占19%，其中日本占10%，澳大利亚占5%，其余4%才属于包括中国在内的其他亚太地区国家。文化“走出去”战略，既是我国文化产业发展的助推器，也是提升国家形象和软实力的有效途径。

实施文化“走出去”战略，必须遵循市场规律和文化传播规律，这就需要一批了解国际文化市场规则和经营策略的高素质文化经纪人，帮助更多的国内企业和个人克服文化差异、思维差异、语言差异，以其他国家民众乐于接受的方式、能够理解的语言和喜闻乐见的媒介开展文化交流与合作，逐步提高我国文化产品及服务在国际文化市场上的认同度、竞争力以及市场份额，将中国文化产品的特殊魅力展现给全世界，逐步提高中国文化软实力。

## 2.3　文化经纪人的权利与义务

在文化产业日益发展的今天，文化经纪人面临着越来越多的机遇与挑战，坚持权利与义务相结合的原则，既有利于保障文化经纪人的权利，也有利于保障委托人的权利，促进文化经纪领域的健康和谐发展。

### 2.3.1　文化经纪人的权利

权利的保障与义务的履行是密切相关的，世界上既没有无权利的义务，也没有无义务的权利。保护文化经纪人的知情权、收益权、中止或解除合同权、申诉权等权利，是文化经纪人履行其义务的前提和保障。

**（1）知情权**

文化经纪人依法享有对委托事务真实情况的知情权，包括委托人的资信状况，履约能力，文化产品及其服务的性质、质量、来源等方面真实可靠的资料。如果发现委托人或合同他方没有履约能力，可以拒绝为其提供经纪服务。这既是更好地提供经纪业务的需要，也是文化经纪人实现自我保护的需要。但是需要注意的是，文化经纪人在与委托人的沟通了解中要把握好度，切忌打听与委托事务无关的个人隐私，从而引起委托人的反感。

**（2）收益权**

收益权主要是指文化经纪人有权要求合理的佣金与成本费用。不同的国家有不同的交易制度，但基本上对经纪人佣金以及中介的成本费用都有明文规定。在我国因经纪行为促成交易的，委托人应当按照约定向个体经纪人、经纪组织支付佣金；

没有约定佣金或者约定不明确的，依照《中华人民共和国合同法》和国家有关规定执行。

**（3）中止或解除合同权**

文化经纪人具有依法维护个人利益或国家、集体利益而中止或解除经纪合同的权利。如委托人隐瞒与经纪业务有关的重要事项，提供虚假情况，或者要求提供违法服务损害国家或集体利益的时候，文化经纪人有权要求中止或解除经纪合同。

**（4）申诉权**

文化经纪人的申诉权是指当文化经纪执业人员的合法权益受到侵害时，可以向工商行政管理机关或者有关行业行政管理部门申诉，也可以向经纪人协会投诉。

此外，文化经纪人还依法享有在其执业的经纪合同上的署名权。

### 2.3.2　文化经纪人的义务

文化经纪人在享有以上权利的同时，必须认真履行下列义务，这既是对委托人负责，也是自身职业价值的体现。

**（1）履行委托职责，维护委托人利益**

文化经纪人应认真履行委托职责。在委托关系中，不论其委托形式有何不同，文化经纪人都负有实现和维护委托人利益的职责。具体表现如下：

一是确保委托人的知情权。

首先要对委托人如实地介绍有关经纪的诸多事项，不得隐瞒或夸大；其次，将定约机会和交易情况如实、及时地报告委托人；再次，应如实记录经纪业务情况，并按有关规定保存原始凭证、业务记录、账簿和经纪合同等资料，以便委托人查验。

二是认真完成委托工作。

首先，必须确保亲自完成委托人的委托，而不应将受委托的工作随意转交给他人。其次，应妥善保管当事人交付的样品、保证金、预付款等财物。再次，要能够排除情绪干扰，在任何情况下都能够以自己的知识和能力，为委托人提供客观、准确、高效的服务。最后，文化经纪人必须坚持诚信原则，不得故意提供不实信息或虚构信息，损害委托人的利益，不得与合同一方串通，损害合同另一方利益。

三是保守商业秘密。

文化经纪人对于双方合同的内容、方式等商业秘密负有保密义务，非经合同方许可，严禁泄露给他人。文化经纪人在完成委托工作后，应及时将委托的有关权利义务及其法律文件归还给委托人。

**（2）树立道德观念，遵守国家政策法规**

文化项目具有精神和商品的双重属性，具有导向和教化功能，从而使得文化项目的结果往往具有不可逆性。因此，这要求我们文化经纪人必须有强烈的社会责任感，自觉树立道德观念，自觉遵守国家政策法规。

①主动提高自我约束能力。文化经纪人要不断提高自身的社会觉悟和社会责任感，树立为人民负责，为社会作贡献的思想，努力提高自我约束的能力，使自己的行为符合社会规范、符合公共道德。只要是损害国家利益或者人民利益的经纪业务，即使佣金再高，也必须予以拒绝，坚决不能在金钱的诱惑下丧失道德的底线。

②自觉遵守经纪范围。即只提供国家允许进入市场流通的商品和服务项目的经纪服务，对于国家限制自由买卖的文化商品和服务，文化经纪人应当遵守国家有关规定在核准的经营范围内进行经纪活动；凡国家禁止流通的文化商品和服务，文化经纪人不得进行经纪活动。

③自觉遵守经纪行为规范。国家工商行政管理总局于2004年修订的《经纪人管理办法》中对文化经纪人的行为划定了11条红线：不得未经登记注册擅自开展经纪活动；不得超越经核准的经营范围从事经纪活动；不得对委托人隐瞒与委托人有关的重要事项；不得伪造、涂改交易文件和凭证；不得违反约定或者违反委托人有关保守商业秘密的要求，泄露委托人的商业秘密；不得利用虚假信息，诱人签订合同，骗取中介费；不得采取欺诈、胁迫、贿赂、恶意串通等手段损害当事人利益；不得通过诋毁其他经纪人或者支付介绍费等不正当手段承揽业务；不得对经纪的商品或者服务作引人误解的虚假宣传；不得参与倒卖国家禁止或者限制自由买卖的物资、物品；不得有法律法规禁止的其他行为。

**（3）自觉尊重知识产权，维护国家文化安全**

文化创意产业知识产权是指对文化创意的智力劳动成果所享有的占有、使用、处分和收益的权利，是获得法律保护的知识资产。保护文化创意产业知识产权有利于充分激发权益者的积极性和创造性，有利于文化创意产品的顺利推广和应用，有利于优化文化创意企业发展环境，有利于保障文化创意产业的行业收益，有利于提升我国文化创意产业国际竞争力，提升国家的文化软实力。因此，作为文化经纪人既要善于保护委托人的知识产权不受侵害，也要自觉尊重他人的知识产权。

在全球化的今天，世界各国的文化交流与合作呈现出前所未有的繁荣态势。然而，在繁荣的背后也不可避免有一些威胁我国文化安全的暗流在涌动。作为文化经纪人，必须提高国家文化安全意识，自觉维护国家利益。一是切忌参与走私文化商品的中介。在进出口文化商品时一定要注意委托方的经营资格，查验其是否有进口许可证等相关手续。对于委托人的走私行为应及时向有关部门举报，尽一个公民应尽的义务。二是部分文化产品具有敏感性，甚至涉及国家机密，因此作为文化经纪人必须提高警惕，切忌通过文化经纪活动为境外不法势力搜集国家保密信息。

## 2.4　文化经纪人的素质与培养

### 2.4.1　文化经纪人的素质

所谓文化经纪人的素质是指文化经纪人的先天因素和后天因素相结合，产生的能够在文化经纪活动中稳定地、潜在地、长期地发挥作用的基本品质、基本能力和基本观点。文化经纪人的素质直接决定着其经纪服务的能力和水平，一个合格的经纪人至少需要具备以下素质：

**（1）良好的思想道德素质**

良好的思想道德素质是文明健康社会的需要，也是一个人安身立命的基本要求。文化经纪人作为文化领域的重要推手，对于维护国家文化安全，倡导文化主旋律，激发文化正能量发挥着重要作用，因此，良好的思想道德素质是文化经纪人的基本素质。

爱国守法。爱国主义是公民最基本的人格和国格。邓小平同志曾指出：“中国人民有自己的民族自尊心和自豪感，以热爱祖国、贡献全部力量建设社会主义祖国为最大光荣，以损害社会主义祖国利益、尊严和荣誉为最大耻辱。”① 作为文化经纪人对于中华民族的优秀文化应该具有自豪感和自信心，在文化经纪活动中，既积极与国外文化进行交流与合作，又要时刻维护国家的文化尊严和文化安全，切忌妄自菲薄。我们既反对民族狭隘主义，也要反对民族虚无主义。守法是公民行为的基本准则和底线。文化经纪人在文化活动中，必须遵守相关法律法规，凡是法律明文禁止的，即使面临再大的诱惑，也不能妥协。

诚实守信。诚实和信用是市场经济的基本规范，文化经纪人的口碑对于其业务的开展有重要的影响，而口碑主要是靠长年累月的诚实守信积累而成的。作为文化经纪人对待委托人和业务伙伴均应该真诚，谨慎承诺，言出必行，一诺千金。文化经纪人既不能依仗其经济实力或公共关系优势挟持委托人，也不能采用欺诈的手段，或乘他人之危谋取利益。

爱岗敬业。文化经纪人应该充分认识自身价值，对其职业应该怀有热爱、珍惜和敬重之情，并不惜为之付出和奉献，从而获得一种荣誉感和成就感。只有如此，方能自觉遵守职业道德，自觉维护衍业的声誉，受得起挫折，经得起诱惑。

**（2）健康的身心素质**

“体者，载知识之车而寓道德之舍也。”② 健康的身心是立业的根本。只不过

---

① 邓小平文选（第 3 卷）［M］. 北京：人民出版社，1993：3.

② 毛泽东. 体育之研究［J］. 新青年（第 3 卷第 2 号），1917-04-01.

身体是有形之根，心理是无形之根。要想成为一个优秀的文化经纪人，必须具有健康的体魄、旺盛的精力、良好的心态和超强的韧性。

健康的体魄。文化项目具有动态性和时效性，文化经纪人作为文化项目的重要参与主体，随着项目关键节点的到来，工作强度加大，没有健康的体魄是无法胜任的。

旺盛的精力。文化经纪人作为文化项目各参与主体的中介与桥梁需要与多方打交道，交接多项事务，因此需要时刻保持清醒的头脑，没有旺盛的精力是无法保障的。

良好的心态。文化产业项目的生产或服务过程依赖从业人员的素养，产品或服务推广依靠消费者的回应，再加上提供的产品或服务又属于非生活必需品，进行全过程风险控制的难度可想而知。① 文化项目高风险、高回报的特点要求文化经纪人必须具有良好的心态，具体说来就是要学会心理平衡和情绪管控。

超强的韧性。文化项目运作的高风险和高不确定性使得文化经纪人常常面临多方面的高压，如项目能否成功立项，项目的时间与质量管理能否到位，项目进展过程中会遭遇哪些风险，项目成果能否被市场认同，项目投资能否获得满意收益等。在文化项目进展过程中，文化经纪人往往充当了协调人和“救火队长”的角色。没有超强的韧性就不能够扛得住高压，坚持不懈、百折不挠，直至实现自己的奋斗目标。

**(3) 全面的科学文化素质**

虽然文化经纪人大体上来说属于应用型人才，然而没有全面的科学文化素质做支撑，文化经纪人也只能是“巧妇难为无米之炊”。因此，文化经纪人加强自身理论修养，构建完善的知识体系就显得尤为重要。

①基础知识。虽然文化产业门类众多，文化经纪人也都术业有专攻，然而相关基础知识的掌握是文化经纪人必备的。

经济知识。文化经纪人从事任何业务都会受到内外经济环境的影响。掌握一定的经济学知识有利于正确理解经济现象，预测经济走势，从而在经纪活动中变被动为主动，提高行动的预见性，抢占市场先机。

管理知识。管理知识是文化经纪人从事文化经纪活动必备的知识。无论是管理的基本思想和理念，还是管理的具体方法和手段，都可以指导和帮助文化经纪人更好地识别工作环境、理清工作思路、优化工作资源、提高工作效率。

营销知识。文化经纪人的基本功能就是帮助委托人更好地把文化产品和服务推向市场，赚取经济效益或社会效益。而消费者的文化需求就是文化市场的导向。因此，掌握一定的营销知识，快速、准确地了解和抓住消费者的心理，激发消费者的

① 张立波．文化项目策划与管理［M］．北京：北京大学出版社，2013：52.

购买欲望成为文化经纪人必须面对的课题。

法律知识。法律知识既是文化经纪人从业的基本准则也是基本保障。文化经纪人需要掌握的法律知识大致包含两大类：一类是保障一般经济活动正常开展的法律。如《中华人民共和国民法通则》《公司法》《合同法》《反不正当竞争法》《消费者权益保护法》等。另一类是保护文化产业健康发展的法律、法规，如《著作权法》《知识产权法》《文物保护法》《营业性演出管理条例》《娱乐场所管理条例》《广播电视管理条例》《电影管理条例》《出版管理条例》《音像制品管理条例》等。如果涉及国际业务，还需要了解其他国家的相关法律法规。

②专业素养。文化产业基础知识。包括文化产业的基本要素、产业分类、特点、发展历程，文化产业与文化经济，文化产业与国家的“软实力”，文化产业与国家文化安全，文化产业的发展趋势，文化产业项目的基本运作特点与模式等。

文化艺术修养。文化经纪人因为大多与文化艺术圈的人打交道，因此需要具有深厚的文化素养和较高的审美情趣方能与合作者产生共同语言，才能与他们建立良好、长久的关系。也只有这样的“伯乐”方能以独到的眼光发现适应市场的“千里马”。此外，良好的文化艺术修养也有助于文化经纪人揣摩消费者的消费心理，判断甚至引领其消费倾向。从某种程度上来说，文化经纪人自身的文化艺术素养在很大程度上影响和决定了其所运作的文化项目的品味和层次。

**（4）过硬的工作能力素质**

文化经纪工作的复杂性决定了文化经纪人必须具备过硬的工作能力素质，这种素质是多方面、多层次的。

感知能力。文化经纪人身处文化产业大潮中，至少需要具备以下感知力，才能够成为文化市场的弄潮儿。首先是对市场的感知力。文化项目的动态性和时效性强，因此文化经纪人必须眼观四路耳听八方，时时捕捉社会热点，并运用自己长期的积累提前感知潮流和风尚，并抢先选择相关的文化主题，以一种强烈的市场观念去发现、迎合或引导文化消费者的心理偏好。其次是对风险的感知力。文化项目具有高风险性，并且其结果往往具有不可逆性。因此，作为文化经纪人能够提前根据蛛丝马迹感知风险，并做好相关风险规避的预案，对于减少损失具有重要的意义。

调研能力。感知力往往是依赖一种职业嗅觉，并不一定准确和具体化。因此还需要文化经纪人具有一定的调研能力，依靠市场调查和研究来验证自己感知结果的准确度，并在此基础上做出更为科学的决策。具体说来，就是能够通过一定的调研手段，实现数据的挖掘与分析，在了解客户需求、期望以及发展愿景的基础上，明确客户意图与意愿，并对项目资源和环境状况进行周密的分析、对市场前景进行分析和预测，从而降低项目的盲目性，提高项目的收益。

公关能力。文化经纪人的公关能力是指文化经纪人为了更好地履行自己的经纪职能，有目的、有计划地为改善或维持某种公共关系状态而进行一系列实践活动的能力。对于文化经纪人来说，其公关能力的首要目标是为委托人树立良好形象，赢得社会信誉。公关能力的核心是协调关系，沟通信息。具体说来，就是要求文化经纪人必须具有以下能力：

一是形象管理能力。首先，文化经纪人在工作与生活中，必须以身作则，遵守社会公序良俗，树立自身的良好形象。其次，文化经纪人要帮助自己的委托人打造正面、积极向上的公众形象。最后，重视文化产品的质量管理与营销管理，不断提升顾客的满意度和信任感。

二是危机处理能力。文化产业是一个需求与市场都高度不确定的产业，文化项目的成败往往与一些突发危机的处理有高度的关联性。当危机出现时，文化经纪人面对纷繁复杂的外界压力，必须保持冷静、清醒的头脑、快速抓住危机的症结，分析利害关系，化解危机，使形势向有利于己方的方向发展。

三是社会交际能力。文化经纪人担负着内外协调的重要职责，因此，对内文化经纪人要保证项目成员团结一致、齐心协力。对外文化经纪人要争取最多社会资源的支持，与各方保持友好合作。这就要求文化经纪人一方面要为人随和、待人真诚、谈吐幽默，善于与不同层次的人广交朋友。另一方面要求文化经纪人必须具备一定的人际影响力，善于洞察别人的心理，能够根据公关对象的特征和特定的情景，迅速采取行之有效的应对策略，把握主动，占得先机。

除此之外，全球化的视野、强烈的资本意识、多语种的表达能力等都能使文化经纪人的工作游刃有余，大放异彩。

### 2.4.2 文化经纪人的培养

虽然文化经纪人被誉为21世纪的金领行业，文化经纪被认为是文化产业链上的重要环节，然而，文化经纪人的供给市场并不太理想。目前主要有三个来源：

一是顺其自然型。大致分为两种情况：一种是文化产业从业人员在从业过程中，发现自身有从事文化经纪人的能力或潜力。这部分人对行业状况很熟悉，也有相当丰富的行业资源，从而选择半路出家做起了文化经纪人。另一种是明星们的亲朋好友，深受明星信赖，且长时间和明星圈打交道，积累了丰富的人脉资源，因此从刚开始的帮忙打点事务，演变成了文化经纪人。如赵薇的嫂子陈蓉、那英的姐姐那辛、章子怡的哥哥章子男、李冰冰的妹妹李雪等，都是顺其自然地进入文化经纪行业。这类文化经纪人的优势在于资源丰富，劣势在于他们往往缺乏扎实的理论修养，在外语、公关以及相关的法律常识等方面都不同程度地存在缺陷，职业生涯容易碰到天花板。

二是高校相关专业里设置文化经纪人方向，或者开设文化经纪相关课程。随着文化产业的发展，自2004年文化产业管理首次被教育部纳入本科教学名录至今，全国已经有100多所高校开设了文化产业管理专业，这些专业的教学计划中大多有文化经纪相关课程，然而专门设立文化经纪人方向的院校却非常少，只有中国传媒大学、北京电影学院、中国音乐学院、北京师范大学珠海分校等。中国戏曲学院国际文化交流专业以培养戏曲艺术为代表的中国传统艺术对外传播人才为宗旨，首开文化经纪人正式科班人才培养之先河。其学生因为培育周期长，具有基础知识扎实，理论修养较好的优势。总体而言，目前高校文化经纪人科班出身的人才数量依然比较少，而且虽然各校在教学改革中也着重加大这类专业的实践性教学的比重。比如加入一些实务性课程，或者组织学生进行专业实习，然而因为平台有限，很多都流于形式，实践效果并不明显。毕业生眼高手低的情况较普遍。

三是开办文化经纪人培训班。这类培训班一般由文化企业联合相关协会主办，其培训的内容偏向于实务，如：文化经纪人从业素质与技能；文化经纪与商业诚信；演讲与口才；沟通与谈判；赞助学等。招收学员范围广，培训时间较短，一般 1~3 个月，费用普遍较高，学员大多是冲执业资格证考试而去。目前，这类培训鱼龙混杂，缺少规范，效果也迥异。虽然很多培训班在招收学员时以推荐工作为营销手段，然而这类工作普遍门槛低，技术性不强，人员流动性很大。其优势是使得学员在较短时间对于文化经纪的行业现状和素质有了一个全面的认识，便于入门。

不难看出，文化经纪涉及的行业多、领域宽、内容丰富，对文化经纪人的素质要求全面而且标准高，因此企业、高校、培训机构任何一方都很难独自完成高素质的文化经纪人培养任务。唯有三方联手，相辅相成方为上策。具体说来，就是要建立起以高校为“体”，以企业和培训机构为“翼”的一体两翼培养模式。

**（1）以高校为主体的学历教育**

目前，高校文化经纪人专业少的一个重要原因是文化经纪人的综合素质要求比较全面，实践性强，对于如何设置课程体系、采用什么样的教学方法、如何搭建实践平台等问题高校还处于探索阶段。此外，因为这是一个全新的专业，师资匮乏、教材缺乏也给专业的开设带来了困难。

然而，随着中国文化产业市场的不断成熟、操作的不断规范，文化经纪人职业成长环境不断优化，人才市场上对文化经纪人的需求必将大量增加，如果没有充足的专业人才储备，人才缺口将会越来越大，直接会影响文化产业的纵深发展。因此，作为高校，需要义不容辞地承担起文化经纪人的培养任务。一是选派相关专业骨干教师出国考察，学习国外高校经纪人相关专业的培养模式，教学内容和教学方法；二是选派相关专业骨干教师深入文化企业锻炼，了解行业需求，增加自身的实践能力，同时积极谋求和企业的合作，为学生的实习实践搭建平台；三是立足于我国国情和本校的专业优势，有重点地选择文化经纪人的培养方向。为了解决师资不足的问题，可以打破专业壁垒，积极整合现有资源。首先根据市场化的培养目标确定几门核心课程，采用弹性学制或者规定在 2 年时间修完核心课，然后大量开设选修课，或者由学生自主选修全校其他专业的相关课程。有跨校联合培养条件的学校甚至可以鼓励学生跨校完成相应课程的学习。在授课过程中可以结合本校院系资源，组织教学团队，开展模块化教学。也可以通过整合原有师资和引进短缺师资形成结构合理的教学科研团队，取长补短，形成合力。四是高校可以为在职工作人员或有意从其他行业转入文化经纪行业的人提供高水平的教育培训，提高整个行业的专业水平。

**（2）以社会和企业为主体的培训教育**

作为文化企业应该拥有社会责任感和长远眼光，一方面要积极主动地参与高校人才培养，为文化经纪人专业学生提供实习机会和就业平台。要相信高校师生的创新能力，大胆尝试让文化经纪人专业师生加入文化企业的项目策划和运营环节，激发他们的热情和创造力。师生通过接触真实的市场环境和经纪场景，有利于根据市场效果来判断自身能力长短，便于在今后学习、工作过程中有重点地加强修养，最终为文化企业提供合格的文化经纪人。同时，文化企业可以选送优秀的文化经纪人进入课堂传授项目案例和从业经验，并引入高校教师为员工进行理论培训，深化他们对于文化经纪的认识，了解更多的行业动态和国际竞争环境，从而形成较为稳定的互利共赢的校企合作关系。另一方面，文化企业对于有能力、有潜力、有意向转向文化经纪人的员工，要采取鼓励和支持的态度，可以选择把他们送进高校进一步学习，弥补其在素质结构上的缺陷。

根据国家工商行政管理总局的规定，凡在文化艺术经纪活动中，以收取佣金为目的、从事代理等中介业务的人员均须通过经纪人员从业资格考试，获得《文化经纪资格证书》，并到工商部门办理文化经纪人注册登记后方可开展经纪活动。因此，文化经纪人执业资格培训也成为文化经纪人才培养的重要途径。然而，对于文化经纪人的培训机构，政府和相关行业协会必须严格把关，既要鼓励有资质的培训机构积极参与文化经纪人的培养，也要杜绝没有资质的培训机构浑水摸鱼，破坏文化经纪人培训的行业环境。对于有资质的文化经纪人培训机构必须以强烈的责任感严把培训师资关、内容关，切忌为了牟利敷衍了事。

## 2.5 文化经纪人的收入与纳税

### 2.5.1 文化经纪人的收入

《经纪人管理办法》中并没有对经纪人的收入作具体的规定，只是在第 14 条中指出："经纪人依法从事经纪活动所得佣金是其合法收入。经纪人收取佣金不得违反国家法律法规。"由此可见，合法获取的佣金是文化经纪人的主要收入。那么，何谓佣金？佣金（commission），是商业活动中的一种劳务报酬，是具有独立地位和经营资格的中间人在商业活动中为他人提供服务所得到的报酬。

**（1）佣金的支付标准**

对于文化经纪人来说，其佣金的收取主要按照经纪合同规定执行。佣金支付的主体是经纪合同的委托方。按照市场经济的法则，文化经纪人的收入应该算作委托方的成本。考虑到委托方的利润核算，委托方所支付给文化经纪人的佣金一定小于文化经纪人给委托方创造的价值。这也是一切委托方在支付佣金时的基本原则。

而对于文化经纪人来说，其佣金应该包括经纪成本和经纪利润，是对其付出的劳动、花费的资金和承担风险的总得回报。因此，要保证不亏本，文化经纪人要求的佣金一定会高于其经纪成本。所以佣金的数量就应该是高于文化经纪人的经纪成本而低于文化经纪人创造的价值。

**（2）文化经纪人收入的类型**

目前，我国的文化经纪人主要分为三种，即独立经纪人、经纪公司和隶属于经纪公司的文化经纪人。经纪人的收入主要分为两种类型：一种是直接参与委托人收入的分成；另一种是文化经纪人从委托方或所属文化经纪公司拿固定工资。一般来说，能够直接参与委托人收入分成的是经纪公司，但是在实践中我国经纪市场尚没有形成统一的分成标准，二八分、三七分、四六分，甚至五五分的皆有。

**（3）文化经纪人收入的特点**

①收入不平衡。据了解，在我国，文化经纪人数量并不算多，然而他们之间的收入却呈现出严重的不平衡。主要表现在：一是行业之间的不平衡。一般来说，演艺经纪人尤其是演艺明星经纪人是文化经纪市场上最为活跃的群体，也是收入最高的群体。二是区域之间不平衡。东部地区文化产业的发展状况普遍好于中西部，人均收入水平高于中西部，文化经纪人面临更多的机会。因此，东部地区文化经纪人的收入普遍高于中西部文化经纪人的收入。三是新手与熟手之间不平衡。在文化经纪市场上，刚入门的新手文化经纪人收入普遍较低，如刚从学校毕业，在经纪公司实习的文化经纪人。

②收入管理不规范。相对于美、英、法等文化经纪制度成熟的国家，我国文化经纪人的管理还显得很不规范，其中一个重要的表现就在于对文化经纪人收入管理的不规范。上文中提到的文化经纪人收入不平衡，一方面是因为地区、行业差异造成的，另一方面也是因为管理的不规范造成的。在明星云集的好莱坞，工会组织也是最为健全的。而且工会之间通过协商，通常都只聘用接受“授权”的经纪人。而接受“授权”意味着文化经纪人必须接受一些附加条款，其中就包括“限定一个经纪人可以从一个工会成员身上得到的佣金的百分比”。“在电影产业里，一个经纪人提供服务后不得向演员收取超过 10% 的佣金，不管是直接的或是间接的，是

小费还是其他方式。”① 尤为甚者，经纪人只有在成功地帮助客户获得工作后才能得到佣金。我国缺乏成熟的行业协会，也缺乏对文化经纪人进行管理的法律法规。我国文化经纪人佣金比例缺乏统一规范，加大了文化经纪人之间的收入不平衡。有的经纪公司为了抢夺优秀的文化经纪人，不惜大打收入牌，从而诱发各方的利益之争，消耗了经纪公司的经营成本。

③收入的不稳定性与支出的持续性。文化产业是一个风险性较大的产业，文化产业不同门类之间也存在着相互竞争的关系，文化市场呈现出敏感性和不确定性。而且，相较于传统工业产品的可持续、不间断生产来说，文化产品通常具有一次性和短期性的特点。因此，对于那些以提成为主要收入的文化经纪人来说，其收入呈现出不稳定性。但是，相较于文化经纪人收入的不稳定性来说，其支出却是具有持续性的。因为，文化经纪人的工作性质决定了其必须不断地进行社会关系的维护，而这些关系的维护是需要社交经费的。而这些社交经费并不是都能够被委托人买单的。这也是很多文化经纪人相对收入高而绝对收入低的一个很重要原因。

### 2.5.2 文化经纪人的纳税

税收是国家凭借政治权力或公共权力对社会产品进行分配的形式，其具有无偿性、强制性、固定性。依法纳税是每一个公民应尽的义务，文化经纪人应该自觉依法纳税。我国现行税收的实体法体系由 19 个税收法律、法规组成，按性质和作用可以分为：流转税类、资源税类、所得税类、特定目的税类以及财产和行为税类。结合文化经纪的行业特点，文化经纪人主要涉及的税种包括流转税中的营业税和所得税类中的企业所得税与个人所得税。

**(1) 营业税**

营业税是我国商品劳务税体系中的主要税种之一，我国税法规定，凡是在我国境内提供应税劳务、转让无形资产或者销售不动产的单位和个人，均为营业税的纳税义务人。这里的应税劳务包括交通运输业、建筑业、金融保险业、邮电通信业、文化体育业、娱乐业、服务业税目征收范围的有偿劳务。所谓服务业指的是利用设备、工具、场所、信息或技能为社会提供服务的业务，包括代理业、旅店业、饮食业、旅游业、仓储业、租赁业、广告业和其他服务业。在 2012 年 7 月，国家统计局颁布的文化产业分类统计标准中，文化娱乐经纪人和其他文化艺术经纪代理都被列为文化经纪代理服务纳入了文化产品生产的辅助生产中。因此，我们可以将文化经纪服务纳入服务业进行营业税的征收。这里需要指出的是单位或个体工商户所聘

---

① SAG RULE 16（g），转引自 David Zelenski. Talent Agents. Personal Managers, and Their Conflicts in the NewHollywood［J］. *Southern California Law Review*, 2003, Vl. 01. 76: 979-1002, 989.

用的员工在为本单位或雇主提供文化经纪服务时，不属于营业税的应税服务。

营业税按照行业、类别的不同分别适用不同的比例税率，具体规定参照表2-1：

表 2-1　　营业税税目税率

| 税　　目 | 税　　率 |
| --- | --- |
| 交通运输业 | 3% |
| 建筑业 | 3% |
| 金融保险业 | 5% |
| 邮电通信业 | 3% |
| 文化体育业 | 3% |
| 娱乐业 | 5%~20% |
| 服务业 | 5% |
| 转让无形资产 | 5% |
| 销售不动产 | 5% |

总体来说，应纳税额=营业额×税率，在税率一定的情况下，营业额的确定是关键。营业额一般为收入全额，含全部价款和价外费用；特殊情况下为收入差额，允许减除特定项目金额；当纳税人提供应税劳务、转让无形资产或者销售不动产时的价格明显偏低并无正当理由时，由主管税务机关核定其营业额。服务业一般以收入全额为营业额，代理业的营业额为向委托方实际收取的报酬。

**（2）企业所得税**

企业所得税是以企业的生产经营所得和其他所得为计税依据而征收的一种所得税。但是，根据《中华人民共和国企业所得税法》有关纳税人的规定所界定的企业，实质上属于法人的范畴，即企业和其他取得收入的组织，如我国的一些事业单位、社会团体组织开展的多种经营和有偿经纪服务活动，所取得的经营收入就应当纳入企业所得税的征税范围。而个人独资企业和合伙企业属于自然人性质的企业，投资者个人承担无限责任，为了合理负担、便于管理，我国将这类企业纳入了个人所得税的征收范围。

在我国，按照地域管辖权和居民管辖权相结合的双重管辖权标准，把企业分为了居民企业和非居民企业，承担不同的纳税义务。

居民纳税企业是指依法在中国境内成立的企业或者依照外国（地区）法律成

立但实际管理机构在中国境内的企业。居民企业承担无限纳税义务，应就来源于中国境内、境外的所得缴纳企业所得税。

非居民企业包括两类：一是依照外国（地区）法律成立且实际管理机构不在中国境内，但在中国境内设立机构、场所的企业；二是在中国境内未设有机构、场所，但有来源于中国境内所得的企业。非居民企业负有限纳税义务，在中国境内设立机构、场所的，应当就其所设机构、场所取得的来源于中国境内的所得，以及发生在中国境外但与其所设机构、场所有实际联系的所得，缴纳企业所得税。

我国企业所得税实行25%的比例税率，适用于居民企业和在中国境内设有机构、场所且所得与机构、场所有关联的非居民企业。在中国境内未设有机构、场所，或者设立了机构、场所但取得与其所设机构、场所没有实际联系的非居民企业，适用税率为20%，在实际执行时按减免10%的税率征收。由于这类企业不属于我国的居民企业，仅就其来源于境内的所得征税，而且对这类所得大多由支付单位代扣代缴，也称为预提所得税。

按照我国《企业所得税法》的规定，应纳税所得额＝收入总额－不征税收入－免税收入－各项扣除－允许弥补的以前年度亏损。

**（3）个人所得税**

个人所得税的纳税义务人是指在税法上负有纳税义务的个人，包括中国公民、个体工商户、个人独资企业和合伙企业的投资者、外籍人士、港澳台同胞等。按照住所和居住时间两个标准，可以分为居民和非居民纳税义务人，分别承担不同的纳税义务。居民纳税人是指在中国境内有住所或者在中国境内无住所但在境内居住满1年的个人。居民纳税人承担无限纳税义务。也就是说其应税所得，无论是来源于中国境内还是境外的任何地方，都要在中国境内缴纳个人所得税。非居民纳税义务人是指在中国境内无住所、不居住但有来源于中国境内的个人所得，或者在中国境内无住所，并且在一个纳税年度中在中国境内居住不满1年的个人。非居民纳税义务人承担有限纳税义务，即仅就来源于中国境内的所得纳税。

我国《个人所得税法》列举了11项应税所得，包括工资、薪金所得；个体工商户的生产、经营所得；对企事业单位的承包、承租经营所得；劳务报酬所得；稿酬所得；特许权使用费所得；利息、股息、红利所得；财产租赁所得；财产转让所得；偶然所得以及经国务院财政部门确定征税的其他所得。其中工资、薪金所得；个体工商户的生产、经营所得；对企事业单位的承包、承租经营所得实行的是超额累进税率，其他项目适用于20%的比例税率。需要指出的是，个人所得税的应税所得额是指个人取得的各项收入减去税法规定的扣除项目或扣除金额之后的余额。如工资、薪金所得，以每月收入额减去费用3500元后的余额才是应税所得额（见表2-2）。

表 2-2　　**工资、薪金所得适用税率表**

| 级数 | 全月含税应纳税所得额 | 税率 |
|---|---|---|
| 1 | 不超过 1500 元 | 3% |
| 2 | 超过 1500 元至 4500 元的部分 | 10% |
| 3 | 超过 4500 元至 9000 元的部分 | 20% |
| 4 | 超过 9000 元至 35000 元的部分 | 25% |
| 5 | 超 35000 元至 55000 元的部分 | 30% |
| 6 | 超过 55000 元至 80000 元的部分 | 35% |
| 7 | 超过 80000 元的部分 | 45% |

## 本章小结

根据文化产业与经纪人的定义，我们可以将文化经纪人界定为：在文化产品和文化相关产品的生产活动中以收取佣金为目的，为促成他人交易而从事居间、行纪或者代理等经纪业务的自然人、法人和其他经济组织。

关于文化经纪人的分类，我们有不同的分类标准可以遵循。按照文化经纪主体从事的行业分，可以分为演艺经纪人、艺术品经纪人、出版经纪人、旅游经纪人及其他经纪人。按照文化经纪人的活动方式分，可以分为文化居间经纪人、文化行纪经纪人、文化代理经纪人。按照经纪人的组织形式，可以分为个体文化经纪人、合伙文化经纪人、文化经纪公司和其他文化经纪组织形式。根据文化经纪人在文化经纪活动中的参与程度不同，我们也可以将其分为中介型文化经纪人和经营型文化经纪人。

文化经纪人的职能主要包括文化信息服务和文化对接服务两大部分。文化经纪人的作用主要体现在“五个有利于”，即有利于深化文化体制改革，优化文化资源的市场配置；有利于优化文化市场环境，拉动文化市场消费；有利于降低文化市场的交易成本，提高文化市场的整体效率；有利于增加就业，促进第三产业发展；有利于提高中国文化软实力，促进世界文化的交流与合作。

文化经纪人的权利包括：知情权、收益权、中止或解除合同权、申诉权。文化经纪人的义务主要体现在：履行委托职责，维护委托人利益；树立道德观念，遵守国家政策法规；自觉尊重知识产权，维护国家文化安全。

文化经纪人的素质包含四个方面：一是良好的思想道德素质，如爱国守法、诚实守信、爱岗敬业；二是健康的身心素质，如健康的体魄、旺盛的精力、良好的心态、超强的韧性；三是全面的科学文化素质，如基础知识和专业素养；四是过硬的工作能力素质，包括感知能力、调研能力、公关能力。

文化经纪涉及的行业多、领域宽、内容丰富，对文化经纪人的素质要求全面而且标准高，因此企业、高校、培训机构任何一方都很难独自完成高素质的文化经纪人培养任务。唯有三方联手，相辅相成方为上策。具体说来，就是要建立起以高校为“体”，以企业和培训机构为“翼”的一体两翼培养模式。

合法获取的佣金是文化经纪人的主要收入，其呈现出收入不平衡，收入管理不规范，收入的不稳定性与支出的持续性等特点。

依法纳税是每一个公民应尽的义务，文化经纪人应该自觉依法纳税。结合文化经纪的行业特点，文化经纪人主要涉及的税种包括营业税、企业所得税和个人所得税。

## 阅读材料

### 知名娱乐经纪人公司50家

1. 华谊兄弟传媒集团
2. 金牌大风娱乐事业有限公司 中国（内地）
3. 美亚娱乐资讯集团有限公司 中国（香港地区）
4. 映艺娱乐有限公司 中国（香港地区）
5. 乔杰立娱乐 中国（台湾地区）
6. 北京海润影视集团 中国（内地）
7. 天娱传媒 中国（内地）
8. 台湾华研国际音乐股份有限公司 中国（台湾地区）
9. 新索音乐娱乐公司 美国
10. 上海唐人电影制作有限公司 中国（内地）
11. 世纪冠雄文化有限公司 中国（内地）
12. AEG新亚洲娱乐联盟集团 中国（内地）
13. 北京春秋鸿文化投资公司 中国（内地）
14. 北京荣信达影视艺术中心 中国（内地）
15. 滚石国际音乐股份有限公司 中国（台湾地区）
16. 橙天娱乐集团 中国（内地）
17. 大国文化集团 中国（香港地区）
18. 台湾天熹娱乐事业股份有限公司 中国（台湾地区）
19. 北京宜和星光文化经纪有限公司 中国（内地）
20. 海碟集团 中国（内地）

21. 百代唱片 英国
22. 香港电视广播有限公司 中国（香港地区）
23. 英皇娱乐集团有限公司 中国（香港地区）
24. 中国星娱乐有限公司 中国（香港地区）
25. 杰尼斯事务所 日本
26. 环球唱片公司 美国
27. 东亚唱片（集团）有限公司 中国（香港地区）
28. 凯渥模特儿经纪公司 中国（台湾地区）
29. 威廉—莫瑞斯经纪人公司 美国
30. 新视线多媒体有限公司 中国（内地）
31. 杰威尔音乐有限公司 中国（台湾地区）
32. 华纳音乐集团 美国
33. 星辉海外有限公司 中国（香港地区）
34. 相信音乐国际股份有限公司 中国（台湾地区）
35. 红馆艺人管理集团有限公司 中国（香港地区）
36. 鑫宝源影视投资有限公司 中国（内地）
37. 创新演艺经纪公司 美国
38. 保利博纳电影发行有限公司 中国（内地）
39. IMG 模特经纪公司 美国
40. 艾回唱片公司 日本
41. 东亚唱片制作有限公司 中国（香港地区）
42. 中国电影集团公司 中国（内地）
43. 福茂唱片音乐股份有限公司 中国（台湾地区）
44. 北京太合麦田音乐文化发展有限公司 中国（内地）
45. JYP 经纪公司 韩国
46. 星之国际演艺经纪有限公司 中国（台湾地区）
47. S. M. 公司 韩国
48. 北京中盛天歌演艺经纪有限公司 中国（内地）
49. 北京明和星和演艺经纪有限公司 中国（内地）
50. 北京星泽国际影视文化有限公司 中国（内地）

（资料来源：中国文化经纪人网，http：//www. cultural-brokers. com/bencandy. php？fid=52&id=714）

从以上材料可以看出，世界上娱乐经纪最发达的是哪些地区？为什么？

## 思考讨论

1. 文化经纪人如何才能更好地履行自己的职能？
2. 文化经纪人应该如何享受自身权利，履行自身义务？
3. 文化经纪人应该如何提升自身素质？
4. 文化经纪人应该如何提高自己的合法收入？
5. 文化经纪人如何才能更好地履行公民的纳税义务？

# 第3章 文化经纪市场

**内容提要**

随着社会主义经济的繁荣，市场概念逐渐扩展深化，新兴市场不断涌现。经纪市场就是我国改革开放以来出现的一个新兴市场。作为在这个新兴市场中从事经纪活动的主体，为了在日益激烈的市场竞争中立足，必须深刻理解经纪市场的内涵和特点，这是进行经纪市场开发的首要环节。通过本章的学习，学生应对经纪市场概念和特点有深刻理解，了解经纪市场开发的内涵和意义，经纪市场调研的方式、方法和内容，经纪市场信息的内容和特征，经纪市场分析的内涵；掌握经纪市场开发思维转变的内容、经纪市场调研的步骤、经纪市场信息开发和利用的步骤、经纪市场机会分析与评估的方法。

## 3.1 文化经纪市场营销环境

经纪市场营销环境，泛指一切影响、制约经纪活动的最普遍的因素。任何经纪个体的业务活动都要在一定经纪环境中展开。经纪行为的改变是经纪行业微观环境因素作用的结果，行业微观环境的变动又受宏观环境因素驱动，同时宏观环境对经纪人的活动也有直接的制约作用。在某种程度上，经纪组织的经营成败取决于能否了解和掌握经纪环境的变化，并及时做出反应。因此，对经纪环境的分析是经纪人开展经纪业务的基础。

### 3.1.1 文化经纪市场宏观环境

**（1）经纪宏观环境的概念与特征**

经纪宏观环境是指对经纪人和经纪微观环境具有较大影响力的客观因素的总体。它包括政治法律环境、经济环境、社会文化环境和科技环境，英文缩写为PEST，由Politics、Economy、Society和Technology的首位字母组成。这种对宏观环境的分析也称为 PEST 分析法，即从政治法律、经济、社会文化和科技的角度，分析宏观环境变化对经纪人的影响。

经纪宏观环境的特征有客观性、相关性、差异性、不可控性、相对稳定性、可影响性。

客观性是指宏观环境不以经纪人的主观意志为转移的客观存在，经纪人总是在特定的政治、经济、社会和其他外界条件下生存、发展，并受其影响。

相关性是指宏观环境不是由某一个单一的因素决定，而是受到一系列相关因素影响的结果。从较长的历史时期对宏观环境进行观察，可见各种宏观因素总是程度不同地相互关联、相互依存和相互制约。一国的政策与法律总是影响该国的经济、科技的发展速度和方向。同样，经济和科技的发展又会促使某些政策、法规发生变更，甚至改变当地的风俗习惯。

差异性是指不同业务的经纪人受不同宏观环境因素的影响，而且同一种宏观环境因素的变化对不同的经纪人影响也不相同。例如，当汇率波动时，经营跨国性业务的经纪人会受较大影响；而以本币结算佣金、不涉及国际业务的经纪人可能受影响较小或者不受影响。

不可控性是指构成经纪宏观环境的因素是广泛而复杂多变的。一个国家的政治法律制度、人口增长、社会习俗等，经纪人不可能使其改变。

相对稳定性是指虽然经纪宏观环境的变化不受单个经纪组织的控制，但总体而言，经纪宏观环境的波动性没有经纪微观环境的波动性大。除了受突发事件的影响，经纪宏观环境在一定时期、一定地域内呈现出较稳定的状态。

可影响性是指经纪组织可以通过内部要素的调整与控制，对微观环境施加一定的影响，最终借助微观环境的变化促使某些宏观环境要素向预期的方向转化。

其中，客观性、相关性、差异性前三项属于经纪环境的总体特征，是经纪宏观环境和经纪微观环境的共有特点；不可控性、相对稳定性、可影响性后三项属于经纪宏观环境的自有特征。

**（2）政治法律环境**

政治法律环境直接与国家的体制、宏观经济政策相联系，它不仅规定了整个国家的发展方向、发展速度，也直接关系到社会购买力的提高和市场需求的增长。政治因素像一只有形之手，调节着经纪人的经纪行为方向，法律则为经纪人规定了经纪活动的行为准则。两者相互联系，共同对经纪人的业务活动发挥影响和作用。经纪人的一切市场活动，总要受到政治法律环境的现存的和潜在的制约。因此经纪人首先要关注开展经纪业务的政治法律环境。

①政治局势。政治局势指国家或地区的政治稳定状况。如果政局稳定，人民安居乐业，经纪行业的发展就拥有了良好的宏观环境。相反，政局不稳，社会矛盾尖锐，秩序混乱，如：战争、暴乱、罢工、政权更替等政治事件，都势必给经纪行业

造成负面效应。因此，开展经纪活动时，特别是对外的经纪活动中，经纪人一定要考虑东道国的政治局势。例如在巴以冲突地区，面临随时可能出现的武装冲突，经纪人很难拓展新的业务。

②形势与政策。各个国家在不同时期，根据不同的形势需要，颁布不同的政策，制定不同的发展战略，例如人口政策、能源政策、物价政策、货币政策等。从对本国企业的影响来看，国家制定的发展战略与各种政策，企业都必须执行，即按照国家的规定，生产或经营国家允许的产品或行业；执行结果必然影响市场需求，改变资源供给，从而扶持和促进某些行业的发展、限制另一些行业的发展。因此，经纪人所在国家或地区的政治形势；执政党的路线、方针和政策是影响经纪业发展的一股重要政治力量。

以我国为例，1956 年社会主义改造完成后，政策上严格管制乃至禁止经纪活动，使得经纪人销声匿迹，经纪业陷于停顿。改革开放以后，随着社会主义市场经济体制的确立，各地陆续制定条例、规章，明确经纪人的法律地位，保护其合法权益，并对经纪人进行监督管理，引导经纪业健康发展，经纪人的发展速度日益加快、组织化程度不断加深、经纪水平稳步提高。由此可见，当政策发生改变时，经纪人的经营目标和策略也势必要做相应调整。

③国际关系。国际关系是指国家之间的政治、经济、文化、军事等关系。随着经济全球化的进一步加深，发展国际的经济合作和贸易关系是社会经济发展的趋势。经纪业是为媒介交易而独立发展起来的一个行业，随着我国对外交流的扩大，经纪人参与国际业务的机会将越来越多。跨国经纪业务必然受国际关系影响，经纪人需要密切关注所在国与业务对象国之间的关系，特别是经贸关系。

例如，2007 年 4 月 10 日，美国向 WTO 争端解决机构提出申诉，认为中国有关影响出版物、录音产品分销服务及贸易权的措施违反了中国的入世承诺及相关的 WTO 协定。2009 年 8 月 12 日，世贸争端解决机构正式向 WTO 成员散发了该案的专家组报告。报告大体支持了美国的主张，认为中国在出版物、录音产品进口及外商分销等领域存在限制，违反了中国入世承诺与 WTO 有关规则。虽然这份裁决并非是最终结果，但中美之间的文化贸易摩擦一直不断，必然威胁为中美文化产品进出口提供代理服务的经纪机构的利益，甚至波及其他行业经纪人的利益。

④法律法规。经纪人知法守法，既要自觉用法律来规范自己的经营行为、运用法律武器维护自己的合法权益，也要自觉接受执法部门的管理和监督。在我国，除了公检法以外，涉及经纪业务的管理机构比较多，主要有工商行政管理局、税务局、物价局等机构，分别从各个方面对经纪人的业务进行监督和控制，保护合法经营，取缔非法经营，保护正当交易和公平竞争，维护委托方利益，促进经纪市场有序运行和经纪业的健康发展。

**(3) 经济环境**

经济环境是指构成经纪人生存和发展的社会经济状况。考察经济环境时，必须考察该国或地区所处的经济发展阶段、市场规模、经济特征等因素。

①经济发展阶段。经济发展阶段不同，居民的收入不同，委托方和相关方对经纪产品的需求层次也不一样，这在一定程度上影响经纪人的经营策略。在经济发展阶段高的国家，保险经纪人往往注重售后服务，非价格竞争比价格竞争更有优势；而在经济发展阶段较低的国家，价格竞争在经纪市场占有明显的优势地位。经纪人对经济发展阶段不同的国家或地区要采取不同的经营策略。

根据美国学者罗斯托（Rostow）的“经济成长阶段理论”，世界各国经济发展可归纳为五种类型：传统经济社会；经济起飞前的准备阶段；经济起飞阶段；迈向经济成熟阶段；大量消费阶段。处于前三个阶段的国家被称为发展中国家，后两个阶段的国家被认为是发达国家。若用该理论来衡量我国经济发展现状，目前我们还处于第二个阶段——经济起飞前的准备阶段。随着社会主义市场经济的发展，到2015年前后，我国将进入经济起飞阶段。届时，市场规模进一步扩大；投资机会增多；信息竞争将成为市场竞争的焦点；经纪行业必然蓬勃发展。经纪人应当注意经济起飞阶段市场中的变化，把握时机，制定适合我国经济环境的运营策略。

②市场规模。在经济环境中，影响市场规模的因素主要是人口和收入。人口是构成市场的第一位要素。从营销学的角度看，人口的多少直接决定市场的潜在容量，人口越多，市场规模越大。人口的年龄结构、性别结构、增长率、流动性等人口特性，对市场格局也产生深刻影响。但是只有人口，没有收入，并不形成实际的市场。收入状况决定了购买力水平，所以统计有购买能力的人口并且分析它的变化，才具有衡量市场规模及其质量的意义。经纪人对经纪市场规模的预测与分析必须建立在对经纪产品有需求的人口基础上，尤其是对具备支付能力的经纪市场人口特性的分析。

考察经纪市场规模的意义在于它制约了经纪交易的规模，交易规模又决定了经纪人的规模和经纪活动的规模。例如，北京、上海等城市由于人口流入较多，劳动力供给增加，就业问题突出，在劳动力市场寻求经纪服务的人口数量呈明显上升趋势。这扩大了劳动力经纪市场的规模，增加了劳动力经纪交易的业务量，作为劳动力经纪机构的人才交流中心、职业介绍所，也随之数量增多、规模扩大。反之，劳动力经纪市场的人口减少，则引起劳动力经纪市场的规模缩小，经纪交易规模减小，交易频率降低，劳动力经纪机构数量减少，规模下降。

③经济特征。经济特征是指一个国家或地区的自然经济条件、基础设施和城市化程度等。自然经济条件指自然界的实际状况和潜在的财富，如矿藏、水利资源、土地面积、地形和气候等。自然经济条件对经纪市场和经纪活动有直接或间接的影响。基础设施最直接地反映经济环境，主要包括运输条件、能源供应、通信设施以

及商业和金融设施。它们是商品运输、商业信息传递的必备条件，是经纪业务顺利开展的保障。城市化程度是指城市人口占全国总人口的百分比，它是一个国家或地区经济环境的重要特征之一。城市商品流通发达，城市居民一般受教育程度高、思维开阔、易接受新生事物，经纪市场易于开发，各种经纪需求日益增多。

**（4）社会文化环境**

生活在不同文化背景下的人，建立的观念和信仰不同、遵循的行为规范亦不同，因而具有的购买理念和购买行为也不同。在一定社会形态下的教育水平、宗教信仰、价值观念以及世代相传的风俗习惯等社会文化环境是影响人们欲望和行为的重要因素。开化进步的社会文化环境促使经纪行业繁荣发展，保守闭塞的环境可能使经纪市场陷于低迷，造成经纪人转行、另谋生路。

①教育水平。教育是按照一定要求，对受教育者施以影响的一种有计划的活动，是传授生产经验和生活经验的必要手段，反映并影响着一定的社会生产力、生产关系和经济状况。教育水平是影响经纪市场的重要因素。它的影响反映在以下两个方面：一是对经纪人选择目标市场的影响。不同教育水平的国家或地区，对经纪产品的需求必然不同；二是对经纪人所经纪的商品或服务的影响。教育水平不同的国家、地区的居民或企业，对经纪交易所涉及的具体商品或服务的品质、附加功能的要求都有差异。通常在某项教育上具备明显优势地区的居民或企业，对该教育所影响的商品或服务的品质会提出较高要求。

②价值观念。价值观念是指人们对社会生活中各种事物的态度和看法。不同的文化背景下，人们的价值观念相差很大；同样的文化背景，由于所处时代不同，价值观念也不同。在不同的价值观念下，经纪人的生存空间不同，经纪行业的发展前景也不同。例如，改革开放以前，由于中国传统观念的影响，认为经纪人是“跑合”、说媒拉纤、投机倒把的“掮客”，因此，很长一段时间，经纪人在我国的社会地位低下，经纪行业发展缓慢。进入 20 世纪 80 年代以来，我国社会文化环境发生深刻变化，人们的价值观念有了巨大转变，经纪机构增多，经纪行业日渐得到恢复，经纪人的地位逐步得到提高，经纪人队伍已经形成一定规模。

③风俗习惯。风俗是指世代相袭固化而成的一种风尚；习惯则是指由于重复或练习而巩固下来，并变成需要的行动方式。风俗习惯对人们的消费行为、消费方式具有长远而重大的影响。对市场习俗、伦理的了解，不但有利于经纪人提供经纪服务，而且有利于经纪人正确、主动地引导健康的经纪消费理念。例如，文艺演出经纪人开拓异地演出市场时，若结合地方习俗，安排演员表演一些符合当地民俗的节目，更能引起观众的共鸣。

**（5）科技环境**

科技是第一生产力，科技水平不仅是经济发展水平的集中反映，而且影响着经济建设的未来。新技术、新材料的出现给经纪人带来机会，也带来挑战。科技环境作为经纪宏观环境的一部分，已经逐渐成为影响经纪行业发展的最受人关注的因素。随着技术进步，旧的经纪服务形式被淘汰，新的经纪服务模式应运而生，整个经纪行业随之改变。所以“创新理论”的代表人物熊彼特，称技术是“创造性的毁灭”。

### 3.1.2 文化经纪市场微观环境

**(1) 经纪微观环境的概念与特征**

经纪微观环境，又称为经纪人的行业环境，是指与经纪活动有密切联系，对经纪人的业务构成直接影响的各种因素和力量的集合。经纪微观环境包括经纪人自身、委托方、竞争者、其他利益群体（众多潜在相关方），他们直接地影响经纪人提供经纪服务的能力。

经纪微观环境与经纪宏观环境一起构成了经纪环境，作为经纪环境的总体特征——客观性、相关性、差异性，经纪微观环境同样具备；但与宏观环境比较，它还具备一些截然不同的其他特征。

- 客观性。经纪人的生存和发展离不开宏观环境，同样也离不开微观环境。没有委托方，没有可供选择相关方的其他利益群体，经纪人将失去存在的意义；没有竞争者，经纪市场是不健全的。无论经纪人愿意与否，承认与否，经纪微观环境都是客观存在的，是从事经纪活动所必须面对的环境条件，也必然受它的影响和制约。

- 相关性。经纪微观环境是一个紧密相联的体系，在这个体系中，各种因素相互较量又相互依存，共同维系经纪行业的发展。每个微观环境因素都是这个体系中的一个环节，任何一个环节的缺失都将使这个体系不完整，破坏整个行业的良性运转。

- 差异性。与其他行业不同，经纪行业涉及众多业务领域，同样的微观环境因素，在不同领域发挥的影响力不尽相同，即便同处一个业务领域，不同的经纪人，经纪微观环境对其制约也不同。

- 受调控性。经纪微观环境的受调控性，表现为宏观环境因素对它的调控和制约作用。最明显的例证就是国家可借助政策、法规的调整，达到对经纪行业微观环境规划治理的目的。当然其他宏观环境因素对微观环境的调控作用也不容忽视，如科技环境的改变势必引起技术经纪人的微观环境变化。

相对大的波动性：环境总处于不断的发展变化之中，与经纪宏观环境相比，经纪微观环境表现为易波动性。因为微观环境处于宏观环境和经纪人之间，受两者的影响，所以微观环境因素的波动性相对更大。因此，经纪人更要重视对微观环境的认识，加强适应能力。

- 与经纪人间的相互影响性。微观环境对企业的影响是直接影响，宏观环境更多地通过微观环境发挥间接影响，但任何作用都是相互的，在微观环境因素对经纪人产生直接影响时，也必然受到它的反作用。因此经纪微观环境与经纪人之间拥有最直接的相互影响性。

**（2）行业结构与经纪组织内部要素**

经纪微观环境因素中最重要的是经纪人自身，没有他们的存在，其他微观因素就不具备影响效力，整个行业也因为缺失了行业主体而不复存在。而作为组织形态的经纪人安排经纪组织内部要素的组合，是根据经纪人所处的具体行业结构。因此，分析经纪组织以前，需要对行业结构进行简单了解。

- 行业结构。行业是指提供高度替代性产品或服务的一群企业，决定企业盈利能力的首要因素是该行业的吸引力，而行业结构中的各种力量及其竞争强度决定了行业吸引力的大小。美国哈佛商学院教授迈克尔·波特（M. F. Porter）在其著作《竞争战略》（*Competitive Strategy*）一书中，建立了行业结构分析模型，指出企业通常受到来自行业的诸多“力”的压迫，其中最主要的五种压力分别为供应方讨价还价的压力、买方讨价还价的压力、替代品的威胁（替代性产品或服务是指满足同样顾客需求的提供物）、潜在进入者的威胁、同行业中竞争者的竞争压力。此行业结构分析模型也被称为竞争力模型（见图 3-1），为行业分析提供了有效的借鉴。

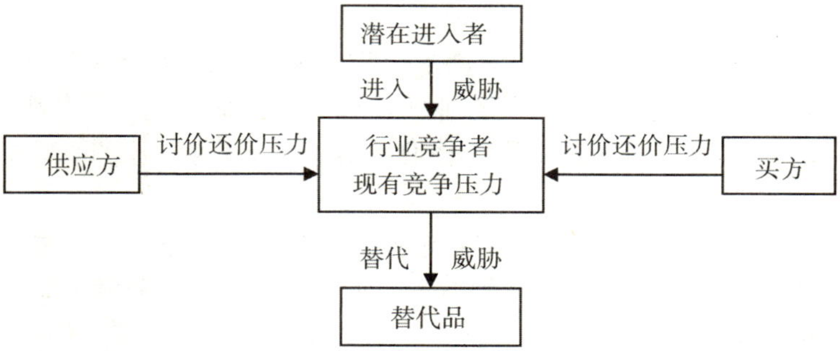


图 3-1　竞争力模型

依据波特教授的竞争力模型，经纪人可对所在行业展开行业结构分析。但必须注意，经纪企业处于买卖双方的中间位置，不参与实际交易，不同于一般的生产型或服务型企业，对经纪行业结构的分析必须建立在其特殊的行业环境基础上，经纪活动中实际交易的是委托方和相关方，相关方来自可能参与实际交易的其他利益群体，经纪人面临的是与委托方签约后的委托压力、从其他利益群体中选取相关方的压力及同行竞争者的竞争威胁，见图 3-2。

- 经纪组织内部要素分析。经纪微观环境中的每个因素对经纪业务都产生影响，经纪人可以通过对内部要素的调整，应对来自各方面的压力与威胁。特别是占据本行业领先地位的经纪企业可以借助自身实力发挥对本行业的影响力，改善行业结构，进一步提升自身的行业竞争力。决定经纪组织参与行业竞争能力的内部要素主要有人力要素、财力要素、技术要素、信誉要素等。

人力要素方面：如果经纪组织拥有高素质的经营管理人员、经纪市场分析人员、经纪产品开发人员、经纪业务操作人员，就意味着它具有重要的内在优势，适应经纪环境的内部能力必定很强，善于捕捉机会、防范风险；否则很可能是错失良机或者遭遇险情。

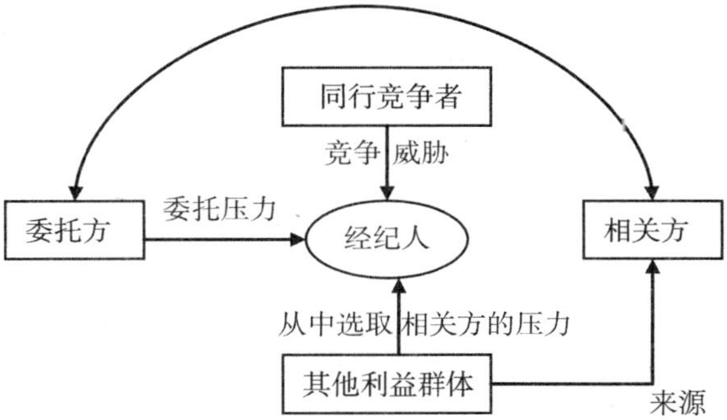


图 3-2 经纪行业结构模型示意图

财力要素方面：现代企业经营管理中，企业的财务状况经常被当作衡量企业竞争力的首选目标。财力要素对经纪企业的重要性也不例外。财力要素中除了资金以外，经纪组织或个体经纪人在理财方面的能力也关系到他们的兴衰成败，因为经纪企业并非生产型企业，经纪人在财务管理方面的优劣势，极大程度上反映了他们在组织管理、市场开发、业务运作方面的能力，能做到节约经纪成本，提升经纪利润的经纪人，必定拥有较高的竞争力。

技术要素方面：经纪人依靠对市场信息的把握谋求生存和发展，由于科技进步，市场进一步透明化，信息沟通日益便捷化，立足于信息时代，适应科技环境的变化以及应对不断提升的需求、不断加剧竞争的唯一的答案就是重视对技术要素的投入，包括技术装备与技术人才的投入两方面。技术人才不一定直接参与经纪业务，但他们是技术装备发挥作用的工程师。

信誉要素方面：对提供中介服务的经纪人来说，信誉的珍贵程度不亚于钻石。这源于经纪企业与生产型企业不同。经纪企业无法向委托客户展现真实的产品，委托人要想对其服务能力作出判断，通常只能借助于了解经纪企业过去的业绩。往往过去客户的一句好评，就可能促成当前委托人与经纪人的签约，故信誉被认为是经纪人的立业之本和重要资产。不同于前三项要素，信誉的培养和改善无法通过直接的有形投入实现，只有依靠企业文化的树立和诚信教育，通过不断加强从业经纪人的信誉观念，在经纪活动中逐步建立和维护企业信誉。

**（3）委托方**

经纪人的委托方是与经纪人形成委托代理关系的委托人。他们可能是某种商品或服务的供应者，委托经纪人寻找销路；也可能是某种商品或服务的需求者，委托经纪人寻找货源或服务提供者。即经纪人面对的委托方来自买卖双向。

**（4）竞争者**

竞争是市场经济的基本特性，只要存在生产和交换，就必然存在竞争。许多经纪行业都面临越来越多的竞争者，竞争程度日益加剧。经纪行业内部竞争的激烈程度由一些结构性的因素决定，如竞争者密度、产品及服务的差异化程度以及市场进入难度。

- 竞争者密度。经纪人的竞争者密度是指同一个行业内经纪组织的数量和规模。竞争者密度会影响竞争的激烈程度和市场份额的分配。一般来说，从事同种经纪业务的经纪组织越多，竞争者密度就越大，竞争越激烈，市场份额的平均占有率低；若一个行业的经纪组织数量不多，但规模都很大，而且各组织之间处于势均力敌的地位，也会导致残酷竞争，但各竞争者都享有较高的市场份额；若经纪人所处的行业高度集中，但行业内各组织的规模、实力有相当大的差距，则该行业的竞争者密度小，竞争并不激烈，市场份额分配呈两极分化。

经纪产品差异。经纪产品差异指同一经纪行业中，不同的经纪组织提供同类经纪产品的差异程度。经纪产品的差异是影响经纪人竞争力大小的决定性因素，经纪产品差异愈小，竞争愈激烈；反之，愈差。经纪人要争取有利的竞争位置，就要力图形成与竞争对手在经纪产品上的差异优势。由于经纪行业的特殊性，经纪产品的差异性并非表现在商品或服务的包装等外在因素上，而主要表现在经纪人提供的信息、交易机会和收取的佣金三个方面。

经纪产品是由经纪中介提供，能够满足委托方或相关方需求的信息、关系、交易机会和服务的统称。作为经纪产品的内容之一，经纪人为委托方提供的交易信息是造成经纪产品差异的一个重要因素。信息提供得越准确、越完备、越及时，越有利于委托方和相关方实际成交；反之，越不利于促成实际交易。信息提供的准确、及时与否，反映了经纪人综合实力的强弱，形成了经纪人的知名度差距。

经纪人提供的交易机会是否真实有效、能否达成相关方的交易意愿，也构成了经纪产品的差异。相关方若能利用经纪人提供的交易机会，顺利地与委托方订约成交，最终实现经纪服务的三方共赢，可以增添相关方对经纪人的信赖，继续参与经纪交易，并且使经纪人占据有利的竞争位置。相反，相关方可能失去对经纪人的信赖，使经纪人处于不利的竞争地位。

反映经纪服务价格的佣金，也是衡量经纪产品差异的标准之一。值得注意的是，经纪人佣金的制定并非越低越好，从高质高价的理念出发，竞争者采取高价策略不一定失去市场份额，低价策略也不一定取得良好的市场反映。

- 市场进入难度。经纪市场的进入难度是指新加入者试图加入某个经纪行业时所遇到的困难程度。进入难度越小，则经纪人面对的竞争越激烈；反之，越差。经纪市场的进入难度往往为经纪宏观环境所左右，例如，我国对从事出国留学中介服务的企业有严格的审批规定，1999 年年底规定，从事海外留学中介服务的合法机构，必须设有 100 万元人民币的留学保证金，通过教育部、公安部，以及工商管理部门经营范围登记许可的认证。近年来，出国留学中介市场的进入难度又有所提高，少有新机构出现在这个领域。也就意味着，该行业内的经纪企业面对的竞争多来自于现有对手，而源自新加入者的威胁较小，相对而言竞争和缓，易维持已有的市场份额。

在垄断型的市场中，几个超大企业可以联合，借助对市场的垄断能力限制外来者的进入，提高市场进入难度，维持行业内的低竞争和各自的高市场份额。如近 20 年来，全球的民用飞机制造业几乎被美国波音公司和欧洲空中客车公司所垄断，新加入者可谓凤毛麟角。但对提供中介服务的经纪人来说，这种情况实属罕见。因为在通信技术改变人类整体进程的时代，信息沟通渠道多样、便捷、高效，经纪人很难做到对信息的垄断。

**（5）其他利益群体**

经纪微观环境下的其他利益群体是指所有受经纪人关注的，可能与委托方实际交易的组织和个人。其他利益群体的重要性在于它是经纪交易中相关方的来源。其他利益群体对经纪人的生存和发展产生巨大影响：这个群体越广泛，才越有助于经纪人完成委托协议；反之，越不利于经纪人履约。这个群体的普遍素质越高，经纪交易的实际成功率才越高；反之，交易成功率越低。

对于其他利益群体，必须要注意的是，他们同经纪人的委托方一样，具有双向性，即他们可能是某一项商品或服务的供给群体，也可能是需求群体。经纪人与其他利益群体的关系可能增强经纪人实现目标的能力，也可能产生妨碍效果。例如，专职操作职业运动员转会事宜的体育经纪人，若与多个国家的众多俱乐部长期保持着密切联系（此处，各俱乐部就是体育经纪人所面对的其他利益群体），对于运动员的成功转会将极为有利。所以，经纪人必须采取积极适当的措施，主动处理好与其他利益群体的关系，在他们中间树立良好的形象，促进经纪活动的顺利开展。当经纪人从中选取相关方后，其他利益群体的余下成员对委托方与相关方的实际交易会存在潜在威胁，即他们与相关方之间有可能存在竞争，妨碍实际交易。比如，体育经纪人为委托他运作转会事项的运动员选定俱乐部后，经纪人联系过的其他俱乐部若对该运动员感兴趣，可能再通过另外的渠道与该运动员取得联系，因而这些俱乐部就与成为相关方的俱乐部产生了竞争。可见，其他利益群体对经纪人和实际交易都具有影响力。

综述所述，经纪人自身、委托方、竞争者、其他利益群体四大因素相互联系、相互作用，共同构成经纪微观环境。经纪人既要全面综合考虑各因素的影响，也要依据业务类型区分重点，才能适应微观环境的易波动性，提高竞争力。

## 3.2　文化经纪市场细分

从市场营销的角度看，一种产品的市场是指该产品的全体买主。但每种产品都有为数众多、分布广泛的购买者，而且每一个购买者都往往具有不同的消费需求。经纪企业有必要根据消费者的需求特点、行为的差异性，将经纪业务总体市场划分为若干个细分市场，使每一细分市场都由具有同类需求倾向的消费者构成，以降低经纪成本，提高经纪效益。

### 3.2.1　经纪市场细分的概念及作用

**（1）经纪市场细分的概念**

市场细分是 20 世纪 50 年代中期由美国市场营销学家温德尔·史密斯在总结市场营销实践经验的基础上提出来的一个新概念。经纪市场细分的含义是：经纪企业根据消费者的需求特点和行为的差异性，将经纪业务总体市场划分为若干个细分市场，每一细分市场都是由具有同类需求倾向的消费者构成。因此，经纪业务市场细分实际上是分析具有不同心理和动机的消费者群体，并加以归类的过程。在经纪业务市场上，有各种各样的消费者，企业对经纪业务市场进行细分，就是为了发现不同消费者直接需求的差别，然后把需求相同的消费者归为一类，这样就可以把一个经纪业务市场按行业分成若干个子市场。分属不同细分市场的消费者对经纪业务需求有着明显的差别，而属于同一细分市场的经纪业务消费者，其经纪业务需求极为相似。因此，每个细分市场又可称为“同质市场”，经纪市场细分实质上就是根据消费者需求的差异性来划分“同质市场”的过程。

**（2）经纪业务市场细分的作用**

经纪企业对经纪业务市场进行细分，是为了更好地组织经纪业务销售，参与市场竞争，提高经纪企业的经济效益和社会效益。因此，科学合理地细分经纪业务市场，对经纪企业的成功经营具有重要的意义。

有利于经纪企业发掘新的市场机会。市场机会是指经纪业务市场上客观存在的未被满足或未被全部满足的消费需求。经纪企业通过市场细分，可以有效地分析和了解各个消费者群的需求满足程度和市场上的状况，发现那些未被满足或未被完全满足的消费需求，从而寻求对自己最有利的市场机会。一个未被竞争者注意的较小的细分市场，可能比激烈竞争的大市场带来更多的经济效益。

有利于调整经营策略。如果经纪企业为整个经纪业务市场提供产品，采用统一的营销策略比较简易，但因市场范围广，信息反馈较慢，所以又不能对市场上的变化做出及时的反应。经纪业务进行市场细分以后，每个子市场小而具体，消费者的需求相似，因而经纪公司可以有针对性地制订市场营销策略，设计并开发适销对路的新品种，确定适用的价格，选择最佳的营销渠道和促销手段。同时，经过细分的经纪业务市场，信息反馈较快，经纪企业比较容易了解消费者的需求动向，一旦消费者的需求发生变化，经纪企业可以迅速地改变原来的营销策略，制订相应的对策。

### 3.2.2　经纪市场细分的原则

在市场细分时应注意其有效性和实用性。有效性表现在细分后的市场能为经纪企业制订营销策略提供依据；实用性则以细分市场能否成为经纪企业的目标市场为条件。因此，经纪企业在进行市场细分时必须遵循以下原则：

**（1）可衡量性**

细分的市场必须是可以识别和可以衡量的。因此，经纪业务市场细分的标准必须明确具体，每一个细分市场的范围要有明确的界定。首先，在同一细分市场内，消费者的需求具有共同的特征，表现出类似的行为，并与其他细分市场有明显的区别。其次，经纪企业能从细分市场上得到有关细分标准的确切资料，并能据以衡量出该细分市场的容量和潜力。当然，实际上有一些因素是不易测量的，例如，许多人的心理和动机很难测量。一般来说，凡是经纪企业难以识别、难以衡量的因素和特征，都不能作为细分市场的标准，因为这样的细分市场不可能为经纪企业制订营销规划提供可靠的依据。

**（2）可占领性**

进行市场细分的目的，是为了使企业更好地占领目标市场。因此，考虑细分市场标准的因素时，一定要从经纪企业的实际出发，利用有限的人力、物力和财力去占领选中的细分市场。市场细分的可占领性，实际上是考虑经纪企业经营活动的可行性，对于不能占领的领域和难以占领的市场进行细分是没有任何实际意义的。

**（3）差异性**

消费者需求的差异性是经纪业务市场细分的基础，成功的细分市场应有自己的特色。而且细分后的子市场，对营销策略的任何变动都应能做出不同的反应，这样才能满足不同消费者的需要。如果几个子市场对经纪市场营销策略的组合做出的反应相似，就可以把它们作为一个整体市场来看待，而无须进行市场细分。

**（4）效益性**

效益性的含义包括两个方面：一是细分市场的规模必须能使企业经营有一定的

稳定性，经纪企业占领市场后可能在较长时间内无须改变自己的目标市场，从而为企业制订较长时期的基本策略，避免由于目标市场经常变动可能带来的风险，减少不必要的损失。二是细分市场必须具有一定的市场潜力，能保证经纪企业实现自己的利润目标，一般来说，市场细分并不是越细越好，市场细分要取决于子市场的消费者人数和需求量。一个合适的细分市场，应该有足够的潜在消费者，经纪企业在该细分市场进行营销活动时，能够补偿经营成本，并获得一定利润。如果细分市场规模过小，达不到经纪企业所要求的规模就不值得去占领。

### 3.2.3　经纪市场细分的依据

经纪市场细分的依据是消费者对经纪业务需求的差异。这些差异表现在每个需求者都有许多特点，如居住地区、经济状况、生活习惯、行为动机和购买方式等。这些因素都影响经纪企业对市场的细分，都是经纪业务市场细分时应考虑的。

**（1）地理因素**

地理因素主要包括区域、气候、行政区域、人口密度等。按照地理因素细分就是要将市场分为不同的地理单位，如国家、地区、省、市、城市、农村、沿海、内地等，这些地理因素对消费者的需求、生活方式、行为习惯有着重要的影响。由于细分标准相对稳定，便于操作，而且也便于经纪企业开拓区域市场。如经纪市场可以按地域标准划分为：乡镇经纪人市场、城市经纪人市场、边贸经纪人市场、跨国经纪人市场。经纪企业也可以决定在一个或几个地区经营，或者在所有的地区经营，但是要注意各地区在地理方面的需要和偏好差别，如各地区的自然气候、传统文化、经济发展水平都可以影响消费者的需求。

地理细分标准对于某些文化产品很重要。如现场演出类的文化产品，如音乐会、歌舞剧、体育比赛等，这种产品受到消费者的收入水平、生活方式、交通状况等因素的影响，而这些因素也往往通过地理因素体现出来。比如，中国目前城市和乡村在收入水平、人口密度、交通便利度等各方面的差异较明显，使城市和乡村的演出市场潜力明显不同。另外，凡是反映鲜明地域文化的文化产品，地理细分标准都显得重要。其中最重要的是语言，它是体现地域文化的最鲜明特征。其他一些文化产品也采用地理细分的方法，选择某一特别区域进行本土营销。比如，隶属于广州日报报业集团的《赢周刊》就主要覆盖珠三角地区，将自身使命规定为“珠三角企业主的贴身财经秘书”。

**（2）人文因素**

人文因素包括性别、年龄、收入水平、文化程度、家庭结构以及规模、职业、宗教、民族等。按照人口因素来细分经纪市场叫做人口细分。人文变量是区分消费者群体的基础，其中一个理由是消费者的欲望、偏好和使用率经常与人文变量有密切联系，另外，人文变量比大部分其他类型的变量更容易测量。

人文细分对文化产品市场而言非常重要。不同人文特征的人在文化产品类型的选择方面有较大不同。比如年龄，儿童、青少年、中年人和老年人对文化产品的偏好的选择显然是不同的。因此，许多文化产品运用年龄细分取得了成功。比如北京《瑞丽》杂志，将年龄作为其市场细分的首要指标；影视剧市场中的《喜羊羊与灰太狼》是面向低龄电影观众的；中国很多地区的电视台都有专门的动画频道或少儿频道等。

教育水平、职业也是重要的细分变量。比如在中国财经报刊领域，《经济观察报》的目标读者是拥有财富、思想、实力与未来的"实力阶层"；《21世纪经济报道》面向经济界的高端和中端人群；《中国经营报》面向经济类报纸的"塔基"，追求文字通俗易懂，更贴近实战。性别则经常成为杂志市场的细分标准，尤其是时尚类杂志。

**（3）心理因素**

心理因素包括社会阶层、个性和生活方式等。根据消费者心理特征来细分市场称为心理细分。在实际工作中会遇到这样的情况，在人口因素和其他因素大致相同的消费者群体中，由于个人性格和生活方式等心理因素的差异，导致对商品需求的不同。

企业可以根据下面几个尺度来测量消费者的生活方式：一是活动，如消费者的工作、业余消遣、休假、购物、体育、款待客人等活动；二是兴趣，如消费者对家居和服装的流行式样、食品、娱乐等的兴趣；三是意见，如消费者对社会、政治、经济、产品、文化教育、环境保护等问题的意见。

例如，随着中国电视领域竞争的日益激烈，中国各地区的卫视也开始采用目标市场战略，开始对中国电视市场进行细分。比如湖南卫视自1997年推出《快乐大本营》开始，逐渐确立起快乐、娱乐的风格，成为各大卫视定位之始；这之后，安徽卫视逐渐确立起来的大量播出电视剧的定位为其早期的发展打下了一片天地；江苏卫视的"情感"定位吸引了不少观众；北京卫视2009年确立了"用独播剧立台"的策略；辽宁卫视用"一山二刚"——赵本山、王刚和郭德纲来吸引追求幽默娱乐的观众。

### 案例3-1　从办刊理念到排行榜：美国主要财经杂志特色

《福布斯》《财富》和《商业周刊》是国际著名财经媒体，它们记录了美国乃至全球财经的变迁与发展，在全球影响范围广泛。《福布斯》《财富》和《商业周刊》也是期刊商业化运作的成功典范，其衍生媒体产品——排行榜与论坛，独树一帜，成为经济趋向的风向标和商业精英聚会的盛宴。《福布斯》《财富》《商业周刊》分别创刊于1917年、1929年和1930年，三大财经期刊都先后开辟了中文版，进军中国市场。

《福布斯》《财富》和《商业周刊》都是报道财经，但是定位于不同角度，个性鲜明，都拥有自己不同的读者群。

《福布斯》推崇精英群体的影响力，介绍企业、企业家的成功之道。《福布斯》第三代领导者史蒂夫·福布斯说："我们的文章充满了统计数字，但它们总是聚焦于人。"例如，"封面故事"中很多文章以人物的经济活动为主，"公司、人物、观点"和"创业者"栏目包含了人物专访、创业经验等方面的文章。《福布斯》鼓励追求个人创业、个人利润的财富主张，倡导开拓、冒险、进取的创业精神。只要翻开《福布斯》创刊词，就会看到柏蒂·福布斯亲自撰写的一句警语："商业的目的是创造幸福，而不仅仅是财富的堆积。"

《财富》强调企业对社会、经济的影响力，在全球的定位是报道大新闻和大企业，世界 500 强的生死沉浮是拳头产品。1929 年，《财富》杂志的创刊人亨利·卢斯在一次公开演讲中说："基本上，商业就是我们的文化，因为它就是我们时代的特征，控制我们的生活……简而言之就是现代企业，企业就是我们的生命，它是艺术家、牧师、哲学家、医生的生活必要条件……普通人更是随时都必须与企业发生关系。"卢斯的话揭示了商业、企业在社会生活中的核心角色。《财富》的文章"怀有一种适合其商业在公众心目中获得应有地位的目的"。

《商业周刊》新闻性最强，强调事件影响，偏重对国际重大经济题材的报道，定位于"全球资本主义时代的信息工具"。例如，1997 年 3 月的封面报道第一次提出"新经济"口号，最早提出亚洲金融危机，在美国"9·11"事件发生后，组织 7 篇文章分析美国和世界相关城市、公司的经济困境与前景。

（资料来源：新华网 http://news.xinhuanet.com/newmedia/2005-03/08/content_2668153.htm）

**（4）行为因素**

行为因素包括消费者的购买时机、利益驱动、忠诚度以及对商品的态度等。根据消费者不同的购买行为细分经纪业务市场称为行为细分。行为因素是进行市场细分的最佳起点。

• 购买时机。根据消费者需要产生以及购买或使用产品的时机，可将消费者市场细分。对于文化产品而言，时机有时成为重要的细分标准。因为一些文化产品具备一定的时效性，比如电影、音乐会及体育比赛等现场演出类文化产品往往需要考虑档期，在假期等时间的需求比较集中。有数据显示，近五年元旦档期，2011 年报收 1.65 亿元，2012 年报收 1.6 亿元，2013 年因《泰囧》暴涨至 3.02 亿元，

2015 年元旦档期票房整体爆发，假期中每天都破亿元，总票房达 4.47 亿元，是去年元旦档总票房的 4 倍有余，较之近年表现最好的 2013 年，总成绩也要多出 1 亿多元。

● 利益驱动。每个追求利益的群体都有其特定的人文、行为和心理方面的特征。利益细分的典型例证是拉赛尔·哈里（Russell Haley）提供的对牙膏市场的细分。哈里通过调研发现了四个利益细分市场，即追求经济利益、保护利益、美容化妆利益和气味利益。例如，追求保护利益的消费者，都属于大家庭，他们使用大量的牙膏，个性保守。牙膏公司可以利用这些调查结果，更好地经营现有品牌，并高效地推出新品牌。文化产品给人们带来的利益也可能有所不同，比如电影有不同的类型，历史片、动作片、剧情片给人们带来的享受都各有不同。

● 使用者状况。根据消费者是否使用和使用程度细分市场。许多市场都可被细分为未使用者、曾经使用者、潜在使用者、首次使用者和经常使用者。资金雄厚、市场占有率高的大公司，一般都对潜在使用者这类消费群发生兴趣，以扩大市场阵地；中小企业资金薄弱，往往更注重吸引经常使用者。一些文化产品也可以运用使用者状况来进行细分，比如现场演出、体育赛事、电视节目等。企业对潜在使用者和经常使用者要运用不同的营销组合，采用不同的市场营销措施。比如对未使用者，最重要的目标可能是让其知晓并试用产品，而对于首次使用者，应该注重使用之后的沟通渠道，使消费者可以及时分享使用感受。经常使用者往往是营销者最关注的用户群，要综合运用各种营销措施来保留这部分消费者。

● 产品使用率。按照消费者对产品的使用率来细分，可分为少量使用者、中量使用者、大量使用者等。大量使用者往往在实际和潜在购买者总数中比重不大，但他们所消费商品在消费总量中所占比重却很大，而且产品的大量使用者往往具备某种共同的人格、心理特征和广告媒体习惯。

● 忠诚度。品牌忠诚度的衡量标准主要有价格敏感度、购买次数、挑选时间等。价格敏感度越低、一定时间内购买次数越多、挑选时间越短，就说明消费者的品牌忠诚度越高。根据品牌忠诚度的高低，消费者可被分为坚定忠诚者、有限忠诚者、游移忠诚者和非忠诚者四类。坚定忠诚者是指只忠诚于某一固定品牌的消费者，在行为上表现为消费者毫无例外地只购买某一种品牌；有限忠诚者是指忠诚于有限的两三种品牌的消费者；游移忠诚者指开始忠诚于某一品牌，后转移到另一种品牌的消费者；非忠诚者指不忠诚于任何品牌的消费者。文化产品是比较容易产生消费者忠诚度的领域。最明显的例子是明星效应。许多有影响力的娱乐、体育或文化明星在其个人魅力和营销者的策划下，拥有大批的忠诚追随者。

● 待购阶段。根据人们购买某种产品过程中所处不同阶段对市场进行细分。消费者的待购阶段可分为知晓、兴趣、评估、试用、采用等阶段。

● 态度。根据消费者对产品的态度细分消费者市场。消费者对产品的态度分为五种：热爱、肯定、不感兴趣、否定和敌意。对待不同态度的消费者群体，企业应该采取不同的市场营销对策。

### 3.2.4 经纪市场细分的步骤

市场细分是一个连续的过程，具体要经过选定细分范围、确认细分依据、权衡细分变量、调查潜在顾客（非顾客）的需求、评估细分市场、选择目标市场、设计项目策略等步骤。

**（1）选定市场范围**

明确某行业中产品的市场范围，并以此作为制定市场开拓战略的依据。细分范围取决于多种因素，其中主要包括经纪项目实施主体的人力、物力、财力，项目的目标与任务，项目的目前行业发展状况等。

**（2）权衡细分变量**

从地理因素、人口因素（包括性别、年龄、收入等）、心理因素、行为因素等方面列出影响产品市场需求和顾客购买行为的各项变量，明确这些细分变量对项目市场细分起着重要的作用。细分变量使用不当，有可能使细分结果与市场的实际情况相差甚远，可能导致经纪项目决策的失误。

**（3）调查潜在顾客（非顾客）的需求**

对不同的潜在顾客进行抽样调查，并对所列出的需求变数进行评价，了解顾客的共同需求。在经纪项目调研中，已对经纪项目市场状况进行了数据的收集、整理、分析，可以说大致掌握了整体情况。为了进一步了解细分市场，也为了检测经纪项目调查的效率，可以安排小规模的市场调研，分析潜在顾客即现实“非顾客”的不同需求。根据他们与现有市场的相对距离不同，可以依次分为准非顾客、拒绝型非顾客、未探知型非顾客三个层次。经纪项目策划者通过分析这些非顾客和现有顾客的关键共同点，确定哪些潜在的非顾客可以成为将来经纪项目现实的顾客。

**（4）评估细分市场**

根据潜在顾客（非顾客）的小型市场调查，对各个子市场进行评价、分析。影响文化市场吸引力的因素包括竞争对手、替代品、文化消费者的市场地位和相对购买力、上游市场供应商等。当然，即使某个目标市场具有合适的规模和成长性，也具备结构性吸引力，仍需要考虑根据目标市场和企业自身战略目标、资源和能力水平的匹配性程度来确定是否值得进入该市场。

**（5）选择目标市场**

选择目标市场是综合的结果，即通过评估，从众多的现实的子市场和潜在的市场中整合出所策划项目的市场。最好按加权平均方法综合考虑各相关因素。文化产业项目选择目标市场应当优先选择将具有适当现实规模和相当市场潜量的子市场作为备选市场。

**(6) 制定相应的营销策略**

调查、分析、评估各细分市场，最终确定可进入的细分市场，并制定相应的营销策略。目标市场确定后，相应地制定出价格策略、产品策略、渠道策略、营销组合。

### 案例 3-2 旅游图书选题走向多角度

旅游主题图书一直是大众出版关注的热门板块，除了“中国自助游”系列、“中国国家地理”以及“LonelyPlanet”系列等一些老牌强势品种外，2013年攻略类旅游图书由于品种优势仍然占整个旅游图书市场较大比重，而游记类图书也经常出现表现较好的单行本。由于攻略类图书品种多、差异化小，想脱颖而出并不容易，往往经典品牌在市场上的地位比较稳固，后起者想取得成绩只能寻找细分差异。游记类图书往往是为了迎合读者猎奇的心理，这种书容易产生两极分化。故事好、营销到位的图书，往往能够得到读者关注，甚至将作者奉为心中偶像，作品也往往可以取得销售佳绩。如果营销不到位，即使作者游历经验再丰富、故事再吸引人，也很难取得较多的关注。因此这类图书出版社的营销工作、作者的自有品牌成为关键。

在自助游方面，目前自助游图书市场按内容划分大概有三种类型，第一类是以猎奇为主要卖点；内容是游记形式的图书，市场表现好的相关图书有《走吧张小砚》(文化艺术出版社)、《不去会死》(上海译文出版社)、《三十岁的成人礼：搭车去柏林》(中信出版社)等；第二类是以实用攻略为主，内容旨在为读者提供旅游线路以及景点介绍，相关图书有“lonelyplanet”系列、“中国自助游”系列(中国旅游出版社)、《一本就GO》(人民邮电出版社)等；第三类是讲述出国自助游的方法和注意事项，能够为没有出国自助旅行的读者提供实际帮助的出国自助旅行入门书，例如《出国自助游教室》等。

2013年，旅行散记、旅游随笔的市场开始膨胀。在俘获“小清新”之后，出版商正在将眼光投向更庞大的读者群。以往略显小众的旅行散记小规模畅销，吸引了更多出版社进入这个板块。在旅游绘本市场基本保持稳定的同时，旅游随笔板块继续升温。近似于专业旅行与写作的图书受欢迎的同时，业余但体验感特别强的旅行书也在流行。出现这种分化的趋势或与个性化写作的兴起有关。

边缘化、私人化的旅行书的出版渐多也成为2013年旅游细分领域的另一现象。在情感旅行日志打开市场之后，更多的融合、跨界旅行书出现，并被网络渠道寄予了不小的期望。跨界也成为旅游图书今年市场上的另一大突出表现，例如一本典型的旅游散记《不去吃会死》(人民文学出版社)就是将美食与旅游融合。

（资料来源：山河．2013 细分市场盘点：旅游图书选题走向多角度．中国出版传媒商报．2013-12-31）

## 3.3　文化经纪目标市场定位与选择

经纪市场细分化之后，存在着众多的子市场（包括现实的和潜在的）。所谓选择目标市场，就是根据经纪公司的自身情况和市场情况，确定最具吸引力的细分市场作为自己为之服务的目标市场，以自己有限的能力来满足市场上特定消费者的需求。

### 3.3.1　经纪目标市场选择的依据

面临细分市场机会，经纪公司在评估并选择目标市场时，必须考虑三个要素，即目标市场的规模和潜力、目标市场结构的吸引力、公司的目标。

**（1）目标市场的规模和潜力**

潜在的目标市场必须具有适度规模和潜力。因为只有具有一定的购买力，目标市场才有实际意义；有了足够的营业额，目标市场才具有开发的价值。但“适度规模”是个相对的概念，大的经纪公司重视大的细分市场，往往忽视销售量小的细分市场，认为不值得他们苦心经营。同时，小经纪公司也避免进入大的目标市场，因为目标市场过大需要投入的资源太多，并且对大公司的吸引力过于强烈。

同时，目标市场的潜力也是一个理想的特征。经纪公司在选择目标市场时，要考虑是否有尚未满足的需求和尚未充分开发的潜力，因为经纪公司一般都想扩大市场份额和增加利润。《城市画报》1999 年改版，选择定位为生活资讯类杂志，原因有两点：一是便于回避风险，贴近生活，更易被读者接受；二是经过调查发现，生活资讯类杂志当时处于萌芽期，前景无限好。于是《城市画报》把读者群锁定在城市年轻人身上，因为 20 世纪 70 年代出生的这代人日渐成为社会的主流人群，他们对生活的追求特别有个性，而且消费力极其旺盛。另外，中国的城市化进程正以惊人的速度不断演进，《城市画报》的销售区域选择在城市，就意味着可以进入一个持续成长的市场。这也是改版时选取“城市”两个字的根本用意。结果《城市画报》把核心读者直接锁定在国内大中城市中 25～35 岁的年轻人。

**（2）目标市场结构的吸引力**

目标市场可能具有理想的规模和潜力，然而从盈利的角度看，它未必具有吸引力。美国市场营销学者波特认为，有五种力量决定整个市场或其中任何一个细分市场长期的内存吸引力（见图 3-3）。经过对细分市场结构吸引力的分析，经纪公司可就五种群体对长期盈利的影响作出评价。

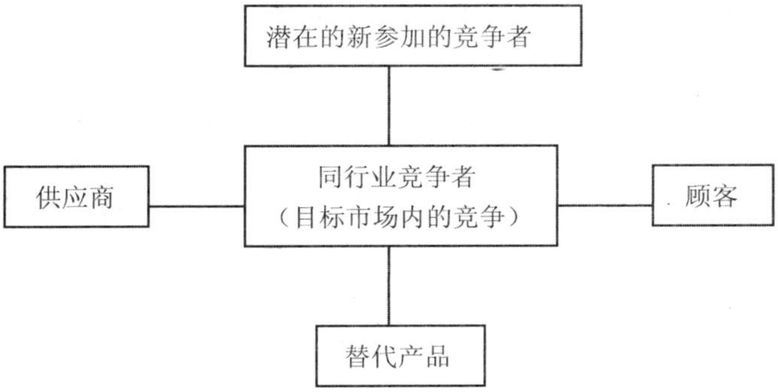


图 3-3　决定目标市场结构吸引力的五种力量

①对同行业竞争的分析。如果某个细分市场已经有了为数众多的、强大的或者竞争意识强烈的竞争者，该细分市场就失去了吸引力。如果出现细分市场处于稳定或萎缩的状态，固定成本过高、撤出市场的壁垒过高、竞争者投资很大的情况，经纪公司要坚守这个细分市场，就会出现价格战、广告战，需要不断推出新产品。

②对新参加的竞争者的分析。如果某个细分市场可能吸引新的竞争者，他们会增加新的生产能力和大量的资源，并争夺市场占有率，这个细分市场就没有吸引力。如果新的竞争者进入这个细分市场时遭遇森严壁垒，并且遭受到细分市场内原有公司的强烈报复与抵制，他们便很难进入。保护细分市场的壁垒越低，原来占领细分市场的经纪公司的报复心理越弱，这个细分市场就越缺乏吸引力。根据行业利润的观点，最有吸引力的细分市场应该是进入壁垒高，退出壁垒低。在这样的细分市场，新的公司很难打入，但经营不善的公司可安然撤退。

③对替代产品的分析。如果某个细分市场已存在替代产品或有潜在替代产品，该细分市场就失去吸引力。替代产品会限制细分市场内价格和利润的增长，如果这些替代产品的竞争十分激烈，这个细分市场的价格和利润可能下降。

④对购买者（顾客）议价能力的分析。如果某个细分市场中购买者议价能力强，该细分市场就没有吸引力。购买者会设法压低价格，对产品质量和服务提出更高要求，并使竞争者相互争斗，所有这些都会使经纪人的利润受到损失。最好的办法就是提供购买者无法拒绝的产品。

⑤对相关行业（供应商）议价能力的分析。如果相关行业能够提价、降低产品和服务的质量、减少供应数量，这个细分市场就没有吸引力。如果这样，最好的办法是与相关行业建立良好的合作关系。

**(3) 公司的目标**

即使某个细分市场具有一定规模和潜力，并且其组织结构也有吸引力，经纪公司仍需将本身的目标与其所在的细分市场的情况结合在一起考虑。一些有较大吸引力的细分市场，如果不符合经纪公司的长远目标，应该放弃。因为这样的细分市场不能推动公司去完成自己的目标，甚至会分散公司的精力，使之无法完成主要目标。对不符合经纪公司经营目标的细分市场，经纪公司在进入时也要考虑自己是否具备必要的条件，如果认为自己确实能在该细分市场发挥自己的优势并取得成功，就应进入该细分市场，否则，不应该贸然进入。总之，对细分市场的评价，主要是看其经济价值，以决定是否值得开发和占领。

比如《赢周刊》以“协助中小企业成长”为媒介使命，选择中小企业为主要目标读者。一方面是因为当时国内财经媒体多数将目标对象定位于白领甚至金领等高端人群，尚无一家以中小企业为服务对象，这是一个市场空当，即市场竞争不太激烈，这也就决定了其风险适中；中小企业是一个很大的群体，市场的规模足够大。另一方面，《赢周刊》当时资源有限，其人员对中小企业的运作及其困惑很熟悉，因此有能力服务于这一市场。

### 3.3.2　经纪目标市场策略

目标市场策略是在经纪业务市场细分的基础上，针对目标市场的情况和经纪业务营销的需要而采取的策略。经纪公司在选择好目标市场之后，应确定适当的目标市场策略，一般来说，可供选择的目标市场策略有三种：

**(1) 无差异性市场策略**

无差别策略是把整个市场作为项目的目标市场，只考虑市场需求的共性，而不考虑其差异，运用一种文化产品、一种价格、一种营销方法，吸引尽可能多的消费者，以期对行业整体市场的全面占领。如美国期刊《电视指南》是实施无差异战略的典型，这份杂志上面有电视节目目录、介绍、评论以及有关歌星、演出和行业方面的时事文章，每周售出1400万份，最高时曾达到1800万份。

无差异策略的优点是文化产品的品种、类型统一，便于实现标准化与大规模制作的传播，有利于降低文化产品生产成本。这种策略应配以强有力的促销活动或广告宣传，但是促销成本比较大，时间比较长，一般适合于大型的文化产业项目产品。

**(2) 差异性市场策略**

面对不同消费群体，经纪项目策划可以考虑提供满足他们各个层次需求的文化产品。差别性策略就是把整个市场细分为若干子市场，针对不同的子市场，设计不同的文化产品，制定不同的营销策略，满足不同的消费需求。例如，游戏项目按生活方式把游戏产品开发分成三种类型：时髦型、古典型、朴素型。再如，AOL时代华纳公司针对大众市场出版《时代》和《人物》刊物，同时还为更具体的细分市场出版《财富》和《儿童体育画报》等刊物。

差别性策略的优势在于能够扩大文化产品的整体消费者规模，提供项目综合竞争实力；各个市场之间可能形成协同互补效应，有利于形成连带优势。这种策略配置的促销活动应有分有合，广告宣传应针对各自的特点应有所不同，从而调动各个子市场消费者的消费欲望。主要缺点是会使文化产品的制作成本较高。

**（3）集中性市场策略**

集中性市场策略也称为密集型市场策略。经纪公司选择一个或几个细分市场作为目标市场，制订一套销售方案，集中力量争取在这些细分市场上占有大量的份额，而不是在整个大市场上占有小量的份额。而无差异性和差异性市场策略则以整体市场作为目标市场。这种策略主要适合于短期的文化产业项目产品，成本小，能在短期中取得效果。

集中性市场策略的优点是：能够集中力量迅速占领市场，提高商品知名度和市场占有率，使经纪公司集中有限的精力去获得较高的收益；可深入了解特定的细分市场，实行专业化经营；适用于资源有限实力不强的小型公司。其缺点是：如果目标市场集中，经营的经纪业务较少，经营风险较大，一旦市场上经纪业务需求发生变化，或者有较强的竞争对手进入，就会使经纪公司陷入困境。

经纪公司在选择目标市场营销策略时，要清楚细分市场区间在哪里，明确项目产品应主要为哪一类顾客（核心顾客）服务，满足他们的哪一种需求。一般来说，通俗文化是文化产业项目产品的构建基础，35 岁或者 40 岁以下的年龄段是文化产业项目产品的主要消费群体区间；而 35 岁以上的年龄段属于理性化消费群体。例如，音乐产业项目产品可以充分发挥文化活动与内容体验驱动商业性收入的策略和方法，在创新方面形成独特的音乐形态体验如“天籁馆”“台湾流行音乐馆”等，同时通过数字音乐来形成各创新之间的联通。另外，可以充分吸收本地文化元素，注重在内容制作、体验方式和建筑设计中体现本地化的特点。

**（4）市场群落营销策略**

企业在市场细分的基础上，选择数个具有内在联系的细分市场构成市场群落作为其目标市场的策略。这一策略要求企业从成本、工艺、技术、销售渠道等方面入手，寻找细分市场之间的内在联系，然后将具有共同性或关联性的目标市场结成一个市场群落，并在该市场群落中规划经营活动。因为这样组合投产经营，比分别对每个单独的目标市场进行投入要经济有效，是与寻找合理经营规模同样重要的最佳经营方式。

实行该策略应同时具备两个条件：（1）企业的规模较大、实力雄厚和资源丰富；（2）产品具有共同或深度开发的可行性，或具有共用同一资源的可行性。比如，影视制片公司在摄制电视剧的同时，可以利用文学和音乐素材、母带出版图书和音像制品，利用人物造型及服饰开发流行玩具及服饰产品，利用置景场地、道具和服装用品等举办展览或开辟人文旅游景区等。再如，娱乐场所可以利用设施空间，兼营网吧、沙壶球等新兴娱乐项目，采用该策略，有利于企业有效利用资源，全方位开拓市场，取得较佳的综合经营效益。但是，如果主导产品生产经营状况不佳，可能会使企业陷入“一损俱损”的经营困境。

**（5）逐步蚕食营销策略**

企业选择具有内在联系的细分市场所构成的市场群落作为其目标市场之后，在实施进入目标市场群落计划时，仍然要从某个主导的细分市场入手的策略。因为这样可以使企业集中力量，首先在一个目标市场上获得决定性的胜利，然后再逐步蚕食其他相关联的目标市场。采用逐步蚕食策略，不仅可以使企业大大降低经营风险，而且使竞争对手难以采取及时有效的防范措施。

### 3.3.3　经纪目标市场定位

目标市场定位是企业根据所选定的目标市场的竞争状况和自己的优势，确定项目品牌和产品被目标顾客认同的与众不同的地位或者某种形象或某种个性特征，从而取得竞争优势。

**（1）目标市场定位的步骤**

市场定位基于市场调查研究，通过对企业自身条件和竞争对手状况进行全面的考察、分析之后，才能做出正确的决策。通常目标市场定位需要采取下列的几个步骤。

①确定文化消费者所使用的评价标准。

文化消费者所使用的评价标准，既有客观标准如产品价格、服务收费标准，又有主观标准如产品品牌、企业声誉、服务质量等。文化企业应当首先收集文化目标市场上大多数消费者购买特定文化产品的评价标准等信息。

②明确企业自身潜在的竞争优势。

文化企业自身的竞争优势是为其文化产品进行市场定位的出发点和基础。文化消费者需要的是文化产品所能提供的效用，文化企业能否取得竞争优势关键在于其所能提供的产品效用。取得这样的竞争优势的途径有二：一是在产品效用同等的前提下降低产品成本，降低本企业的产品价格；二是在产品效用提高的前提下，维持产品价格不变或推出令消费者能够接受的高消费价格。

③掌握竞争对手的市场定位策略。

“知彼知己，百战不殆”，文化企业有必要掌握竞争对手提供何种文化产品，并将这种产品投入市场的何处等信息。在此基础上，除了采取优质优价的对策外，还可通过满足某个文化消费者群的特定需求，使其营销对象与竞争对手的营销对象差异化。

④设计文化产品投入市场的适当位置。

文化产品的设计和开发，要尽量符合目标市场文化消费者的评价标准。比如，针对农村演出市场，设计小型化、通俗化、娱乐性强的演出产品并投入市场；针对少儿娱乐市场，设计丰富多彩、简单刺激、安全系数高的娱乐设施服务于该市场。

⑤传播文化企业的市场定位信息。

文化企业不仅要正确的选定自己的定位策略，而且要及时、有效地传播本企业的定位信息。“酒香不怕巷子深”，属于市场经济极不发达时代的皇历。在文化市场竞争激烈的今天，由于市场细分化程度越来越高，每个文化企业都必须重视自己所经营文化产品的信息传播。文化企业应当根据文化消费者获得文化信息的习惯以及对不同信息的重视程度，运用相应的信息传播对策，开展文化产品促销活动。

**（2）目标市场定位的方法**

文化目标市场定位方法通常采用“知觉定位图法”，亦称“多向量定位法”。该方法具体应用如下：先选择某种文化产品的两种主要要素作为纵横坐标指标，然后将同类文化产品的市场资料依其要素数据表明在坐标图上，最后对比不同位置上的其他消费者的偏好度，来确定本企业文化产品的位置。例如，某娱乐公司拟在某市城区开办一家娱乐场所，根据有关市场的调研资料绘制出定位图。

如图 3-4 所示：娱乐场所 A（如高尔夫球场）经营纯传统项目、价位最高；B（如射击场）经营近现代项目，价位中高档；C（如台球厅）经营较传统项目，价位中档偏下；D（如旱冰场）经营较现代项目，价位低档。娱乐场所 E 经过分析论证，拟定位于最现代项目、价位中档偏上的位置（如迪厅、网吧、陶艺吧、蹦极场、滑翔场等），以满足潜在文化消费者对当代新奇娱乐项目的需求，并确保企业获得良好的经营效益。总之，通过市场定位知觉图，文化企业经营者可以清楚地认识市场竞争格局以及市场空档所在，然后选择最有利的市场位置，从而使企业处于市场竞争的优势地位。

**（3）目标市场定位的策略**

文化企业的目标市场定位成功与否，关键在于与竞争者的区别是否明显，是否具有优势目标市场。文化目标市场定位策略主要有以下几种：

①文化产品特色定位。这种定位策略适用于目标市场上已存在同类文化产品的竞争对手的情形。文化企业可以根据本企业产品的特色，与同类产品在品种规格、内容质量、服务对象、经营方式等方面的差异化优势，来确定其市场位置。例如，时尚工艺制品的材质及造型，影院剧场、娱乐场所设施的优雅及舒适等。文化企业可以通过营销手段使其文化产品特色更加突出，更加鲜明，从而显示与竞争对手的区别和优势。

②文化产品价格定位。这种定位策略适用于某些文化产品价格较为敏感的情形。它又分为两种类型：一是高价位策略，即推出高价位的文化精品，以满足高档

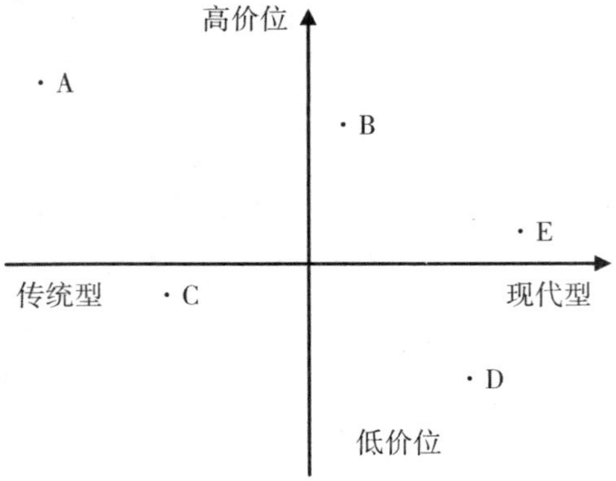


图 3-4　文化目标市场的知觉定位图

文化消费者以及虚荣消费心理者的文化需求。例如，交响音乐会门票、足球比赛门票。二是低价位策略，即推出低价位的同类文化产品，以使企业迅速占领目标市场，从而取得规模效应。例如，娱乐类报刊售价、室外台球局价。采用低价位策略须具备两个条件：一是产品质量须确保与竞争对手的一样或相当；二是低价推销仍确保企业有获利的空间。

③文化市场空档定位。这种定位策略适用于抢占无对手的市场空档的情形。在激烈的竞争环境中，谁最先发现并抢占市场空档，做独家生意，谁就可先得利益，并以此为契机掌握争夺文化消费者的主动权。例如，湖南卫视推出的《超级女声》和《快乐男声》、江西卫视推出的《红歌会》、上海东方卫视推出的《中国达人秀》以及中央电视台综艺频道推出的《星光大道》等栏目各领风骚、持续走红，都是典型的实例。如果能在品种规格、内容质量、服务态度等方面处处领先，将会在广大消费者中树立起本企业的信誉和产品品牌，奠定本企业的优势地位。

④文化企业形象定位。因为不同的文化企业在经济实力、经营规模、地理位置、服务对象、入市时间和产品品牌等方面存在着差异或差距，由此形成了文化企业的不同形象。不同形象的文化企业应采取与其形象相适应的定位策略。一般说来，企业形象可以分为领先者、挑战者、追随者和补缺者四大类。

在文化市场竞争中居于领先地位的文化企业，一般占有最大的市场份额，通常受到文化消费者的信赖。这类文化企业为了保持领先者的形象，往往把企业形象定位于文化消费者偏爱圈的中心范围，尽可能使文化消费者对本企业及其产品感兴趣。这类企业应当有效地强化企业优势和品牌特色，扩大与其他文化企业的差异，从而影响文化消费倾向和引导文化产品发展趋势。

挑战者在市场环境中通常处于二流地位，包括实力较强的大型文化企业和实力很强的新入市企业。挑战者要想成为市场领先者，就必须采取各种进攻策略发动挑战。比如，挑战者可以通过同业合作、联营、兼并、收购等措施与领先者形成实力抗衡的态势。因此，挑战者的定位应当接近领先者的市场定位，并努力缩小本企业与领先者的差异或差距。

追随者在市场环境中通常处于三流地位，大多是具有一定实力的中型文化企业。追随者应与领先者的市场定位保持适当的距离，不要太靠近偏爱圈，从而避免与领先者发生冲突。追随者应当在保持自身经营特色的基础上，合理吸收领先者的营销策略，并追随领先者开拓新的市场。

通常补缺者在市场上处于末流地位，包括实力很弱的小型文化企业和个体文化经营户。大企业往往占领的是大市场，不屑或不适涉足余下来的小市场；而小市场却适宜小企业和个体户的营销需要。所以，补缺者的市场定位应当在一个或多个市场缝隙缺口上，在小市场上获取较大的市场份额。诸如民间手工艺品市场、花卉市场、家教市场、民俗旅游市场、农村边远地区“说书”市场等。

## 案例 3-3　我国动漫衍生品市场：“蛋糕大刀叉小”

近日，文化部通过官网公布了《关于2012年通过认定的重点动漫产品名单的通知》，“喜羊羊”系列动画再次毫无悬念地入选。有家长戏言，家里的孩子上一年级的时候在看喜羊羊；上六年级的时候打开电视，看到的仍然是喜羊羊。毋庸置疑，时至今日，“喜羊羊”然是中国最火的动画片，除累计超过5亿元的电影票房外，玩具、服装、电教产品等衍生消费品，也早已遍地开花。可欣喜之余也会让人担忧，再过六年，如果孩子们打开电视，看的还是“喜羊羊”，那将是喜剧还是悲剧？

作为全球人口最多的国家，中国是全球最大的消费国家之一，而动漫消费市场空间更是广阔。据悉，我国0~14岁的人口数量约为2.22亿，占总人口的16.6%。首先中国国内庞大的儿童群体将成为动漫衍生品尤其是玩具的主力，如果中国儿童消费市场得以有效开发，其市场规模相当可观。其次，随着我国GDP带动人均消费支出水平持续增长，近十年我国农村和城镇居民人均消费支出同比增长率平均在10%左右，这为动漫衍生品消费的增长提供了经济基础。

正是得益于我国庞大的消费群体及不断提升的消费能力，我国动漫衍生品市场规模也是连年递增。按照《2010年中国动漫产业投资研究报告》所出的国内动漫衍生品市场规模年增长率大约为30%推算，在2009年129亿元的基础之上，2012年中国动画衍生品市场规模将达到220亿元。

但是通过以上的数据，我们不得不惊叹，中国动漫衍生品市场规模虽然出现连年扩大的趋势，但是动漫衍生品规模竟然还不如国产动画播映市场！虽然在中国市场中上，出现了“喜羊羊与灰太狼”一系列火热动漫衍生品，但是我国动漫衍生品产业仍然存在着发展困境的局面。目前，我国动漫产业有近万家公司，其中90%处在亏损边缘，存在缺乏资本及品牌拓展渠道、产业链不健全、发展模式滞后等问题，严重制约着动漫衍生品产业的发展。

（资料来源：高宏．我国动漫衍生品市场：“蛋糕大刀叉小”．中国新闻网，2012-10-26）

## 3.4　文化经纪市场营销管理

经纪营销管理，是经纪人对其经纪服务进行营销的过程，是经纪人为实现其任务和目标而识别、分析、选择和利用市场机会的管理。针对不同的目标市场，经纪人实行不同的管理方式。经纪营销管理过程一般包括经纪市场环境分析、客户需求和购买行为分析、市场细分、目标市场选择、市场定位与设计和实施营销组合等环节。

### 3.4.1　经纪市场环境分析

经纪市场环境分析主要是通过采用适当的分析方法，对经纪市场环境的构成要素、经纪市场环境机会与威胁等进行系统分析，总结出经纪市场的运作规律和特征，以明确经纪市场的任务和目标，制定和实施经纪营销方案与策略，不断提高自身竞争实力。

**（1）经纪市场环境分析的内容**

①宏观经纪市场环境分析。主要分析政治法律环境（如影响经纪活动的政府政策）、经纪人所在地或目标客户所在地的人口环境、经济环境（如消费者收入情况、消费结构、层次等）、技术环境、社会文化环境（如居民生活态度、价值观念）、自然环境等。

②微观经纪市场环境分析。主要分析目标客户特征、竞争者等要素。

目标客户。目标客户是商品交换中的买卖双方，构成经纪活动中的市场。营销学中将市场定义为实际的或潜在的产品及服务的个人购买者或组织购买者，包含5个要素：一群人或组织；特定的欲望及需求；购买能力；购买意愿；进行交易的诚意。而在整个市场营销体系中，一般有四大市场：消费者市场、制造者市场、中间商市场、政府市场。经纪人是连接不同交易方的中间人，因而其服务对象涉及社会生产领域、交换领域等众多领域，市场上有多少种商品就会有多少种经纪活动，不仅包括有形商品，还包括各种无形商品，各异的社会需求为经纪活动提供了广泛的空间。

经纪市场竞争分析。主要分析经纪市场中经纪从业者的竞争者情况，分析国内外同行的经营情况以及本企业在市场竞争中所处的地位，主要指标有市场占有率、市场增长率等，对行业的整体情况有一个准确把握；分析经纪市场的行业进入和退出壁垒以及现实和潜在竞争者的竞争策略。这对于经纪人准确把握自己的竞争策略并制定恰当的营销战略有着重要的借鉴作用。

③经纪人自我评析。主要分析自己的经营实力如市场信息占有量、信息获取途径、与合作对象的关系等；分析经纪产品的价格定位、分销渠道、公共关系等；对自己的竞争环境进行系统地分析即分析优势、劣势、机会与威胁；分析自己的经营历史等。所有这些分析都是结合自身特点来展开的，目的在于更好地制定发展战略，使自己迎合市场的需求。

**（2）经纪市场环境分析方法**

对经纪市场环境的把握需要通过不同方法从不同角度进行分析，每一种方法都有其说明的角度和侧重之处。

案例分析法。采取经纪业务、经纪市场竞争等的实例，着重分析其表现出来的经营特征、理念、技巧等，总结出对自己有用的信息，例如如何参与市场竞争，如何操作经纪业务等。这种分析方法在经纪市场业务中，主要是对整个经纪业务的全局进行分析，了解一般的竞争态势以及影响因素等。

SWOT 分析法。SWOT 分析法在营销学中一般用来分析企业的竞争行为，为制定发展竞争战略做准备。而在经纪市场环境中也可用此方法。经纪人所处市场的环境要素对某个特定的经纪人来说，构成不同的优势、劣势、机会与威胁。用 SWOT 分析方法来分析经纪市场的环境，目的是正确认识企业或行业所处的市场地位，准确地给自己定位。

营销系统分析法。由分析市场营销数据和问题的先进技术组成。营销分析系统一般包括统计库和模型库。统计库是用统计方法从采集的数据中获取有用信息的集合。分析人员通过应用回归分析等方法，研究变量，了解变量变化的原因。而模型库则是市场营销人员所采用的能够帮助其做好营销决策的模型的组合，通过建立模型来进行沟通、解释和预测。

**（3）经纪市场环境分析的步骤**

经纪市场环境分析的步骤包括：首先，列出经纪人、经纪组织、公司等主体所处经纪市场的环境要素，包括宏观环境要素和微观环境要素。其次，收集市场要素相关信息，如行业发展数据、竞争企业市场集中度等数据以及尽可能详细的资料。最后，对上述数据以及信息资料进行整理、总结，将量化的数据质化，得到有利于进一步分析的实际材料。

**（4）经纪市场环境的利用**

经纪市场环境的利用就是对分析结果进行提炼，以用于企业、经纪人制定各种战略。在消费者越来越精明和挑剔的时期，加上竞争日益激烈，面对统一市场，竞争者众多，如何得到理想的客户、合作伙伴，如何以最快速度抢占市场、销售自己的产品，是经纪人普遍关心的问题。尤其在进行经纪营销时，对经纪市场环境的分析，显得至关重要。可利用分析结果，结合自身优劣势，对目标市场进行细分；可以用于制定恰当的经纪产品、分销、价格和促销策略，可以更有力地对整个经纪营销过程进行组织、计划和控制。

### 3.4.2　经纪客户需求和行为分析

客户需求状况以及购买行为是经纪人制定营销策略的重要依据。需求是指目标客户对经纪服务行为的需要和欲望，而其购买行为则是为满足各自的需要，在寻求、购买、使用及评估经纪服务过程中所表现出来的行为。

**（1）客户需求分析**

决定客户需求的因素众多，一般包括以下几个方面的因素：

经纪产品价格。价格影响需求，通常两者呈负相关关系。经纪价格提高，则需求就会有所下降。反之也成立。

目标市场的收入状况。经纪人所从事经纪服务领域的客户的盈利水平或收入状况决定着其对经纪服务的购买力。若收入水平高，则其愿意支付给经纪人的报酬就高，对经纪服务需求就大。

替代性经纪服务的可接触性。一项服务的价格或质量影响着消费者的需求。经纪人的委托人可以选择经纪人为其从事代理等事务，也可以不要求经纪人来中介。如房地产业主完全可以凭自己的实力实现房地产的出售与转让。此刻，经纪人面临着替代性服务的危机，或者市场上同时有经纪服务能力的经纪人众多，顾客的选择余地就大。替代性越多，替代性服务价格越低，需求就越少。

目标市场客户的个人偏好。如果消费者偏好于某家经纪人，或者对其经纪服务活动满意，愿意接受其服务，那么市场上就会有需求。反之，则需求较小或为负。

经纪人的推广力度。经纪人的推广力度影响着其自身品牌、形象，包括知名度、可信度、美誉度等，也就在一定程度上影响着需求。推广力度大，顾客对经纪人及其服务了解多，则可能激发其购买联想，引发需求。

客户对未来产品或服务及其价格的期望。竞争激烈意味着消费者将有更多的选择。客户对未来同类经纪服务市场发展趋势、质量价格的期望越大，则当前选择此类经纪服务的可能性就越小。

**（2）购买行为分析**

①客户特征分析。客户是企业参与市场竞争的关键，而是否掌握客户资料、掌

握客户信息的多少，是现代企业是否具有竞争优势的体现。此处，客户特征一般是指顾客的兴趣偏好、支付能力、消费能力以及购买行为等。客户特征分析也是企业市场调查、市场营销的重要环节。经纪从业者在经营中同样需要对其所服务的对象特征进行分析，得出客户消费偏好等，以便投其所好，以最先的速度抢占市场。而对于不同的经纪服务，顾客表现出的消费特征是不同的；对于同一种经纪产品不同时期的客户需求也是变化的，经纪人必须根据实际情况作出准确的判断。

在分析客户特征之后，经纪人可以根据营销目标需要，对市场进行细分。经纪活动属于服务行为。经纪人是为两端客户服务的中介者，因而经纪市场在一定意义上属于服务市场。而服务市场细分的过程主要是运用一系列的细分变量把一个市场划分为多个细分市场的过程。细分的方法可以分为两大部分：一是根据顾客特征细分市场；二是通过顾客对产品的反映细分市场。经纪市场细分可依据人口统计和社会经济因子、心理、地理、客户利益等因素来进行。

②客户需求影响因素分析。影响经纪客户购买行为的主要因素体现社会和文化因素、人口因素、心理因素等。

社会和文化因素影响着消费习惯和购买行为。社会不同阶层的人具有不同的价值观念和消费行为。同时，购买者的社会联系，及其所处的社会团体的偏好或购买行为，也在一定程度上影响消费者个人的思想和行为。社会团体为个人提供了消费行为的参考模式，引起了个人的仿效欲望。社会团体的一致化趋向，也影响着个人对产品或服务的选择和态度。

人口因素主要是指目标市场所在地的人口数量、地理分布、年龄结构、性别、职业、受教育水平、经济收入以及家庭生命周期等。具体来说，人口数量的多少必然引起商品需求量的增减。年龄结构、受教育水平、地理分布亦对该地消费者的购买行为产生影响。对于经纪服务来说，人口因素主要体现在经济收入、受教育水平、信息掌握度等方面。对经纪服务的了解、对市场信息的把握度越深，对经纪行为影响就越大。若经济收入高，则极易产生对方便于市场交易或其他行为的经纪服务的需求。

消费者在购买产品或服务时，还较易受到心理因素的影响，表现为动机、态度、感觉和学习等影响着客户对经纪产品的需求以及购买行为。

动机。消费者是在受到某种动机的驱使下产生购买行为的。根据著名的马斯洛需求层次理论，人们的需求层次分为生理需求、安全需求、社交需求、尊重需求、自我实现需求五个层次。不同的需求层次会产生不同的动机。生理、安全需求层次会引发人们的生理购买动机，消费者求实、求便宜是主要的。后几个层次会引发人们的心理动机，当需求达到高层次时，消费者对新奇、名誉及美的追求便增加。

态度。顾客对产品、服务或企业所持的态度影响着其购买行为。持肯定、赞赏态度，就会产生购买行为，反之，则不会购买。消费者的态度可以通过对产品、服务的宣传与改善发生变化。

感觉。感觉是人们对某种刺激物的理解。消费者在购买产品和服务时会产生价格感觉、质量感觉、风险感觉，营销人员可以通过改进包装、造型、服务、态度等改变消费者的感觉。

学习。人的购买行为很多产生于后天经验。经过体验后决定买还是不买的行动就是人的学习行为。营销人员需要了解消费者的心理，通过做好营销工作，加深顾客的印象，提供诱因，促使其购买。

### 3.4.3　目标经纪市场的研究与选择

目标市场是文化企业决定拟投其所好、为之服务，且其需求具有相似性的顾客群。目标市场是文化企业最主要的赢利点，也是文化企业能够生存和发展的前提条件。文化企业只有找准自己的目标市场，并为之提供符合其需要的产品和服务，才能完成营销任务，实现营销目标。成立于 1996 年的湖南三辰卡通集团把儿童作为目标市场，积极开发符合其需求的动漫产品，创作和生产出《蓝猫淘气 3000 问》动画片，引起国际动漫界的关注。从 2005 年 6 月开始，美国迪士尼频道在亚洲播出中文版的《蓝猫淘气 3000 问》系列节目。蓝猫系列品牌已先后向韩国、美国、印度尼西亚等 15 个国家和地区输出了版权。湖南三辰卡通集团以“蓝猫”为品牌，借此机会迅速发展壮大，开创了我国“文化产业延伸”之先河。

### 3.4.4　经纪市场营销组合的设计

市场营销组合是指文化企业在选定的目标市场上，综合考虑环境、能力、竞争状况，对企业自身可以控制的因素加以最佳组合和运用，以完成企业的目标与任务的一项综合性工作。市场营销组合是企业市场营销战略的一个重要组成部分，是指将企业可控的基本营销措施组成一个整体性活动。市场营销的主要目的是满足消费者的需要，而消费者的需要很多，要满足消费者需要所应采取的措施也很多。因此，企业在开展市场营销活动时，就必须把握住那些基本性措施，合理组合，并充分发挥整体优势和效果。

在 20 世纪 50 年代初，根据需求中心论的营销观念，麦卡锡教授把企业开展营销活动的可控因素归纳为四类，即产品、价格、销售渠道和促销，因此，提出了市场营销的 4P 组合理论。到 80 年代，随着大市场营销观念的提出，人们又提出了应把政治力量（political power）和公共关系（public relation）也作为企业开展营销活动的可控因素加以运用，为企业创造良好的国际市场营销环境，因此，就形成了市场营销的 6P 组合理论。到 90 年代，又有人认为，包括产品、价格、销售渠道、促销、政治力量和公共关系的 6P 组合是战术性组合，企业要有效地开展营销活动，首先要有为人们（People）服务的正确的指导思想，又要有正确的战略性营销组合［市场调研（Probing），市场细分（Partitioning），市场择优（Prioritizing），市场定位（Positioning）］的指导。这种战略的4P营销组合与正确的指导思想和战术性的6P组合就形成了市场营销的11P组合。

20世纪90年代，美国市场学家罗伯特·劳特伯恩提出了以“4C”为主要内容的作为企业营销策略的市场营销组合，即4C理论：针对产品策略，提出应更关注顾客的需求与欲望；针对价格策略，提出应重点考虑顾客为得到某项商品或服务所愿意付出的代价；并强调促销过程应用是一个与顾客保持双向沟通的过程。

文化企业要在目标市场上竞争取胜，不能只依靠某一生产经营因素。企业必须通过营销组合的方法，从多方面入手，形成综合性的营销战略，提高自己的综合竞争能力。文化企业依据自己的营销战略、企业营销环境、目标市场的特点和企业资源情况等因素，制定适合自己的营销组合战略。

### 3.4.5 经纪市场营销活动的管理

在制定出科学的营销组合战略后，文化企业要做好营销规划及各项具体政策的执行和控制工作，保证营销战略的实施。具体表现为：

**（1）执行市场营销计划**

它指文化企业将营销计划转变为具体营销行动的过程，即把企业的经济资源有效地投入到企业营销活动中，完成计划规定的任务、实现既定目标的过程。文化企业要有效地执行市场营销计划，必须建立起专门的市场营销组织。同时，要合理安排营销力量，协调企业营销人员的工作，提高营销工作的有效性。执行营销计划，还需要积极与制造、财务、研究与开发、采购和人事等部门的管理人员配合，促使公司的全部职能部门和所有员工同心协力，千方百计地满足目标顾客的需要，保质保量地完成市场营销计划。

要保证计划的正确执行，文化企业的营销部门还要做好营销人员的管理工作。只有制定了科学的营销人员管理政策，充分调动营销人员的工作积极性和创造性，增强其责任感和奉献精神，把计划任务落实到具体部门、具体人员，才能保证在规定的时间内完成计划任务。

**（2）控制营销活动**

科学的营销计划是保证营销目标实现的前提。但要保证目标顺利实现，还需要在营销活动过程中做好控制工作，保证营销活动能够完全按照计划的要求展开。营销控制就是文化企业用于监督营销活动过程的每一个环节，确保营销活动能够按照计划目标运行的一套完整的工作程序。营销控制主要包括年度计划控制、赢利控制、效率控制和战略控制。

**(3) 营销效益管理**

营销效益一般指文化企业在营销活动中的投入与其产出的比较，是企业营销活动所追求的目标。根据营销效益目标的不同，营销效益可以分为经济效益、文化效益、社会效益等。营销效益管理是指文化企业营销管理者主要以价值形式对营销活动及环节进行的计划、控制与监督等工作的总称。其主要内容是制定文化企业的营销效益计划体系，并将计划分解到相关的营销组织部门和个人。同时，制定相应的效益管理和督促政策，督促和推动营销组织和个人积极执行营销计划、实现营销目标。

**阅读材料**

## 新媒体时代精准营销：与消费者建立直接联系

随着移动互联网的发展、社交媒体的兴起，形成了一个争夺屏幕的时代，如何找到目标客户，着实是摆在营销高管们面前的一大难题。加之媒体平台竞争和内容形态竞争也愈加激烈，精准营销面临挑战。

**多屏幕竞争时代**

2011 年，中国的互联网用户达到了 5.13 亿，到 2015 年达到 7 亿。如果把手机之外的其他移动终端也计算在内，移动互联网用户规模至 2012 年有望突破 6 亿，超过桌面互联网用户数。

广告市场格局也在迅速改变。数字广告在整体广告市场中所占份额，将从 2011 年的 32%上涨到 2015 年的 40%。随着广告主逐渐觉醒，在未来 2~3 年内，全球广告市场的 30%将体现为互动广告、移动广告和社交媒体广告。

与此相对应，广告的形态也发生了巨大变化。以打造品牌形象为主的线上广告（ATL）和以建立更直接消费者关系为主的线下广告（BTL）在加剧分野，后者在广告市场的份额已经达到了 25%左右。

**数据太多也麻烦**

市场营销的核心目标就是，将适当的信息在适当的时候，传递给适当的受众。新媒体格局从理论上说，有利于市场营销目标的实现，但事实果真如此吗?

传统媒体时代，公司市场营销人员通过不断的试错，来确立最佳广告投放模式和广告创意。随着多媒体平台以及社交化内容形态的兴起，传统的大众传播和广告模式受到极大挑战。人们不仅在电视、报纸和杂志等大众媒体上花费的时间更少，倾注的注意力也更加分散。据估计，现在的电视广告对消费者的效应仅相当于20世纪90年代初的1/3。

因此，他们必须寻找新的渠道组合和与消费者沟通的方式。CMO的选择比任何时候都多：微博和社交网站，搜索网站，视频网站以及基于移动平台定位服务的APPS。也正因为可选项过多，因此确认这类新渠道的有效性和敲定组合方式，将是一个较长的过程。

消费者在网络上留下的数字足迹也十分重要。这些足迹包括：消费者在购物网站或社交媒体上发表对产品的评价；在购物网站和搜索引擎上留下了倾向信号；机顶盒将记录下订户的收视内容偏好等。这些使得营销人员可以更方便和准确地洞察消费者行为。

**与消费者建立直接联系**

一个新的营销生态圈正在形成。这个我们称为“精准营销生态圈”的核心，就是要通过数字化手段建立和消费者的直接联系，创建基于大数据的分析能力，获得消费者洞察，实现营销投入的最优化。

原因之一在于，新旧媒体之间的界限正逐渐模糊。所谓旧媒体，都在积极寻找移动化和社交化转型，而新媒体依然需要依赖传统的内容提供模式。媒体将逐渐改变运营模式，重新思考价值定位。未来的市场赢家，一定是那些能帮助客户建立直接面对消费者的能力、建立与消费者的互动关系、精准量化营销投资回报的媒体公司。

**环闭式营销管理模式**

对于CMO来说，这也意味着营销管理转型，建立环闭的营销管理模式。他们需要考虑如何确保每个营销活动能将适当的信息在适当的时候传递给适当的受众，实现卓越的营销绩效。建立精准营销生态圈是一个长期过程，无论是能力建设，还是商业模式以及合作共识都需要长时间。

（资料来源：中国电子商务研究中心，http：//www. admaimai. com/news/ad201211152-ad93255. html）

## 思考讨论

一、简答题

1. 在进入文化经纪市场之前，为什么需要进行市场细分？

2. 文化经纪市场细分的原则与步骤是什么？

3. 文件经纪市场宏观细分与微观细分有什么区别？

4. 文化消费品市场与工业品市场细分的标准分别有哪些？

5. 进行目标经纪市场定位时应考虑哪些影响因素？

6. 经纪企业如何进行目标市场的定位？定位策略有哪些？

二、论述题

1. 试述文化目标经纪市场的选择与拓展策略。

2. 目前我国文化经纪企业在进入国际市场时面临哪些常见问题？试分析我们应如何应对。

# 第4章 文化经纪活动

内容提要

如前所述，文化经纪是文化经济活动中的一种中介服务活动，其目的是为进行文化产品和服务交易的双方提供信息，促成交易从而收取佣金。文化经纪具体活动的开展以及文化经纪活动的具体运作都是围绕这一目的展开的。本章主要介绍文化经纪活动的主要内容、运作方式、运作程序以及运作策略等。

## 4.1 文化经纪活动的主要内容

文化经纪活动的内容都是围绕文化经纪活动的目的开展的，不仅包括文化市场信息的传递，还包括提供专业咨询服务，草拟相关文件以及文化市场交易提供有效保证等方面。

### 4.1.1 传递文化市场信息

传递文化市场信息是文化经纪人的基本职能。在文化经纪活动中，文化经纪人接受供给或需求中的一方委托后，就要带着供给或需求一方的信息去寻找相应的需求方或供给方，把该信息提供给需要交易的另一方，促使买卖双方有交流的机会，撮合买卖双方的交易。达成交易后，文化经纪人或者文化经纪组织则依据法律收取相应的佣金。在这个过程中，文化经纪人或者文化经纪组织传递的信息是至关重要的一个因素。

### 4.1.2 代表委托方进行谈判

文化经纪人通过提供信息能够使供求双方联系起来，但不一定能使双方马上达成一致。交易过程中，在某些条件上双方可能会有较大的分歧。在这种情况下，如果有委托人的授权，文化经纪人可以代表委托人与交易对方进行谈判。但是，这种谈判必须在委托人的授权范围之内进行。如果超越授权范围，必须征得委托人的事前同意，并将谈判情况及时向委托人通报，否则，由此产生的相应法律后果由文化经纪人自行负责。

### 4.1.3　提供专业的文化咨询服务

在有些情况下，交易者会存在对文化产品或服务交易过程中的一些商务、法律等事宜不熟悉的情况。而文化经纪人不仅精通中介领域的专业知识，而且是文化艺术的行家里手。其丰富全面的经纪知识以及文化艺术专业知识为文化经纪人专业的文化咨询服务提供了基础。文化经纪人既可以为交易者提供专业咨询服务，又可以协助办理相关手续。例如，为委托方提供文化艺术信息反馈、法律咨询等，或者协助文化交易者进行文化市场调查等工作。

### 4.1.4　草拟文化经纪活动相关文件

文化经纪人除了具有丰富的文化艺术专业知识之外，还拥有高度的法律意识和专业的法律知识，熟悉文化市场交易的法律法规以及文化经纪活动相关的法律法规。除了上述的活动之外，文化经纪人还可以根据委托方的意思表示进行经纪活动中有关文件的草拟工作。但由于交易文件具有法律效力，涉及双方当事人的经济利益，因此，交易文件虽可由文化经纪人代为草拟，但必须通过与当事人协商而最终确定，并由当事人签名盖章。

### 4.1.5　为文化市场交易提供有效保证

在市场经济条件下，文化经纪人的经纪活动通常还可以作为一种保障交易安全的方法，起着经济担保的作用。在文化经纪活动中，经常会出现买卖双方互不信任的情况。这个时候，经纪人可以发挥一定的作用。比如，买方可以先将文化产品交易款打入经纪人的账户，由经纪人向买方提供文化产品交易款已到的凭证，卖方在确认单据无疑的情况下提供文化产品或服务，然后向经纪人出示有关单据，经纪人确认后，就可以把文化产品交易款转给买方。这样，交易双方可以通过经纪人转交文化产品交易款和相关文化产品或服务，经纪人在其中起了一定的担保作用。但经纪人的这种担保作用不是负连带赔偿责任的担保，而是以信誉条件保证交易能够完成。

## 4.2　文化经纪活动的运作方式

文化经纪活动的运作方式一般包括收集信息，定位市场，开展公共关系，磋商谈判，撮合成交，保证合同的履行等。这里重点介绍文化经纪公司在文化经纪活动运作过程中的公关活动和谈判活动。

### 4.2.1 公关活动

文化经纪活动中，经纪公司并不占有商品，信息是他们所拥有的唯一重要资源，而开展公关活动则是经纪公司获取信息和传递信息的重要途径。经纪公司开展和从事公关活动的根本目的就是争取更多的委托客户的信任和支持，并且能够起到沟通内部与外部环境的联系纽带作用，树立良好的社会形象和社会声誉。文化经纪活动的公关活动包括公共关系策划和公关计划的实施两个方面。

**（1）公共关系策划**

公关策划是经纪公司开展公关活动的起点。公关策划的成败在很大程度上决定着经纪公司公关活动能否取得成功。经纪公司公关策划的主要内容有：

①通过调查公司内部和外部环境，发现公司存在的问题和不足。主要表现公司在文化经纪市场中的市场份额，公众对公司和经纪人的看法，经纪活动成功率，经纪活动的成本费用，并通过对比公司的目标形象、自我评价形象与公众评价形象之间的差距，寻找公司目前存在的主要问题。

②在确定了公司目前存在的公关问题之后，接下来就是设计解决问题的方法，通过制定实施相应的公关计划来实现既定目标。制定公关计划要注意使其具有弹性，留有余地。

**（2）公关计划的实施**

文化经纪公司实施公关计划的组织机构分公司内部的公共关系部与公司外部独立的公共关系事务所或公共关系咨询公司两种机构。无论选择何种公关组织，公关活动都不仅仅是公关部门的事情，它同样与其他职员、经纪人有着密切的关系。和其他组织一样，文化经纪公司的形象也是所有员工、所有部门共同努力、通力合作的结果。文化经纪人在接受客户委托进行经纪活动的过程也是公司塑造公关形象的过程。因此，富有成效的经纪公司一般都重视经纪人的培训，新经纪从业人员首先要进入公司的培训学校，培训合格后方能上岗服务。上岗三年之内一般都是协助经纪人办理一些日常文件的写作和收发工作。经纪活动业务主要还是由经纪人来完成。

### 4.2.2 谈判活动

所谓谈判，是指由涉及问题的各方为改变相互关系，或就某一事项取得一致意见，运用各种力量和信息，交换意见和进行磋商，以求解决问题的一系列相互交往、相互交涉的活动行为。在经纪活动中，谈判是一项极为重要的程序，谈判成功与否在一定程度上决定了经纪活动能否实现。因此，经纪公司及经纪人必须高度重视谈判工作。经纪谈判活动可分为以下几种：签订经纪合同的谈判；经纪人接受委托后与交易对方进行的谈判；经纪人与委托人在交易过程中进行的磋商；由经纪人参加的买卖双方谈判。谈判的方式可分为信函谈判、电话谈判、交易所的公开拍卖、面对面的谈判等。经纪谈判一般包括以下五个步骤：

接受客户委托。在接受客户委托之前，经纪人应利用各种手段弄清委托人的意图。对于买方，经纪人应弄清其最高出价；对于卖方，经纪人应掌握其最低卖出价。另外，还要了解双方的付款方式、交货条件、交货期限、标的物目前的状态、性能及特点等。只有掌握上述情况，经纪人在接受委托时才会心中有数。

寻找交易对象。如果是专业市场，那么经纪人接受委托后寻找交易对象非常容易，只要通知有关交易市场的管理部门以公开拍卖的方式就会很快找到交易伙伴。然而在各类现货市场寻找交易对象是经纪人进行下一步谈判的一个前提条件。

报价与还价。经纪人在寻找到交易对象或交易对象的经纪人后，应将委托人的有关信息完整地通报对方，同时要通过各种方法和渠道了解对方的需要。这里，经纪人所要传达的信息中最为关键的是价格，即报价，因为双方的谈判主要是就价格而展开的谈判。如果对方同意经纪人的报价，就说明对方有意成交，可以进行深入的交流，就合作达成一致意见，签订合同，从而完成交易过程。如果对方有意成交，但不同意个别条款，在想方设法确认对方的立场时，公司可以在委托授权范围进行讨价还价。如果超出了委托人授权范围，那么就应征取委托人的意见，取得授权指令后才能讨价还价。此时，经纪人不能擅自主张，否则委托人一旦不予接受，后果就要由经纪人承担。讨价还价是谈判的关键，双方应据理力争，直到在某一价格水平上都能满意为止。

成交。当双方能够就合作项目达成一致意见后就可以拍板成交。在通常情况下，拍板成交的决策权在委托人，所以在与对方达成一致意见后，经纪人应立即向委托人汇报，由委托人最后拍板。有些委托人会委托经纪人进行全权代理，或者委托经纪人签订的合同属于行纪合同，只要谈判的价格满足委托人的要求，经纪人可以代为拍板成交。

签订合同。谈判双方达成一致意见后，应以书面形式将谈判结果固定下来，即签订书面合同，并以此约束各自的行为。只有签订具有法律效力的合同，才能使谈判具有实际意义。必须注意的是，不论委托人是否参与谈判过程，签约工作通常都是买卖双方当事人直接进行的，经纪人可以以第三者的身份参与签约工作，并有权根据所签订的委托合同请求当事人支付一定的佣金，同时将佣金的支付数量标准及支付方式写入合同，以防止产生成交后经纪人被甩掉的局面。

## 4.3 文化经纪活动的运作程序

文化内涵的广泛性使不同的文化经纪人有着不同的操作规程，但是他们都必须遵守经纪人的基本原则。不同行业范围的文化经纪人的工作程序都有着共同之处。总的来看，文化经纪活动必然要经历如下几个程序。

### 4.3.1 确定文化经纪项目

文化经纪人所选择的文化经纪项目来源一般可以分为：自己开发、民间邀请和政府委派三大类。根据市场经济原则，文化经纪人选择有利可图的文化经纪项目，在为社会提供文化产品的同时，实现自身利益的最大化。从盈利情况看，自我开发的和民间邀请的文化经纪项目，大多利润比较丰厚；政府部门的委托项目，大多盈利较低。但是文化经纪人往往从长远的目光出发，不会因为利益较少而放弃，这不仅因为接受政府机构的委托是一种崇高的荣誉，而且因为经纪人可以通过委托任务的完成，与政府机构建立良好的合作关系，提高经纪人的知名度，为将来的经纪活动奠定良好的基础。因此，经纪人即使承担今天的不足，也要尽心尽力地完成政府机构委托的任务。确定文化项目要分两个步骤：

**(1) 收集筛选市场信息**

经纪人的工作是否出色取决于自己比别人多掌握的信息资源，信息是经纪人的资源和资本。经纪人拥有信息量的多少及其重要程度，决定着其事业成绩的大小，因而获取和整理信息是经纪人的一项关键工作。

首先，搜集、获取有用的信息。在当前的信息时代，获取信息的渠道很多，优秀的经纪人必须保持比较敏感的神经，在信息海洋中，捕捉最有价值的信息。对于经纪人来说有用信息一般有：政策法规信息；相关的市场信息；行业相关信息；科技及最新应用信息；国家经济运行走势及经营环境信息；消费群体信息；经纪对象或潜在经纪对象信息；社会政治文化动态信息；专门项目信息等。

其次，筛选、加工、整理信息。一般通过归纳、分析、对比等方式筛选出适用信息，再分类排序、存储、总结评估，把有用的信息按着用途归类，用于对经纪对象的确定或谈判业务及其他经纪业务领域。

**(2) 确定经纪对象或经纪项目**

理论上讲，纯粹的文化经纪人业务完全依赖于经纪对象（委托人）和经纪项目的交易活动，从中取得一定的佣金，而不能独立获得利润。所以经纪对象与经纪项目是文化经纪人经纪业务的核心。即使一些文化经纪人在进行文化经纪的同时，也进行文化经营业务，所选取的经纪对象、经纪项目（也称经营项目）同样十分重要。

经纪对象与经纪项目的确定工作是全部文化经纪经营业务的开端，经纪对象、经纪项目选择正确与否，直接关系到整个经纪经营业务的成败。从实践中看，确定合适的经纪对象、经纪项目要注意以下几点：

调查文化市场。了解文化市场需求，预测市场的广度和深度，需要对文化市场有充分的了解。文化经纪人应注重对相关信息的收集和整理，必要时还要进行目的明确的专项文化市场调查工作，以确保选择、造就经纪对象、经纪项目的正确性。

文化经纪人的经纪对象比较复杂，不同于商品流通市场的经纪对象，仅限于物质形式的有形产品，而文化经纪对象既可能是一位演员，也可能是一个艺术表演团体，还可能是一个文化活动项目，例如一个歌星、东方歌舞团、《同一首歌》歌会、某庆典演出等，都可能成为文化经纪人的经纪对象。那么作为文化经纪人就必须通过细致的市场调查，选取最具市场卖点、最具市场潜力的对象，才有可能获得丰厚、持久的回报。

对于文化企业也是一样，如何造就新人，如何选择合适的艺术形式和曲目，如何塑造文化消费者欢迎的品牌项目，都必须通过认真的市场调查工作，做出正确决策。

客观评价自身能力和文化市场机会。人们容易对当前市场认可的项目产生趋同的判断，但不可能每个经纪人都去经纪同一个经纪对象。比如文化消费者喜欢作家海岩的作品，但不可能许多人或机构同时成为海岩的指定经纪人。所以一个心理比较成熟的经纪人，应客观地评价自身的能力和社会背景，尽可能把握自己能够抓住的机会，选择适合自己能力的经纪项目。只要了解文化市场的需求，就有市场机会。

开发潜在的文化市场需求。优秀的文化经纪人应是有长远眼光的优秀商人，能够发现未来的市场机会。人云亦云是文化经纪人的大忌，只有先于他人正确选择了经纪经营对象，才可能获得更多、更久的市场机会。作为艺术产品，多数文化节目都有一个类似工业企业产品生命周期过程，只有选择在成长期的项目，才有可能引导市场潮流。

需要强调的是，文化市场是一个不同于一般物质商品市场，文化市场的需求，往往是潜在的、游离状态存在的，这种需求需要外在力量的强化，才可能成为明确的需求。如何发现、刺激、引导、强化文化市场的潜在需求，是文化经纪人获得成功的关键因素。

**（3）坚持宁少勿多，宁精勿滥的文化经纪原则**

文化经纪人在选择经纪对象时，要根据自己对文化市场的了解程度和自身的实力，选择最有把握的经纪对象，宁少勿多，宁精勿滥。尽心尽力做好一个项目，比同时做又难以做好几个项目更为重要。一些大的文化公司过分迷信自身的地位和实力，往往同时开展多个文化项目，结果其经纪活动的社会效益与经济效益往往还不如个体经纪人。如果盲目追求规模效应，则会使自己陷入难以自拔的泥潭。

**（4）树立品牌形象**

文化经纪人应在自己的工作中，逐渐形成自己的品牌意识和专项意识，也就是经纪对象的定位策略，它有助于形成文化经纪人的公众形象，形成一种无形资产商誉。这一点在激烈的市场竞争中尤为重要，也有助于经纪人获得超过行业平均利润的经济效益。

此外，文化经纪人中的个体经纪人，在确定经纪对象时，以演员个人、体育运动员或作家个人为经纪对象的比较多，也就是我们常说的明星经纪人，但并非所有的明星经纪人都是有合法资格的文化经纪人。明星经纪人的经纪对象有对象专一，事务繁杂、全面的特点。

### 4.3.2 制订文化经纪项目实施计划

文化中介项目一经确定下来，文化经纪人必须拟订一个详尽的计划。主要包括以下几个方面：

**（1）选择文化市场环境**

文化市场环境选择的好坏优劣是整个项目成败的前提。经纪人在选择环境时，既要考虑项目推广的效果，又要考虑项目推出所要增加的投资。

**（2）对文化项目的风险、收益进行评估**

文化经纪人在确定项目种类和数量的情况下，必须对项目的成本进行评估，精心安排项目的实施顺序，因为稍有处置不当便会增加项目成本。经纪人必须仔细筹划，认真分析，尽量做到项目安排周全，使项目的收益大于自己付出的成本。

**（3）做好计划的执行与监督工作**

在执行项目计划的过程中，文化经纪人必须加强事前和现场的监督，严格把关，确保文化项目的质量、进度与效益。如：在演出活动中，要注重舞台灯光设计的别出心裁和独具匠心，场景变化要适应个性的要求，并与节目的主题相一致，完工时间符合计划的规定。在经纪活动中，文化经纪人要对此工作的质量负有全部责任，除督促相关部门或人员各司其职外，还要对计划的执行进度与工作质量进行过问，及时进行监督检查。

**（4）制订详细的文化市场推广计划**

文化经纪人的成功在很大程度上取决于其文化项目广告和宣传的效果。经纪人在前期工作准备结束后，切不可忽略广告宣传工作。要充分利用各类大众宣传媒介、电视台、电台、报纸、新闻发布会和各类标志宣传的特色，吸引社会公众的注意力，给他们留下深刻的印象，以争取更多的客户。

但是，文化经纪人必须注意广告宣传的适度问题。过度的宣传不仅会增加开支，而且会引起社会公众的逆反心理，损害委托人的形象。真正具有轰动效应的文化传播、适度的广告宣传反而更有刺激力，并且可以节省一部分成本。

### 4.3.3 筹集项目资金

通常，文化项目经费主要来源于赞助费、广告和项目收入三个方面。一般来说，文化经纪人和企事业单位之间往往保持着密切的横向联系，常常有机会相互提供优惠，企事业单位愿意提供商业赞助的可能性普遍存在。其形式除了作为广告费的支出外，也可能直接购买一部分文化产品或演出票发给本单位职员或有关客户与人员。以演出经纪活动为例，经纪人为客户做广告的方式多种多样，可以是在会场上挂上各种标语，也可以由企事业单位领导出场讲话，甚至为主要演员献花或颁奖。这既能增强企事业职员的荣誉感，增加企事业单位的凝聚力，也能提高企事业的知名度，起到更好的广告效应，因此，企事业单位都比较乐意支付这类费用。经纪人在售票方面上有许多文章可做。首先要有几个卖团体票的公关能手，由他们来销售尽可能多的门票，然后将余票送入票房零售。

### 4.3.4　制定文化项目预算

文化经纪人从事每一项文化经纪活动，都要制定一个详尽的文化项目预算，以确保自己经济效益的实现。费用支出主要包括文化场所设备的租金、工作人员的工资、广告费用的支出、交际费、文化项目的设计和施工费用等。经纪人必须尽量降低成本，提高经济效益。在经济效益许可的情况下，经纪人应注意适当增加相关人员的收入，其数量以略高于社会平均水平为宜，以调动工作人员的积极性，使大家感受到合作的愉快，所以经纪人一定要把握好其中的尺度。

**（1）文化项目成本核算的原则**

由于内部文化项目成本核算的不完全性、不严格性，更要求我们在实践中，应确定必要的成本核算原则。对于具备定管理水平的文化团体的财务部门来说，文化项目的成本核算应是单位财务管理的核心内容，文化项目的成本核算原则应紧紧围绕单位的理财思想、工作重心来确定。

强化投入与产出并重的原则。在注重文化项目的社会效益的前提下，争取以最小的投入，取得最大的经济收入。

强化成本开支程序，理性投入的原则。严格执行规定的文化项目开支标准和开支范围，划清文化项目业务开支与文化团体的正常经费开支的界线。以演出领域为例，按照国家公共支出理论的划分，文化团体由于文化行业、艺术形式级别的不同，国家或地方财政对文化团体采取不同的财政补贴形式，文化团体应根据自身的具体情况划分文化项目成本核算的范围，一般来说，文化项目的成本核算范围应是核算与文化市场有关的文化活动开支及投入。

逐步完善成本核算财务系统的原则。因为较严格的成本核算要求参加核算的各级单位、各项活动过程均要有较全面、较规范的财务信息资料，有健全的账簿记录，做到账账相符、账实相符，并有核算上的呼应、衔接关系。系统化的管理才会从根本上发挥成本核算的作用。

程序简单，方便易行的原则。根据具体情况，文化团体应制定简洁的文化项目开支标准、消耗标准及各种津贴标准，设计出实用的各种费用成本表格、报表，进行文化项目开支分析，考核文化项目经济效益。方法要容易理解，便于操作。不要因为进行过于繁琐的成本核算，投入大量的人力、财力，扭曲了文化项目成本核算的意义。

主动灵活的原则。由于文化团体开展的文化活动、创作活动，不同于企业产品的生产、加工过程，形式变化大，不确定因素多，对其进行核算，在坚持核算、坚持投入有产出的前提下，能够主动灵活的处理特殊问题。

**（2）文化项目成本核算的一般程序**

由于各文化团体在文化作品、文化形式、创作生产周期等方面存在较大差别，所以在具体的核算上必然存在成本标准与核算方法上的差异，但基本程序应是大体上相同的，主要包括以下程序：

确定文化项目成本核算对象。成本核算对象一般是指因活劳动和物化劳动的耗费而受益的物，在文化项目成本核算中，具体的文化项目、文化产品、文化活动均是成本核算的对象。以演出经纪活动为例，大到一个大型庆典演出，如奥运会的开幕式，歌剧、舞剧的创作演出，小到单个剧目、节目、曲目的演出，都可成为演出成本核算的对象。

确定文化产品成本项目。确定文化产品成本费用项目，就是根据文化产品开支范围的规定，将计入具体核算对象开支的各项耗费，按其用途进行具体分类的项目。正确确定文化产品成本项目，可以清晰地显示各种成本的经济用途，方便对文化产品成本的计算、控制与分析。一般来说，文化产品成本项目的内容包括与文化产品创作有关的直接费用和为组织管理文化团体文化活动所产生的间接费用。

文化项目的直接费用或成本，是指在文化活动中发生的与具体文化产品相关的，或可明确归集到某个具体文化产品中的费用或成本。一般可归结为三个部分：①创作成本。是指文化团体为了确定文化项目、文化形式、文化产品、文化创作而发生的费用，一般有以下几种费用：创作费用、文化项目策划费用或文化项目筹建费用；文化项目讨论、论证费用；文化项目、文化产品审核费用或再创作费用；文化项目、文化产品相关的成本费用；其他相关成本费用。②宣传促销与宣传费用（含广告费用）。③其他相关费用：投入的利息支出；相关的行政后勤费用。此外，文化团体为组织文化活动所产生的工资、水电费、办公费等视为间接费用。

确定文化成本费用计算期。所谓的成本费用计算期，就是要多长时间计算一次成本费用。文化项目成本的计算期的确定比较复杂，这往往取决于核算对象文化产品的生产周期。由于文化产品的生产与企业的产品生产不同，界定起始日期有一定难度，一般说来文化项目的确定从策划、计划开始计算，一直到文化项目正式运作、结束为文化项目的成本计算期。

制定成本预算。根据成本核算对象、成本项目、成本计算期制定成本预算。在一个文化项目确定后，一般由业务负责人、编创人员、财务等有关部门根据核算对象的具体情况协同制订成本预算。制订的原则是实事求是，宽紧适度。成本预算确定后，即作为成本开支范围、标准的依据，不可随意变动。

文化项目成本的分配与结转。文化项目成本的分配是指把具体文化项目运作发生的成本，如演出项目的成本根据演出的场次进行分配。演出剧目、节目、曲目的生产，不像物质产品可一次性分配成本，完成价值转移，文艺产品类同其他知识产品，往往在使用时有重复性、延续性，其成本往往需要通过多次演出得以补偿，所以演出产品的分配，应视具体情况确定。一般说来，可重复性演出，要在多次演出中分配成本，一次性演出需一次性分配成本。但大型歌剧、舞剧、芭蕾舞剧难以在一个财务年度里分配其成本，往往需要人为地确定分配次数，从实际工作中看，大型的剧目成本应分配到 30 ~ 50 场为宜，歌舞、折子戏等剧目，应在 20 场之内分配。

对成本核算效果的考核及分析。严格的成本控制和成本核算，有利于对具体的核算对象的核算效果进行考核和分析，将成本核算的实际结果与成本预算进行总额及明细额的比较，很容易发现节支、超支的原因及成本回收速度的快慢。更重要的是通过成本核算树立文化团体的市场意识，加快收回成本，彻底改变以往既不讲经济效益也达不到社会效益的被动局面。

### 4.3.5　业务商谈

文化项目的谈判是文化经纪人工作的一项主要内容。在确定项目伊始，经纪人就要与各主管部门、场所设备的提供者、各类演出人员进行谈判，这项工作一直要进行到整个文化活动的结束。

**（1）谈判时的报价**

文化经纪人与合作对象谈判的核心问题是价格问题，即文化经纪人的报价是否为对方所接受。在谈判之前，经纪人通常要做大量深入细致的调查工作，从而确定同类文化活动的总利润，同类场所设备的租金和各类演出人员费用的水平，然后提出一个持之有据、易于为对方接受的报价。同时经纪人要深入了解对方相应资源，不管是设备还是人员的闲置程度，若无别的竞争对手，则经纪人的邀请实际上是在给对方提供机会，那么经纪人的报价可以更低些。通常，经纪人的报价和还价宜定位在平均水平之上，不要过于注重一次谈判后收益的多少，而要强调长期合作的效果。

**（2）谈判时要树立良好形象**

经纪人在谈判过程中要努力树立精明、宽厚、大度的形象。经纪人表现不精明，则易于被客户牵着走；表现太精明，不利于长期合作。经纪人的谈判效果，除了直接的货币收益外，还有将来的、间接的收益，包括经纪人的形象，与方方面面的关系和人情等。经纪人在谈判过程中一定要兼顾这两方面的收益。对文化经纪人来讲，人情和关系的收益尤为重要，因为他与方方面面长期合作的密切程度要超过其他行业的经纪人。

### 4.3.6 签订合同

以文艺演出项目为例，为保证演出过程中各个环节的良好衔接，文化经纪人必须和有关方面签订合同。包括经纪人与院团机构、与剧院场所、与音响设备的所有者，与所有演出有关人员签订合同和契约。其内容包括甲乙双方所必须承担的责任，履约的时间、地点条件和方式，以及预付定金和违约罚款等条款。

### 4.3.7 合同的执行

当合同签订之后，就开始进入了执行阶段。有了好的项目，关键在于执行，要加强执行力度，加强合同的实施与监督力度，才能确定项目的顺利完成。

### 4.3.8 代理权的终止

完成合同中规定的项目，经纪人的代理权终止，或进入了下一个项目的运作。但是代理权终止，除了项目完成以外还存在其他终止代理权的情况。

《民法通则》第 69 条规定，有下列情形之一的，委托代理权自动终止：

①代理期间届满或者代理事务完成；

②被代理人取消委托或者代理人辞去委托；

③代理人死亡；

④代理人丧失民事行为能力；

⑤作为被代理人或者代理人的法人终止。

### 4.3.9 取得佣金

文化经纪人开展文化经纪活动的目的就是获得应有的报酬——佣金。佣金作为提供中介服务的报酬，应该在文化经纪合同中明确规定。按通常的惯例，佣金的数量标准一般都是按交易成交额的一定百分比比例来确定。

佣金的收取时间，也在文化经纪合同中规定，一般情况下，佣金在文化经纪人帮助委托人完成交易事项后按交易成交额提取。但有时会出现委托人事先预付一部分佣金或费用的情况，也要在经纪合同中规定。在实际工作中，如果一些费用开支，没有在经纪合同中明确规定，而文化经纪人认为应该由委托人或合同当事人承担时，应在费用发生前告知承担方，征得同意，并在费用发生后，及时让承担方确认、补偿。

### 4.3.10　总结和评估管理

每当一个经纪项目结束后，文化经纪人要对该项目进行全面的业务总结，主要有以下几个方面的工作：

将有关文化经纪项目档案归档。针对本项目的确定选择、项目谈判、合同签订、合同执行，整个过程进行规范档案整理，并存档备查。

总结经验。文化经纪人在每个经纪项目完成后，都会发现一个项目的特殊地方，应及时总结出来，以备忘录的形式或公司内部通信形式，引起组织内部注意。不论是成功之处还是败笔之处，都要总结，其目的是为了做好以后的项目。

评估文化项目的社会效益、经济效益。对社会效益的评估可以从活动知名度、影响力、轰动效应、社会舆论评价、消费者意见反馈等角度来考虑。对经济效益的评估可以制定几个切实可行的经济指标来考察，例如，成本率（成本费用/佣金收入)、利润率（税后利润/全部毛收入）等。经济效益还要考虑到时间周期因素，可以进行周期效益比较。一般说来经纪活动以时间越短、利润收入越高越好，利用周期效益指标（利润额/ 实际经纪天数）进行考评。周期效益指标越高，经济效益就越好。

建立相应激励制度。通过一系列的评估总结，对经纪项目执行人给予适当的奖惩，这是文化经纪人激励制度的重要组成部分。通过激励机制，调动组织内从业人员的工作激情，有利于提高文化经纪人员的素质和业绩。

### 4.3.11　与客户建立良好的发展关系

文化经纪人的客户关系包括开拓潜在客户，巩固现实客户。经纪人应与客户建立起良好的配合关系，与客户保持持久、稳定的关系，以求达到长期合作的目的。

**(1) 不断地开拓和发展新客户是文化经纪人成功的关键**

不断地发掘新客户，对于经纪人至关重要。通过与各类新客户建立良好关系，有利于迅速提高经纪人的知名度。实践证明，在每一个新客户成功的背后都有一个为他们的一切活动鸣锣开道，忙碌操劳的文化经纪人。没有经纪人的辛勤工作和大力扶持，难以想象新客户会得到成功发展。文化经纪人所具有的独特的功能和魅力，已受到了越来越多人们的关注。

**(2) 与现有客户建立并且始终保持密切的合作关系**

为了降低客户的开发成本，在文化市场中树立自己良好的形象。要巩固和维持已有客户，关键在于文化经纪人真正帮助客户解决困难，如何认真地对待自己的业务开展。文化经纪人的业务开展还必须建立在一定的主客观条件和观念基础之上。一个有着良好的业务基础的文化经纪人，必然有利于取得客户的信任并长久地维持委托代理关系。

## 4.4 文化经纪活动的运作策略

作为文化经纪人，一定要认识到文化经纪工作的性质，不仅要以高效率的中介手段为客户服务，说服买卖双方达成协议，尽快成交，而不致半途而废；而且还要在考虑提高客户经济效益的同时，如何提高自己的佣金，使自己的付出得到更多的报偿等问题。所以很有必要认真研究文化经纪人在文化市场中的有关谋略与技巧，当然这一切均应是在遵守道德原则和法律法规前提下进行的。

### 4.4.1 谈判中的信息策略

**(1) 充足的信息是赢得谈判的基础**

在所有的谈判中，信息资料是取得谈判成功的重要基础。文化经纪人要充分占有信息资料，具体要做好如下几个方面：①整理和准备好对谈判中要使用的资料。谈判之前要事先做方案或预算、出测算资料，以备在谈判使用时具有说服力。②收集和整理对方情况的信息。主要了解对方的真实需求、谈判的诚意、对方的基本情况以及对方的谈判权限和底线等。③收集对方谈判人员的个人情况及相关信息。谈判是双方不断由对立走向协调的过程，谈判人员的工作态度、作风、性格、爱好等都是影响谈判进行的因素。如果对以上情况有所了解并且能够做出相应的安排和准备，对于谈判的成功十分有益。④了解市场因素的变化。主要是了解与经纪对象有关的市场供需情况、市场竞争情况及相关的环境因素的变化。经纪人所掌握的市场信息越丰富，越有利于掌握谈判的主动权，但在谈判中的使用信息资料，要做好量与度的控制，在不同的进程中自如地使用适合的信息，才有利于保持一个宽松和谐的谈判气氛。

**(2) 获得信息的技巧**

经纪人在商品流通中起中介人的作用，为了保证中介经营的信誉，提高商品成交率，增强委托方对经纪人的信任感，使业务获得充分的发展，经纪人必须在委托方与第三方成交之前，获得供方的成果或货物的详尽信息，只有掌握了第一手材料，方能在与第三方的洽谈中赢得主动，在供需双方中赢得声望，为以后的成功铺平道路。

对于文化经纪人而言，需要调查的市场信息包括：①市场供方或技术成果持有者的信誉保证。随着商品市场的竞争日趋激烈，个别企业或个人采取非法手段，生产假冒伪劣产品，蒙骗客户，或在商品质量上打折扣，以次充好，或缺少售后服务手段，订货时信誓旦旦，售出后撒手不管。在文化市场上，胡拼乱凑的演出、录像，低级趣味的图书、娱乐节目也经常出现。因此，经纪人需对供方的历史、现状、信誉度、知名度等做到心中有数。如其劣迹斑斑，或可疑之处甚多，则宁肯不做这笔生意，也不能通过自己的手去坑害别人。②供方的产品质量或技术成果的可行性。对产品质量应对照相应的“质量标准”加以检验。如果是节目，就要了解演员的历史背景，所在院团的必要证明；如果是图书报刊，就要有国家出版部门的资格认证；如果是音像制品，则要有新闻出版部门、文化部门和广播电视部门三家的发行许可。③供方的产品的价格。要调查供方产品的性能价格比，要调查市场上同类产品的价格比，从而做到心中有数。如果对方价格偏高，则应在谈判中迫使对方让步。④供方的售后服务。调查供方是否建立了完善的售后服务系统，如果建立了，还要看该系统是否存在弱点，网点分布状况，服务的方式方法及水平等。

对于文化经纪人而言，其获得信息的方法主要包括：①资料收集法。这是一种经纪人经常使用的间接调查法，因为，经纪人囿于自己的身份，有时不便亲自去实行调查，以免引起对方猜疑。资料收集法即从报纸刊物、业务简报、会议文件以及国内人们的交流中所提供的商业行情、市场信息、科研成果等内容里采集和筛选自己所需资料，将这些资料加以分析研究，从而得出更为正确的结论。②询问法。这是根据调查目的，用口头或书面的方式取得调查效果的一种方法。例如对文艺成果的可行性调查，就可以向专家口头或书面询问；对供方的产品，也可以通过个别交谈、询问，请消费者或观众填写调查表等途径，取得所需的资料。③观察法。这是一种传统的市场调查方法，其特点是简便易行，能比较客观地搜集资料，调查结果更接近实际。采取这种方法，一般不同被调查者直接打交道。缺点是花费时间较多，调查面比较窄，观察到的往往是事物的表象，不能深入了解其内在的本质。就如一些文艺作品，不能因其在某一市场上畅销一时而推断其生命力如何，同样不能因其一时尚未被大众所接受而忽视它。

### 4.4.2　维护自己利益的策略

文化经纪人依靠提供有关信誉、良好的服务和合作关系取得佣金。这使他处于一种非常特殊的位置，供需双方在成交之前，经纪人的地位是举足轻重的，双方谁也离不开他。例如演员不可能直接去找观众要求表演，必须通过经纪人去中介。一旦双方见了面，达成了协议，经纪人就可能成为多余的人，变成买卖双方都想抛弃的人，这种经历或危险是每个经纪人在中介活动中经常面临的。为了避免这种不愉快的事情，文化经纪人就必须具备一定的高超谋略和技巧。

了解当事人的品质。经纪人应当对合作对方的人品，单位的性质、信誉有一定的了解。如果对方信誉好，那么就可以和他打交道，否则最好不要白费力气。

在合作过程中，多对事少对人。如果文化经纪人对对方信誉的了解不易及时做到，特别是对双方都不甚了解，这时经纪人的谋略就要多对事少对人，将双方符号化，做好中介人，在双方之间传递信息，而不涉及与此信息有关的具体的人和单位。

尽可能在合作中掌握主动权。文化经纪人在合作中要积极主动地为合作方提供服务，为双方提供有利信息，促进与客户的合作。但手中尽量掌握有利于对方的信息或合作项目。例如经纪人可以在不伤害中介双方感情的前提下，自然地安排双方直接见面，这就是经纪人见面安排权的适度把握。当然，这样的操作有时是很困难的，也不宜持久下去。因此，更多的时候则需要三方在一起谈判，当然，经纪人要掌握好谈判的主动权。

### 4.4.3 赢得谈判的技巧

现代社会中，谈判是一种人们之间进行交往与沟通的普遍现象。谈判就是一个各方观点互换，感情互联，后果互利的人际交往活动的过程。由于传统习惯的影响，许多人还不习惯谈判这种形式，认为谈判就是让对方接受自己的行为。有的人甚至认为谈判与战场无异，不争个你死我活誓不罢休。其实，真正的谈判并非如此。谈判是一门科学，更是一门艺术。通过谈判，阐述各方观点，形成感情的交流与沟通，达成一个双方能基本满意的协议。经纪人的谈判也不例外，通过谈判，在完成委托方交给的任务、本身获得佣金的同时，也使第三方的需要得到了满足。

**（1）做好谈判前的心理准备**

充分地了解供货方或文化作品持有者的相关信息是谈判前一种必需的业务准备，但是谈判前的心理准备也是同样重要的。

对谈判成功充满信心。文化经纪人对谈判成功充满了信心，其心态则可端正，在谈判桌上就会显示一种良好的精神状态，不但是对自己或伙伴的一种鼓舞，同时也会使谈判对手的心理受到影响。对谈判充满成功的信心，文化经纪人就能够积极主动地寻找解决问题的方案。当然，信心并不表现为虚张声势，如果光有外在表面的强大和强硬，非但不会给人造成一种有信心的印象，反而会适得其反。

对谈判中的困难有充分的认识。文化经纪人对谈判的艰巨性和可能要遇到的困难要做好充分的心理准备。任何谈判，对于解决问题的思路导向来讲，一般都是一致的。例如供方要高价，需方报价低等矛盾，在谈判桌上形成冲突是正常的，解决冲突就需要时间和耐性。因此，文化经纪人对谈判的艰巨性要有足够的认识。将谈判看得轻而易举的经纪人，往往难以取得谈判的成功。显然他们之所以失败，不在于他们的实力不足或谈判技巧不够，而在于他们在心理上失去了控制。

排除心理因素的干扰。每个人都生活在一个特定的社会环境之中，必然会经常受到社会生活中各种矛盾的困扰。这在心理上表现为焦灼不安，易于发怒等。如果文化经纪人带着这样的心态去参加谈判，就会产生一种心理上不必要的联想，往往会把对方一句正常的话、一个并无恶意的举动，看做是对自己的挑战，从而使谈判进程受到不利的影响。从心理学的角度讲，一个人的事业成功与否，是与此人的个性心理特征分不开的。因此，以健全的、健康的心理去参加文化经纪项目谈判，是谈判取得成功的关键因素之一。

**（2）对谈判过程进行有效地调节**

谈判过程与任何事物的发展过程一样，表现为开端、发展、高潮直至结束的一个过程。因此在心理上，难免带上一层紧张的色彩。为了消除这种紧张的心理因素，文化经纪人可以从双方都感兴趣的话题入手，逐步切入项目的主题，尽量使整个谈判过程体现出一种轻松、愉快的气氛。

**（3）有效掌握谈判的发展进度**

当双方都适应了该项目的谈判环境之后，就应及时进入谈判的主题。双方可先将谈判的主要内容陈述一下，然后确定谈判的重点。如果在谈判过程中，各自谈自己的观点，就会浪费时间。对于谈判发展进程的把握，关键是如何陈述。

陈述要透彻，表达要清楚。谈判中的陈述要做到使在场的人全都听明白，要注意克服口齿不清、方言浓重的不良习惯。另外，经纪人陈述的条理要清晰，按照事物的内在逻辑，条分缕析，首尾相连，切忌东拉西扯，不分主次。

陈述要尽量简练。在介绍情况时语言要有很强的概括力。对一些常识性的问题，或者双方均了解的情况，可以略而不谈或少谈。

掌握共同点，缩小分歧。文化经纪人应及时抓住谈判中双方的异同点，对他们的分歧、焦点有敏锐的感觉力。谈判，归根到底是对异同点的认识寻求共同解决的方法。文化经纪人在谈判的过程中，应当及时抓住双方的共同点，一方面是为了缩小分歧面，提高协商的效率；另一方面是为了增强彼此的理解和好感，增强共识。文化经纪人还需在谈判中能够及时抓住不同点，这是为了坦诚地面对彼此的不同意见，分析彼此的困难，集中精力寻找解决矛盾的突破口。

**（4）控制好谈判高潮**

文化中介项目的谈判高潮是指谈判的交锋状态阶段。谈判高潮的控制要做好以下工作：

抓住促成交易的时机。在这个阶段，双方提出了条件，他们内心的意图基本上都暴露出来了，如果文化经纪人以敏锐的眼光，恰当地抓住时机，就能够尽快地促使问题的解决。

控制自己的情绪。在谈判进入高潮时，要善于控制自己的情绪。因为谈判交锋时人的情绪容易激动，对方也许会提出无理要求，也许会在语言上无意伤人。在这种情况下，经纪人就要注意保持冷静的头脑，注意文明用语，显出对对方的尊重。

活跃谈判的气氛。为了缓和气氛，调节双方紧张的心理状态，经纪人可以得体地说一两句幽默含蓄的笑话，也可以协商暂时休会，还可以避其锋芒，先谈一些容易解决的问题。在谈判交锋状态中，经纪人还可以适当地运用各种策略，比如适当做出不同程度的妥协，使问题得到圆满的解决。

**(5) 促成谈判的几项关键策略**

一般而言，文化中介项目谈判中常见的策略有以下几种：

时机运用策略。由于谈判是市场机会、实力平衡、个人感情等多种因素的交融，而这些因素的最佳交合点又是动态的，因此，文化经纪人不能守株待兔，还要利用好各种时机，以达到谈判的最佳成果。

利益让步策略。在谈判的过程中，有时为了其他方面取得更大利益，不得不适当做一些让步。当然，怎么让、让多少应当是有分寸的。

以诚取胜策略。谈判者不应成为狡诈的代称。当经纪人采取诚恳的态度、诚挚的言语、开诚布公的方式，以诚信对待谈判各方的时候，经纪人会发现这样做会收到意想不到的效果。

谈判的结束。谈判最终以签订合同或达成协议宣告结束。谈判达成的协议，应用文字的形式确定下来。如有必要，在索取签订协议书时，应请法律顾问过目，以此避免在以后的工作中引起不必要的争端。谈判签订的合同，应按我国《经济合同法》的有关条款办理。

**(6) 谈判中的心理误区**

隐蔽的假设。由于习惯的心理定式，人们往往对现实易形成种种假设。我们的观念、态度有许多是建立在无意识的隐蔽的假设之上的。而且由于这些假设十有八九是处于潜意识的状态之中，所以我们常常对这种假设的存在毫无察觉，许多人还把未经验证的假证当做天经地义的东西。其结果是，在一些错误假设的支配下，人们经常会做出浪费精力甚至带来害处的行为。那么，文化经纪人在中介项目谈判中容易被哪些错误的假设所欺骗呢？主要表现形式有以下几个方面：

第一，“我们的方案是唯一公平合理而且切实可行”的假设。如果文化经纪人的头脑中事先假定仅有一条路，自然就会画地为牢束缚自己，用自己在心中设置的障碍堵死自己的路。这在认识上是一种形而上学的观点，在心理上是一种偏执癖。经纪人应时刻记住，解决任何中介项目问题，首先必须允许存在多个方案，其次要不存在偏见地审视这些方案，最后遵照经济合理、现实可行的原则，公平合理地确定一个令各方均能接受的方案。

第二，“我们熟知一切”的假设。由于在文化中介项目谈判前，文化经纪人已经做了大量的调查，因此便认为已经非常了解对方了。这种假设使经纪人在谈判中喜欢听自己所希望听的话，从而忽略了对方提供的有用的信息。经纪人必须时刻告诫自己，经纪人并不了解全部，必须倾听对方的意见，只有这样，经纪人才能做出正确的决策，采取正确的行为。

对权威盲目崇拜。有些谈判者往往利用人们崇拜名人、领导、长者、专家的这种心理，拉大旗作虎皮，使对方对他产生敬畏感。一旦经纪人为这些权威的光环所蒙蔽，就会形成认识上的偏差。这是对名人的“权威崇拜”。由于对权威的盲目崇拜，人们常常接受了不合理的限制而不能自觉。例如权力限制：团长院长开会出差去了，只有他们才能批准这个演员是否能组台演出；例如规定限制：我很想同意你的报价，可团里有规定不能这么办。例如技术限制，这是名家执导的片子，或这是某某专家的意见和看法。尽管上述限制都是可以改变的，但大多数人出于对权威的崇拜心理，易于接受限制，于是把这些限制看成是既定事实，而不去想办法改变它。有些谈判者也利用人们的这种心理，人为地制造许多限制，一旦经纪人为这些戒律所蒙蔽，就会在认识上形成偏差。这是对不合理限制的“权威崇拜”。要想克服由于“ 权威崇拜”而产生认识上的偏差只有一个办法，那就是树立自信心，破除迷信心理，既不要轻信经典，也不要盲从名人，更不要被清规戒律所束缚，要坚定自己的信念。

利益陷阱。经纪人在谈判时一定要特别谨慎，越是看到有利可图，越要警惕，防止上当，开始就要找较有诚意的一家来谈。有时遇到一些有畅销潜力的文化产品，会有几家需求方围着转，可能其中一家会以十分优惠的条件拟定意向，等到把其他几家挤出圈外，他们再一步步来逼经纪人就范。在这种情况下，切忌轻信客户。当经纪人满怀信心去谈判的时候，一定要提醒自己，不要在不经意中陷入心理误区。

### 4.4.4　处理危机的策略

在市场经济还不太完善和各种法规也不尽如人意的情况下，作为文化经纪人来说，如何在文化市场中把握形势，保障自己的应得利益，显得尤为重要。

例如，赵中在介绍一笔金额达400万元的文化活动项目时，委托双方都合作得很融洽，再三地向他表示感谢，并答应付以厚酬。赵中有些飘飘然，便不再过问合同的履行情况。结果，委托双方早就签好了合同，把赵中抛在了一边。由于与委托人第三方之间既没有文字合同，也没有明确的口头协议，因此赵中只能哑巴吃黄连，有苦说不出。信息和关系就是经纪人的资本，当信息和关系公之于众时，可以说经纪人的使命也算完成了；在委托方与第三方签订合同时，经纪人就显得微不足道了。因此如何处理这种危机，也是成功的经纪人所必备的技巧。

通常，经纪人的经纪活动分为两个阶段，即委托双方见面签订合同前后，前阶段起主要作用的是经纪人，也就是经纪人处于主动，自主权较大的时间阶段，因此，把握这一阶段应视为关键。要对委托双方大致有些了解。供方的货源、设施等条件具备程度如何，需方的需求度如何，做到心中有数。

有些人认为，彼此太熟悉了没有必要运用契约式的交往，但经济生活中必须这么做。与委托双方签订合同当然是最好的方法，但在朋友中，特别是经纪人的关系网中，很难撕下脸来签订合同，这就需要对委托双方的信用作些调查。一方面，一些规模较大的知名度高的国营单位通常信用较好；但对于那些规模较小的文化单位，尽管它的名衔很大，冠以什么环球、宇宙、中国之类，但一定要仔细考察它的信誉情况；另一方面，委托双方在见面前，某一方常常许以重金相谢，或者请客吃饭，送些礼物，对此也要心中有数，切不可麻痹大意，不可轻信对方的允诺，否则就会像赵中那样被无情地抛在一边。当然作为有许可证的经纪人，由于有自己的主管部门，收费、履约均有明确的规定，必然会为保障自己的权益打下了良好的基础。如何预防危机发生呢？一般来说，要采取以下步骤：

①调查双方的信誉。在合作之前，要对合作方的信誉进行调查。另外在进行大宗交易时，需要联合几个合伙人组成一个利益共同体。当然对这些合伙人也需知根知底，不能盲目轻信。

②收取定金。在交易双方达成初步交易意向的情况下，为获得一定的经济保证，可以根据交易金额大小事先向双方收取一定数额的押金。一般来说占经纪人所得酬金的1/3。收取押金，对经纪人和委托双方来说都有利，一方面能保证交易成功，如交易不成功，当然需退回押金，这对经纪人来说需全力以赴，促成交易成功；另一方面押金在经纪人运作出现危机时，毕竟也算是个安慰。通常，押金由需方提供；当然也不尽然，主要视文化商品的短缺程度、需求量大小等因素决定的，这种先小人后君子之法，对于初涉经纪领域者可一试。同时，双方进行商务洽谈时，要尽量获得对方许诺的证据，例如文字、录音等。

③争取主动。在交易双方见面后，或签订初步意向书以后，经纪人就处于被动地位了，在这时要防止被抛弃就很困难，主要是尽量采取一些措施争取主动权。例如与双方多见面，多侧面了解进展程度等，这时候不能被动等待，要争取主动，积极去为自己应得的利益工作。

④应对危机。如果一旦被委托方抛弃，就要考虑补救措施。在这关键阶段，个别的经纪人往往沉不住气，或者气愤无奈，或者铤而走险，采取一些非法手段，这是很危险的。当被委托方甩掉时，千万不能因小失大，一切补救措施都需要在法律所规定的范围内进行。应对危机，可以采取以下方法：

首先必须冷静。遇到危机保持头脑冷静，并调查清楚问题出在哪环节，哪一位是责任者？是什么原因？对于环节各个方面做些了解。并且要直截了当地找当事人，问清原因，这时候千万要冷静，不要冲动。

求助于社会舆论。在经纪人的关系网络以及社会媒体中披露并且将合同签订前后的详细情况，寄往交易双方和关系网络中的成员及社会媒体等。

将其向有关部门或法庭控诉，依据法律对其实施制裁。

## 本章小结

文化经纪活动的内容和方式都是围绕文化经纪活动的目的开展的。从内容来看，文化经纪活动不仅包括文化市场信息的传递，还包括提供专业咨询服务，草拟相关文件以及文化市场交易提供有效保证等方面。从方式来看，文化经纪活动一般包括收集信息，定位市场，开展公共关系，磋商谈判，撮合成交，保证合同的履行等。从程序来看，文化经纪活动必然要经历的程序包括确定文化经纪项目、制定文化经纪项目实施计划、筹集项目资金、制订文化项目预算、业务商谈、签订合同、合同的执行、代理权的终止、取得佣金、总结和评估管理以及与客户建立良好的发展关系。从策略来看，文化经纪活动中要注意运用谈判中的信息策略、维护自己利益的策略、赢得谈判的技巧以及处理危机的策略，以推动文化经纪活动的有效运转。

阅读材料

### 韩国最大娱乐经纪公司 S. M. 造星运作模式分析

在韩国有“星工厂”之称的 S. M. 公司老总李秀满 20 世纪 70 年代初涉歌坛，是当时非常著名的歌手。退居幕后之后，凭借其敏锐的眼光，于 1989 年创办了 S. M. 娱乐文化公司，开创了韩国企划公司的新时代。这个公司背后有一整套成熟的“造星”方法，这些方法是什么呢?

1998 年，S. M. 公司把旗下的 HOT、SES 介绍到中国、日本，掀起了亚洲“韩流”热潮。2000 年 4 月，S. M. 公司登记注册了 KOSDAQ，发行股票，成为韩国第一个娱乐文化股份公司。2001 年，S. M. 培养的宝儿又在日本跻身最受欢迎的歌手行列。2002 年 12 月，S. M. 公司与日本的 FANDANGO JAPAN (YOSHIMOTO 集团和 KDDI 的合资公司)、YOSHIMOTO 集团以及 AVEX 共同创立了网络娱乐公司——FANDANGO KOREA，在网络与移动通信迅速发展的时代，将主要负责为大众开发数字信息资源。2005 年为了方便进入中国市场，在中国设立了分公司，与 2001 年成立的 S. M. 日本分公司一起，共同构建亚洲地区的娱乐网络。S. M. 公司不懈努力，把世界知名的美国时代华纳、迪士尼等娱乐集团，作为自己未来的目标，希望成为亚洲地区最强的娱乐集团。

S. M. 公司下设部门：发觉“未来之星”的选秀部；训练新人的“Starlight Academy”培训部；把握市场走向、体现歌手风格、营造逼真视觉感的唱片生产部；进行录音和后期制作的唱片制作部 (A&R)；进行宣传销售的市场营销部；联系媒体对歌手进行推广的宣传部；以及发掘歌手的潜在价值、企划广告演唱会的代理部。其实韩国的娱乐公司不下数十家，其中包括 JYP Entertainment、DSP Entertainment、Laful Entertainment、DR Music、Music Factory、Good Media 和 C. I Media 等，之所以 S. M. 能在诸多强劲对手中独占鳌头，还是凭借公司领导层的独具慧眼和完整专业的运作体系，才创造出HOT、安七炫（KANGTA）、神话、宝儿（BoA）、文熙俊、S. E. S、FlytotheSky、Trax、东方神起、天上智喜这些享誉亚洲歌坛的著名团体或者歌手。

## 第一步：选秀 & 培训（选秀部、培训部）

在20世纪90年代初的时候，S. M. 公司还是把这两个环节分得十分清楚。在HOT组建时，金京旭代理走遍全国的高中，搜索所谓的“有才气”的人才，从而吸收了KANGTA、文熙俊、李在元。李秀满理事选择了在美国的TONYAN，张佑赫则是在舞蹈大赛中的出色表现而引人瞩目。到组建红遍亚洲的神话时，公司开始建立选秀机制。1996年公司通过美国选秀挑中了之前就曾跟HOT一起训练过的Andy，主唱申彗星以及曾获美国舞蹈大赛冠军的Eric，在韩国本土选秀中挑中了金东万，而李珉宇则因自组乐团并且获得过韩国舞蹈大赛冠军而受到S. M. 公司的青睐，Junjin因有着很好的艺人天赋而被KANGTA推荐给S. M. 公司。通过一系列的选秀，在1997年初步确定了公司想要培养的人。随后才开始魔鬼训练，而且人员不会变动。但是随着韩国青少年明星欲望的增长，涌现出了越来越多有潜质的孩子，这也意味着竞争愈加激烈，于是，S. M. 公司渐渐把这选秀和培训合为一步。通过选秀进入公司并不代表成为艺人，而此时也并没有与公司签约，在进一步的培训中，公司还会淘汰一些人。目前，公司每年要举行两次大规模的选拔大赛，每星期要举行一次内部选拔会。以2004年刚刚组建就红遍亚洲的男生组合“东方神起”来说，其5个成员全部是通过S. M. 的新人选拔训练机构被挖掘和培养出来的。起初，他们分别在5个不同的组合中担任队长，通过不断的培训与选拔，才得以形成现在的梦幻组合——“东方神起”。

在这一步骤中有几个特点凸显出来。首先，明星低龄化。偶像低龄化已成为全球的普遍现象。从行业利润上说，低龄出道可以为公司多演几年多赚钱，而且识才越早，包装的成本越低，可塑性强，利于公司培训；从行业特色上分析，娱乐业是年轻人的行业，只有年轻的才是新鲜夺目的。比如1997年，S. M. 公司拟定了一个战略——培养一位能代表亚洲的大牌明星。因为从韩国状况来看，进军海外市场还是女孩方面有更多便利条件，所以当时在韩国被千挑万选出的未来明星就是宝儿（BoA）。当年她只有11岁，面试时才小学5年级，但她所展现的歌舞，证明她已具备了明星才质。当时试唱的三四首歌曲都是S. E. S的经典，舞蹈也是当时最时兴的hip-hop人气舞步。她的出色表演让在场的评论员赞不绝口，在唱片公司的强烈要求下，父母只好同意。而从面试合格时起，宝儿就开始接受了专门的训练。而最近推出的韩国新星，大多是十八九岁，可想其出道年龄得有多小。

虽然明星低龄化已成为一个成名必要条件，并不是没有缺点。由于成名太早，年纪太小，过早地戴上皇冠，虽有这些偶像歌手们为此付出了本应纯真的花季和健康成长的环境，这是一笔难以挽回的青春预支。但是，存在的就是合理的，有了名利就必然会失去一些东西，这就是这个行业的特点。

第二，严格训练。这是孩子们成名必须经过的阶段。韩国的任何一个娱乐公司在制造偶像时，不仅要求艺人具备成为偶像的天分，同时还要求艺人接受严格的后期训练。在 S. M. 公司更是如此。拿引起中国“韩流”的 HOT 来说，在出首张专辑之前，每天 12~16 小时的超强度训练就使张佑赫落下了一跳舞肩膀就痛的毛病，有时大家会累得倒在地板上起不来。当年迅速走红的“东方神起”的训练过程，几乎是地狱式的，其中的团员细亚更是受训超过 7 年才让他站在幕前。有时，这 5 个十六七岁的小伙子饿着肚子从下午练歌一直练到晚上 11 点多，当他们认为唱得差不多时就去唱给公司的负责人听，但是负责人听后还是不满意，5 个男孩就继续练，而公司所有相关人员也全都陪着他们。当初 HOT 就是每天 12 小时学舞蹈与唱歌。他们在练习中必须捆着大腿内侧跳舞，这是为了让他们正确地熟记动作。此外，为了积累舞台经验，让他们成为当时歌手刘荣稹（现 S. M. 理事）的伴舞。不仅在歌舞方面公司对他们严格训练，还在语言表达、表情等方面训练，使他们不论何时何地只要有摄影机拍摄都能从容地说话。他们这样度过 2 年后才于 1996 年在韩国出道，2000 年在中国初次表演，引发“韩流”。而对于面向亚洲的明星培养方面，除了这些之外还要训练语言。

第三，大量组合出击。组合是经纪公司最喜欢也最擅长制造的娱乐产物。S. M. 公司就曾成功推出多个组合，如 HOT、S. E. S. 、神话、东方神起、天上智喜，以及经过 3~4 年选拔淘汰推出的 12 人组合 super junior。之所以推出组合，是因为组合能够携几个人的合力满足“萝卜白菜各有所爱”的需求，确保公司投资不全部沉没。同时成军后公司可以根据组合中的人气确定出下一步重点推出的巨星。所以韩国组合合得快分得也快并不是什么稀奇的事。而且当初组成组合是由公司决定统一配置，解散也是公司的决定，很多时候并不是组合成员决定的。神话就因为成员去留问题与 S. M. 公司意见不合才集体跳到 GOOD 去。这还算好的，当初 HOT 是胳膊拧不过大腿，被公司强行拆散。由此可见，组合是韩国娱乐界的一个常用策略，作为市场的试金石。

第四，足够的重视。虽然训练十分严格艰苦，但是公司对新人的重视程度还是相当高的。在资金方面，S. M. 公司不惜花大量金钱对艺人进行全方位的培训。在人力方面，公司会配备最出色的老师、词曲作者，歌谣界元老级的人物对新人进行指点。比如为了让宝儿成为十全十美的实力派歌手，S. M. 公司邀请了很多位艺术专家做她的专属老师。担当宝儿舞蹈指导的是日本首屈一指的作美和数。此外，她的出道专辑也请到了韩国著名作曲家刘荣镇、金兴锡、姜原象和方诗旭等通力相助。

## 第二步：制作（唱片生产、制作部）

从造星机制中产生出的韩国艺人一般是没有多少个人自由，由于很小就接受公司培训，他们的演唱风格根据个人特点在培训的时候就已确定下来，不太能根据个人喜好更改。尤其在刚出道时，就算十分有创作天赋，也不会发布歌手自己创作的作品。每首歌、每个造型都是公司根据发展目标精心打造的。

制作精良，融入多种流行元素。S. M. 公司从一开始就致力于制作适合整个亚洲市场、符合亚洲年轻人追求的音乐。在包装和推广艺人之前，公司通常会不惜花费时间仔细分析当地基本文化、音乐等各种流行元素，把它们融入到韩国艺人中，从而最大限度地规避风险。这里有一个反面证明：2004 年中国某音乐公司发行了一张《2004 国语最强原唱大合辑》，其中 13 首华语人气歌曲的韩版原唱终于在国内浮出水面。粗略算来，近些年竟有 80 多位名声在外的华人歌手翻唱了百余首韩国歌曲。其中不乏我们耳熟能详的大明星，郑秀文、张学友、莫文蔚、刘德华、谢霆锋、黎明、赵传、张惠妹、徐志安、SHE 等一大批歌手都与韩乐有过亲密接触。回顾中国港台歌手，“新人+翻唱韩国音乐=必然走红”似乎已经成为一条不败的规律。而中国内地更偏重原创，只有孙楠、孙悦、那英和陈琳等为数不多的几位歌手有过翻唱经历。由此可见，韩国流行音乐在制作上已属上层之作。

融入当地元素。如果公司决定让某艺人进入亚洲市场，首先是训练语言。例如，S. M. 公司旗下艺人在上海开演唱会时，“东方神起”和“天上智喜”的成员们均用中文向观众问好，并介绍自己。其次就是推出当地语言的歌。可以是原来韩语版歌曲的重新翻唱，也可以重新作词作曲，推出适合当地的新歌。比如为了进军中国市场，神话、宝儿都曾推出过中文歌曲。对此，我们不得不佩服韩国人准备工作的细致与充分。

## 第三步：营销（市场营销部、宣传部）

笔者把所有关于包装宣传的工作都归为营销。其实在整个造星机制中，明星的制造过程就与普通产品从选料、加工、成品、检验合格到营销、交易、确立品牌效应的过程完全一致。而营销应该是整个造星过程中的重中之重。S. M. 公司在这艺人的商业推广上也是奇招百出。

第一，确定目标消费者。

这一过程包括三个步骤：市场细分，目标市场选择以及市场定位。市场细分是将市场分为具有不同需要、特征及行为，因而需要不同产品或营销组合的不同购买者群体的过程。细分之后，公司会进行目标市场的选择。当市场选定时，公司还必须决定在这些目标市场中要取得什么样的地位。市场定位是指为使产品在目标消费者心目中相对于竞争产品而言占据清晰、特别和理想的位置而进行的安排。在这方面韩国娱乐公司做得非常到位。S. M. 公司在推出每一位新人之前，都会制订详细的计划，比如对于宝儿的出道，公司是打算让她进军海外市场，先是在韩国本土市场站住脚，随后大举进攻日本市场，目前看来也取得了骄人成绩，接下来宝儿将要攻入中国市场，可以从她开始出中文歌看出。而安七炫（KANGTA）自从 HOT 解散后就主攻中国市场，由于之前 HOT 在中国已有了相当大的知名度，所以安七炫（KANGTA）进入中国市场的脚步十分顺利，也在中国开了个人演唱会。当公司选定了目标市场，进行了市场定位后，就会通过培训等多种手段增加或改善艺人某方面的能力，以适应这个定位，比如学习语言等。

而我国在这一步上基本空缺，大多数娱乐公司并没有制订很详细的计划，多是跟着感觉走。所以导致其包装艺人时有更多的盲目性，增加了投资失败的风险。

第二，设计营销组合。

这是指为了在目标市场制造它想要的反应而采用的一组可控制的战术营销手段。经典理论提出了 4 个变量，即 4P 理论：产品、定价、分销、促销。

先来说产品这方面。娱乐业的产品跟电视等媒介产品一样具有特殊性。首先艺人是娱乐公司的产品，其次艺人的唱片也是公司产品。而唱片的销售依赖于艺人本身。所以，艺人是第一重要的产品。首先质量是第一位的，通过严格的培训这一问题可以得到很好的解决。最好的例证是在韩国的各种娱乐节目中艺人都能即兴唱歌或者即兴改编。其水平可见一斑。其次，针对这一产品，公司需要设计不同路线，对其进行包装。针对前面提到的目标市场，根据市场定位设计每位艺人的路线，突出特点以区别于其他产品。所以很多形容词都成为艺人的代名词。比如性感是李孝利的代名词，由于她的成功，现在很多女艺人都开始走性感路线，而大部分是公司所决定。前几年可爱是 S. M. 公司旗下 dana 的代名词，因为 dana 出道时只有 15 岁，但是这一策略并没有获得很大成功。因此，S. M. 公司马上转换策略，把 dana 编入推出的女子四人组“天上智喜”中，这也开了出道时为独立歌手而后加盟组合的先河。从目前的成绩来看，S. M. 公司的这一策略还是正确的。在设计好路线后，就要对其外貌穿着精雕细琢。比如男生没有 180 厘米以上的身高一律免谈，女生身材不过硬的全部 Pase，鼻子不够挺，眼睛不够大，脸部轮廓不够好的不予考虑。而那些已经出道的歌手为了使自己更完美，也不停地在脸上动刀子。当然并不是说现在韩国没有长相稍差而具有超强实力的歌手，YGfamily 娱乐公司旗下就拥有很多这类实力派唱将，他们在本土的行情也十分好，但是在海外市场没有作为。除了外貌外，韩星的衣着发型也十分考究，公司花大价钱对其进行包装，有专门的服装顾问，对于出道久一些的前辈，都拥有自己的美容室，专门负责美容和发型。因此，韩星经常引领时尚潮流，是青少年模仿的对象。从这方面引起注意，也增加了艺人的知名程度。在我国的“韩流”中，衣着发型方面占有大的比例。

对于第二产品——唱片。包装就在于编曲以及唱片的封面海报，附带内容等。为了进一步发掘潜在产品，S. M. 每逢寒、暑两季都会发行一张合辑，合辑中公司全体艺人共同演唱的主打曲及 MV，都成为歌迷们在寒、暑假期间最期待的音乐作品。MV 中，艺人们快乐地打闹、玩耍，展现出一幅其乐融融的“S. M. 全家福”。

**定价方面**

还是分成两部分。首先是艺人。这完全体现在艺人的身价上，就是签约公司时的价格。一般艺人的身价决定于自己在市场上的知名度，但是这个知名度具有事后性，所以公司在签约时占据有利位置，故大多数是不平等的。为了防止艺人走红就跳槽，一直以来 S. M. 公司和所属演员签订合同时都明确规定，若是演员违反合约必须交纳违约金和赔偿金，而且该规定被韩国娱乐圈内普遍接受。其他公司也采用这个规定或类似的规定。但是 S. M. 公司的违约金和赔偿金数额庞大。甚至高出通常规定的 3～5 倍之多。所以给所属演员带来了很大的压力，在签约期间跳槽几乎是不可能的。其次是唱片。唱片是普通商品，所以其定价按一般方法进行。对于唱片收益分成方面，值得提一下，普通的韩国歌手卖出一张唱片可得 100 韩元，但组合就需要平分，因此 HOT 当年卖出一张每人只得 20 韩元（人民币 0.16 元）再减掉扣掉版税关税，只剩下 7 韩元（人民币 5 分钱）。可以看出在韩国艺人挣钱还是不太容易的，还要受到所属公司的“剥削”。当然之前公司的投资也是巨大的。

**分销方面**

这主要是针对艺人的产出品而言。例如卖唱片的渠道，如何铺货，在网络上的渠道如何。在各大唱片销售商店上货，并根据回扣，让此商店把唱片放到醒目位置，张贴海报等。一般而言对于 S. M. 这样的大公司，都已形成了自己的唱片销售渠道，定期上货。随着网络的大力发展，网络 MP3 下载也成为一个新的盈利增长点，因此网络成为各大唱片公司的新渠道、新战场。S. M. 公司也意识到了，于 2002 年和日本的 FANDANGO JAPAN、YOSHIMOTO 集团以及 AVEX 共同创立了网络娱乐公司——FANDANGO KOREA，在网络竞争中抢占先机。

**促销方面**

对于公司而言，不仅要创造优质的商品，还应当把产品的优点告诉顾客，在顾客心目中树立起该品牌的形象。要做到这一点，必须巧妙地运用广告，销售促进和公共关系这些大众传播手段，也就是我们传统意义上的宣传。

**方式一：广告**

参加电台电视台（主要是韩国三大电视台KBS、MBC、SBS）的各种节目，增加曝光率。艺人走红的主要途径就是在娱乐媒体上曝光，包括打进排行榜。由电视台控制的榜单提供了一种衡量组合是否流行的可见的准绳。而多上电视，新歌才能跻身这些榜单中。这一切都显示上电视比做其他任何事情都更重要。最重要的是能出现在韩国3大电视公司MBC、KBS、SBS的20个甚至更多的电视节目中，有时只是在几大电视台播放歌手的MTV。这里的节目主要包括两种：首先是歌谣节目。据调查结果显示，S. M. 娱乐、YG、I-STAR、国际音乐、IVY音乐SIDUS等前10家企划公司所属歌手在KBS《音乐bank》、SBS《人气歌谣》、MBC《音乐营地》等歌谣节目中出演次数就超过了全体歌手出演次数的40%。其中又以S. M. 公司所属歌手出演次数最多。其次是娱乐节目。现在比较有名的是《情书》《X-MAN》《Happy Together》《夜心万万》《万元的幸福》《女杰》，MBC电视台的情景系列剧、《NonStop》，SBS的反转剧等。明星参加电视台的娱乐节目可以达到双赢的局面。一方面，艺人通过节目提高了知名度，宣传了唱片。韩国的娱乐节目做得相当成熟，明星也相当配合，自然的状态让大众可以进一步了解明星的性格、人品、特长等方方面面。另一方面，电视台通过艺人的知名度来提高收视率。由于明星的出演，粉丝们必然每期都看，所以用这种方式可以锁定观众群。电视台能够和艺人这样全面的合作，而最根本的是他们都有营销理念，明白现在观众或者说歌迷是他们生存的根本。因此，不管在节目设置上还是明星的配合上都很注重从观众的角度出发考虑。通过合作的方式，双方都可以达到各自目的。当然在双方的利益驱使下，行贿是在所难免的。因为向那些高收视率或者高收听率的电视和广播节目进行贿赂，可以让那些无名的天才获得更多成长为超级明星的机会。事实上，随着竞争的加剧，基本上20位新人中只有1位能成功上位，公司为维护投资不致浪费，花钱买曝光率已变成必需。在行贿的同时，大的娱乐公司亦逐渐掌控电台的节目。当初HOT解散后，S. M. 公司就曾封杀另外三名队员，并警告电视台等传媒，如果敢让JTL出现，自己公司的歌手就绝对不会来相关电视台。除了传统媒体外，对新媒体的关注越来越多。各个娱乐公司在网络上都加大了艺人的宣传力度。几乎每个明星都有自己的个人主页，在这里不仅有最新的官方消息，而且还有艺人自己的留言，可以通过网络与大家进行互动交流。此外还把一些新歌放到网上，进一步扩大宣传的范围。

**方式二：销售促进**

现场签售是一个特别好的例子。能够与明星亲密接触，得到明星的签名，对歌迷来说无异于商场打五折，其诱惑力是十分大的。此外，在唱片中附赠艺人的写真也是一个常用的促销方式。精心打造的限量版唱片对忠诚的歌迷而言也是一个极大的诱惑。往往在限量版中都会有些从未发布或者更加隐私的东西来满足歌迷的欲望。

**方式三：公共关系**

可以通过公益活动、特别活动来实现目标，但最主要的是利用好新闻。前两个比较容易理解，一般来说出新专辑的时候会有专辑发布会，年末会有歌迷见面会，生日时也会举办小型的生日派对，有时是和歌迷一起的。通过一些慈善义演或者捐助等公益活动可以树立良好形象，留下好的口碑。国内目前这两种公关形式都没有很好地开展起来。歌迷见面会十分随机，而公益活动则完全依靠艺人的觉悟。显然是没有意识到他们的重要性。公共关系中最有力的工具就是新闻。不仅要利用好现有新闻，必要时还需制造新闻。这里不是说要制造假新闻，而是通过行动引起关注，从而达到制造新闻的目的。比如传绯闻，就某事进行炒作。在这点上就要对网络无比重视，因为网络新闻的更新速度最快，目前许多消息都是网络最先爆出来的。

**方式四：参加各种奖项的评选**

这一方式是这一行业所独有的促销方式。首先，权威奖项对歌手来说是实力的充分肯定，通过这些将项可以让观众的关注度增加，确保人气。各个娱乐公司也对此十分重视，其中也不乏黑幕。2002 年几乎每个人都知道神话又将夺得大奖，连 BoA 都知道。但在那天，S. M. 公司对 M'net 和 Seoul awards 表示：不要把这个奖颁给神话，给在海外发展的 BoA，以免 BoA 本地的人气下滑，所以最后的赢家变成了 BoA。

## 第四步：回收投资的印钞机（代理部）

通过上面一系列的措施，公司投入了大量人力物力财力打造明星。当然其成本也是相当大的。一个未来的超级明星在未成名前，公司最少要有 5 万美元去推销他们，而对于重点培养对象的曝光就要大约花 35 万美元，这还只是用在电视上的。最终这些钱需要通过让歌手走红而赚回来。与其他产业规律一样，高成本势必意味着高收益，韩国人在不惜花费高昂运作成本包装偶像之时，同样获得了羡煞旁人的收益。S. M. 公司旗下艺人 HOT 的第四张专辑 IYAH 全球大卖，销量突破 1200 万张。宝儿在打入日本市场后，发行的三张专辑销售都超过 100 万张。正式进入中国市场的第四张专辑收录了宝儿用汉语演唱的 My Name 和 My Prayer，预定销量为 20 万张。偶像组合“东方神起”

赚钱的实力同样惊人，仅 3 个月的广告拍摄费用就高达 3.5 亿韩元，其出道一年光广告费即有约 14 亿韩元进账。当然，天下没有免费的午餐，若没有公司尽心尽力的培养哪会有明星们大赚的今天。所以一般韩星们赚到的钱大部分是归公司所有的。

艺人被捧红后其自身价值变得相当大，当公司拥有这样的资源时是绝对不甘寂寞的。在韩国几乎所有的娱乐公司都更看重开源，就是相关产品的开发。名气是娱乐公司一笔巨大的无形资产，各个公司都是想尽办法将其效用发挥到极致。比如每年推出各种限量版、改版唱片，让歌迷反复购买；在国内国外开各种演唱会；让艺人接拍各种广告，成为产品代言人；在可能的情况下接拍韩国偶像剧；到电视台当主持人等，而这些活动的收入当然是公司拿大头。随着艺人名气的进一步提高，又可促进唱片的收入，进而形成一个良性循环。

至此，一个完整的韩国造星运作机制就呈现出来了。从各个环节的对比上，我国的娱乐业都落后很多，值得我们借鉴的地方也很多。毕竟这是流行音乐，是变数最大的娱乐业。要想在这个领域里有所作为，就必须不断更新理念，跟上时代潮流，以至于引领时代潮流。从娱乐公司的角度来看，理念的更新是首要解决的问题，“酒香不怕巷子深”以不再适合快餐式的娱乐业。全方位的借用营销等其他行业的管理理念会给公司带来意想不到的收益。对艺人而言，值得反思的地方更多，他们的专业化程度还很低，歌手也不是只唱唱歌就可以了，其工作质量和工作强度都需要进一步提高。随着我国对于文化产业的逐步重视，相信不久之后，中国也会出现像韩国 S. M. 公司一样出色的娱乐经纪公司。

（资料来源：http：//www. summeng. com/article-9177-1. html）

## 思考讨论

1. 文化经纪活动的主要内容有哪些？
2. 文化经纪活动的运作方式包括哪些？
3. 文化经纪活动的运作程序是怎么样的？
4. 文化经纪活动的运作策略包括哪些？

# 第5章 文化经纪合同

内容提要

随着文化市场的日益繁荣，文化经纪人从事的文化经纪活动越来越广泛，在文化经纪活动中，会牵涉各方的权利义务及利益分配等法律问题。因此，依法签订文化经纪合同变得越来越重要。本章主要对文化经纪合同的基本法律知识以及文化经纪合同的概念、种类、订立、履行、变更、终止等内容进行介绍，同时附文化经纪人常用的各种文化经纪合同范本，以帮助读者更好地了解文化经纪合同。

## 5.1 文化经纪合同的基本法律知识

### 5.1.1 代理制度

《中华人民共和国民法通则》规定，公民、法人可以通过代理人实施民事法律行为。因此在具体经纪活动中往往会出现某客户因对经纪人的商业信誉非常放心而委托经纪人作为其代理人进行某项经营活动的情况。这时经纪人与客户之间的关系就由一般的中介关系转化为代理与被代理关系。

**（1）代理概述**

《中华人民共和国民法通则》第56条规定，代理是“代理人在代理权限内，以被代理人的名义实施民事法律行为，被代理人对代理人的代理行为，承担民事责任”。

根据上述定义可知，代理关系的主体包括：代理人（受托方）、被代理人（委托方）和第三方（相对人）。代理人在代理权限内，以被代理人的名义与第三方进行民事法律行为，从而产生了被代理人与第三方之间的法律关系，代理行为所产生的权利和义务直接归被代理人享有。只有代理人代理被代理人与第三方进行民事法律行为时，代理人与被代理之间的代理关系才能实现。

代理关系实际由三种相互关系结合而成：被代理人与代理人之间的代理权关系（包括法定、指定或授予代理权关系）；代理人与第三方（相对人）之间的代理行为关系；被代理人与第三方（相对人）之间的法律后果承担关系。代理具有以下特征：

第一，代理人以被代理人的名义实施民事法律行为。代理人的任务就是代替被代理人进行民事法律行为。只有这样，才能为被代理人取得权利、设定义务。如果代理人以自己的名义进行民事活动，那么其行为只是代理人自己的行为，而不是代理行为。代理的这一特征使代理与行纪有着明显的区别。行纪人所从事的中介活动，是以自己的名义，在供需双方之间"牵线搭桥"，撮合交易成交。例如，信托公司、寄售商店都是以自己的名义为委托人进行买卖，而不需以委托人的名义进行，顾客从寄售商店购买物品时，也无需了解出卖物属于何人所有。

第二，代理进行的活动必须是能产生法律后果的行为。代理人所进行的代理活动，是能够产生某种民事法律后果的行为，如代理买卖、租赁、借贷、商标注册等。凡不能产生法律后果，只是受人委托而进行的某种具体事务方面的工作，不属于民事法律上的代理，如整理资料、校译稿件等。依照法律规定或者按照双方当事人约定，应当由本人实施的民事法律行为，如婚姻登记、订立遗嘱等，不得代理。如果代理人知道被委托代理的事项违法，但仍进行代理活动的或者被代理人知道代理的代理行为违法不表示反对的，由被代理人和代理人负连带责任。

第三，代理人必须在代理权限内进行代理活动并且独立地表述自己的意思。代理人应在代理权限内实施代理行为，这是由代理关系的本质属性所决定的。代理人不得擅自变更或扩大代理权限。代理人超越代理权限的行为不属于代理行为，被代理人对此不承担责任。但是，为了更好地完成代理事务，代理人在代理权限内可以根据代理的具体内容进行相应的意思表示，这样才能权衡利弊得失，争取在对被代理人最有利的情况下完成代理事务，以维护被代理人的利益。代理的这一特点，使代理行为与经纪行为有所区别。纯粹从事经纪行为的经纪人只是在当事人之间起媒介作用，促使意欲进行民事法律行为的双方达成协议，自己却无权在当事人之间的民事法律行为中表示自己的意思。不过，经纪人也可从事代理行为。

第四，代理人的代理行为所产生的法律后果由被代理人承担。代理是代理人在代理权限内以被代理人的名义进行的民事法律行为。从形式上看，代理行为是在代理人与第三者之间进行的，然而它却产生了被代理人与第三者之间的民事法律关系。基于这种法律关系而产生的权利和义务自然应当由被代理人承担。

**（2）委托代理**

根据代理权的来源方式，可以将代理分为三类：委托代理、法定代理和指定代理。法定代理是指代理人的代理权是基于法律的直接规定而发生的。指定代理是指根据人民法院和有关单位依法指定而发生的代理关系。法定代理和指定代理因与经纪实务的关系不大，所以在此不作详尽介绍，下面讲述一下委托代理的有关知识。

①委托代理的基本概念。

委托代理是基于被代理人的委托而发生的代理关系，是指按照被代理人委托授权而产生代理权的代理行为。被代理人授予代理权的意思表示属于单方面的法律行为，仅凭被代理人一方的意思表示即发生法律效力。

对于被代理人授予代理权的行为，代理人有权拒绝。这种拒绝代理的意思表示也属于单方面法律行为，仅凭代理人一方的意思表示亦可发生法律效力。《民法通则》第65条明确规定了委托代理的形式："民事法律行为的委托代理，可以用书面形式，也可以用口头形式。"这就是说，委托代理的形式有两种，一是书面形式，二是口头形式。在现实经济活动中，委托代理一般采取书面形式。以书面形式进行委托代理时，由被代理人向委托代理人递交授权委托书。授权委托书应当载明代理人的姓名或者名称、代理事项、权限和期间并由委托人签名或盖章。委托书授权不明的，被代理人应当向第三人承担民事责任，代理人负连带责任。

②无权代理。

无权代理是指没有代理权而以他人的名义进行代理活动的民事行为。它包括没有代理权、超越代理权或者代理权终止后的"代理"行为。根据《民法通则》第66条规定，无权代理行为"只有经过被代理人的追认，被代理人才承担民事责任。未经追认的行为，由行为人承担民事责任"。但是"本人知道他人以自己的名义实施民事行为而不作否认表示的，视为同意"。这里所说的本人，即被代理人。

上述法律条文讲的是无权代理的效力。虽为"无权"，但并非绝对"无效"。从原则上讲，无权代理行为对"被代理人"不发生法律效力。但如果"被代理人"认为无权代理行为符合自己愿望或者利益时，则有权追认，经"被代理人"追认后，该项代理行为便对被代理人发生法律效力。可见，无权代理行为并非绝对无效，是否有效决定于被代理人是否予以追认。被代理人的追认具有溯及力，一经追认，其代理关系即被认为自始有效。简而言之，当出现无权代理，可采取两种处理办法：一是由第三人向委托人发出催告，要求委托人在一定时间内答复是否予以追认；二是允许第三人在委托人追认以前，撤回他与无权代理人所订立的合同。

无权代理人是否要承担自己所做代理行为的法律责任呢？从原则上讲，无权代理人对第三人是否须承担责任，主要取决于第三者是否知道该代理人没有代理权。如果第三者不知道该代理人没有代理权而订立了合同，无权代理人就要对第三者承担责任；反之，如果第三者知道该代理人没有代理权而与之订立合同，无权代理人就不负责任。关于第三者在无权代理关系中所负的责任，《民法通则》第66条有明确规定；代理人和第三者串通，损害被代理人的利益，由代理人和第三者负连带责任；第三者知道行为人没有代理权、超越代理权或者代理权已终止，与行为人实施民事行为给他人造成损害的，由第三者和行为人负连带责任。

③委托代理关系的终止

《民法通则》第 69 条对委托代理关系的终止作了具体规定。凡符合下列条件之一的，委托代理关系终止。

第一，代理期限届满或者代理事务完成。代理人按照与被代理人订立的代理合同完成代理事务或者代理期限届满后，其与被代理人之间的代理关系即告终止。

第二，被代理人取消委托或代理人辞去委托。在委托代理中，被代理人有权取消委托，代理人亦有权辞去委托，只要被代理人或者代理人将其撤销或辞去委托的决定通知对方，即发生终止代理关系的法律效力。代理权的撤销和辞去，都应事先通知对方，以防止给对方造成经济损失。否则，将承担由此造成他方损失的民事责任。对于在代理权撤销和辞去之前，代理人与相对人所为的代理行为，被代理人不能因代理权撤销或辞去而拒绝承担责任。

第三，代理人或被代理人死亡。代理关系是具有严格人身属性的法律关系，被代理人死亡，即不能行使代理行为，其代理权随其主体资格的消失而消失。基于代理关系的人身属性的特征，被代理人死亡，其代理关系也不能通过继承的方式转归继承人。如继承人愿意继续这种代理关系，可重新委托授权，重新建立代理关系。

第四，代理人丧失民事行为能力。代理人的任务就是代替被代理人为法律行为，如果代理人丧失民事行为能力，即丧失了代理他人为民事法律行为的能力，其代理关系自应随之终止。

第五，作为被代理人或者代理人的法人终止。法人一经撤销，便丧失了作为民事主体的资格。因此，它不论作为代理人或者被代理人，其代理关系均归于消灭。

### 5.1.2　经济担保

在市场行情复杂多变、经济纠纷此起彼伏的经济环境中，经纪人如果缺乏自我保护意识，则犹如盲人骑瞎马，夜半临深池，很容易摔跤吃亏的。运用经济担保是经纪人加强自我保护的重要手段。经济担保是保证合同履行的一项法律制度，是法律所规定的或当事人作约定的，在订立合同时，由合同债务人向合同债权人作出的一种预先保证。如果合同债务人不按合同约定履行自己的义务，债权人可以不通过仲裁和诉讼程序而直接通过合同债务人预先提供的保证来获得经济利益上的补偿。担保制度可以促使合同订立，保证合同履行。它可以解除债权人的后顾之忧，给合同债权人提供安全感。如商店向银行贷款，银行不放心，要商店提供担保，商店提供了可靠的保证人，银行认为贷款不会出现风险，于是贷款合同就成立了。

我国《民法通则》第 89 条具体规定了我国的经济担保制度。我国法定担保形式有保证、定金、抵押、留置四种。这些担保形式都是根据合同当事人的自愿或法律的规定而设立的，目的都是为了确保债权人的债权请求能够得到满足，为了债权人的利益而设立的。在我国实行社会主义市场经济体制的条件下，合同的担保制度，能够起到维护社会主义经济秩序、加强合同纪律、发展和创建社会主义市场经济的良好环境的作用，是为发展我国社会主义的商品经济服务的。

**（1）保证**

保证是我国当前应用最多的一种担保方式。保证是指合同当事人以外的第三人，向合同债权人保证，担保合同债务人履行债务，如果合同债务人不履行债务，由保证人代为履行，或者负连带赔偿责任。保证合同债务人履行合同的第三人叫做保证人，被担保履行合同义务的人叫做被保证人。

经纪人既可充分地利用这种担保方式，又要慎重利用这种方式。应用得好，可以得益，使自己的合法权益得到切实保障；运用不好，也有可能使自己经济利益受损。使用这种担保方式，应该注意以下几点：

①保证人保证。保证人保证，是靠人的信用担保，又称人保。人的信用既包括保证人的道德品质上的信用，如其经营作风是否良好，经营思想是否端正，历史上有无拒不履行债务的记录，还包括保证人的资金信用状况，因此能否选择好保证人是债权实现的关键。经纪人作为债权人时，必须在选择保证人上下工夫。保证人应是具有代偿能力的法人或公民，保证人是以自己的资产和名义作担保的。因此保证人承担保证责任的意思表示是保证合同成立的最基本要件。经纪人在选择保证人时，还应当注意到我国法律规定：国家机关不能作为经济合同保证人；有些单位作为保证人时，要经过上级机关批准，不经批准，不得作为保证人；法人下属的非独立核算的分支机构不能作为保证人，这样的保证人不具有独立的代偿能力。

②保证人的责任。保证人的责任包括责任的种类、范围及变化情况三个方面。

第一，保证人责任的种类。我国《民法通则》规定“保证人向债权人保证债务人履行债务，债务人不履行债务的，按照约定由保证人履行或者承担连带责任”。据此，保证人的责任可分为代为履行的责任和代为赔偿损失的责任。代为履行的责任是指在债务人不履行债务时，按照保证合同的约定，由保证人按照主合同规定的标的，代替债务人向债权人履行。连带赔偿责任是指由于被保证人不履行合同，给合同债权人造成经济损失时，被保证人不赔偿或者不能赔偿时，由保证人负责向合同债权人赔偿损失。保证人负连带赔偿损失责任，可以不负代为履行的责任。

第二，保证人责任的范围。它是指保证人只保证被保证人履行合同一部分债务，还是保证被保证人履行全部债务。如某商店向银行贷了 5 万元的款，某工厂作保证人。某工厂在作保证人时，可以在保证合同中订明，如果被保证人到还款期限届满时不能如数偿还，工厂只负责保证商店还 1 万元，如果银行的 5 万元贷款不能完全收回，工厂只对其中的 1 万元不能收回负责向银行偿还。像工厂这样的保证责任，即为对被保证人履行部分债务负保证责任。保证人应在合同中，明确规定自己负的是全部保证责任还是部分保证责任。根据我国法律规定，保证人未在保证合同中明确自己负的是全部保证责任，还是部分保证责任的，应推定为对被保证人的全部债务负保证责任。

第三，被保证人的债务数额发生变化时保证人的责任。如果被保证人债务变化，会有两种情况；一是债务减少。如原来被保证人向银行贷款 5 万元，后来被保证人偿还了 3 万元，还剩 2 万元。遇到这种情况，保证人的责任也随着主债务的减少而减少。共同保证中属于按份责任的，各保证人的责任按比例减少。二是被保证人债务的增加。如被保证人原来向银行贷款 5 万元，后来又贷款 2 万元，总共 7 万元。根据我国法律规定，被保证人债务增加时，应征得保证人的同意。如果保证人同意对新增加的债务承担责任的，保证人对新增加的债务应承担责任；如果被保证人未通知保证人或者通知保证人，保证人明确表示不同意的，保证人对新增加的债务不承担责任，只对被保证人的原来债务承担保证责任。

③共同保证。共同保证是指由两个或两个以上的保证人对被保证人履行债务负责。如果是共同保证，需要在保证合同中明确保证人之间所负的是按份责任，还是连带责任。

某个体户向银行贷款 5 万元，甲乙二人作保。在制定保证合同时，甲要求在合同中写明，如果贷款到期，该个体户还不起，他只负责偿还 2 万元责任，超出 2 万元的他不负责。乙在合同中订明，他负责偿还 3 万元。还可以用百分比的办法来确定甲乙二人之间的责任，当该个体户不能偿还这 5 万元贷款时，甲负责偿还 40%，乙负责偿还 60%。像这样来划分保证人之间所负责任的，保证人所负的就是按份责任。如果在合同中订明，贷款到期，该个体户无力偿还 5 万元贷款，甲乙两个保证人中每个人都有偿还这 5 万元本息的义务，这样的责任称为连带责任。

共同保证中的保证人，究竟负的是按份责任，还是连带责任，也应该在合同中加以明确规定。如果保证合同中未作明确规定的。根据我国法律的规定，应推定保证人之间互相负有连带责任。

④保证期限。保证人只在保证期内对被保证人特定债务数额负有保证责任，超过了保证期，保证人的保证责任即自行免除。如被保证人贷款 5 万元，保证人甲在保证合同中订明，甲保证在贷款到期后 3 个月内保证被保证人还款，若 3 个月内被保证人无力偿还或者不偿还，由保证人甲自己偿还。债权人应该在保证期内向被保证人和保证人索要，如果在 3 个月内末向保证人索要，超过 3 个月后，保证人可以免除保证责任。还有一种情况，被保证人和债权人达成协议，延长被保证人履行合同的期限，若被保证人向银行提出请求将还款期限延长半年，保证人同意延长并愿意继续承担保证责任的，保证人对延期履行的债务仍应负保证责任。如果保证人不同意延长或者根本未通知保证人的，保证人从被保证人和债权人达成延长协议之日起，免除其全部保证责任。

⑤保证人的追偿权。保证人代替被保证人向合同债权人履行义务的，履行义务的保证人可以向被保证人和其他未履行保证义务的保证人追偿。

**（2）定金**

定金是指合同当事人一方在合同订立时或合同履行前，为了保证合同履行，而给付另一方一定款项的一种担保方式。

①定金的法律特征。

第一，定金应当以书面形式约定。如果定金的给付没有以书面形式约定，当事人之间因为定金性质发生争议的，不能认定定金合同成立。

第二，定金应当在合同履行前交付。定金按其性质，不能在合同履行后交付。

第三，定金合同以交付为生效要件。《担保法》第90条规定，当事人在定金合同中应当约定交付定金的期限，定金合同从实际交付定金之日起生效。

②定金的作用。

第一，证明合同生效。在实际生活中，交付定金有时也起着证明合同订立的作用，它可以作为双方当事人已经订立合同的证明之一，这时定金被称为作证约定金。有时当事人还把是否交付定金作为合同是否成立的附加条件。在这种情况下定金便被称为成约定金。只要对方当事人收取了定金，这就证明了双方当事人之间的合同已经成立，合同已经发生法律效力。因此定金是合同存在和生效的一种证据，它能起到防止对方当事人反悔和否认合同的证明作用。

第二，督促合同履行。定金的给讨与收受，表明了双方对履行合同的决心，给付定金一方和收受定金的一方都会考虑到不履行合同带来的严重后果，促使双方下定履行合同的决心，认真承担合同中规定的义务，保证合同的全面履行。当合同履行后，定金应当返还或作为给付的一部分；当合同不履行可归责于给付定金方时，给付定金方无权要求返还定金；当合同不履行可归责于收受定金方时，收受定金方就当双倍返还定金。此时定金具有制裁违约方、补偿守约方的功能。

定金有最高限额。依据《担保法》有关规定，合同当事人可在主合同标的额20%的限度内约定定金的数额。这样，既可以起到担保主合同的目的，又可对以高额定金牟取不当利益的行为起抑制作用。

③定金与预付款。

定金和预付款都是预先给付，在合同全面履行后，二者都可以抵作价款的一部分。但二者有严格的区别，表现在以下几方面：

第一，地位不同。定金合同属于从合同，预付款的约定是合同的一部分。

第二，性质不同。定金的行为是为履行提供担保，预付款的行为构成了履行债务。

第三，适用范围不同。定金可广泛适用各类合同，预付款的适用受到许多法律限制。

第四，功能不同。定金有惩戒、补偿功能；预付款则不具有上述功能，无论违约归责于哪一方，预付款均可收回。

此外，定金与预付款不能同时使用。

**（3）抵押**

抵押是一种历史悠久的合同担保方式。从古至今，从国内到国外，都经常采用这种方式。特别是在资本主义国家，抵押被称为“担保之王”，被视为最有效的担保方式。

在我国，《民法通则》第 89 条规定：“债务人或者第三人可以提供一定的财产作为抵押物。债务人不履行债务的，债权人有权依照法律的规定以抵押物折价或者以变卖抵押物的价款，优先得到偿还。”据此，抵押可以表述为是债务人或者第三人向债权人提供一定的财产作为抵押物，以担保合同的履行；债务人不履行债务的，债权人可以依照法律的规定以抵押物折价或者以变卖抵押物的价款优先得到偿还。提供抵押物的人，叫抵押人；对抵押物享有权利的人叫抵押权人。

抵押对合同债权人来讲，是最好的一种担保方式，关键在于债权人享有优先受偿的权利。例如，一个企业在外面欠了几百万元的债务，但它自己现在的实有资产只有几万元，根本还不起，依法申请破产。如果所有的债权人都没有设立抵押，那么经过破产清算，依照法定程序，只剩下 3 万元可供债权人受偿的财产。几百万元的债权，现在只剩下 3 万元，这时只能按照各个债权人债权数额平均按比例分配。如果债权人中有一个债权人享有抵押权，抵押物的标的是 1 万元，抵押权人的债权正好是 1 万元，那么他可以将该抵押物变卖或折价，抵押物的 1 万元价值先归他所有，其他债权人不得参与这 1 万元的分配受偿。剩余的财产原来是 3 万元，享有抵押权的债权人已经优先受偿了 1 万元，还剩 2 万元，所有的债权人只能就这 2 万元按比例进行分配。这就叫有抵押权的债权人优先于其他债权人受偿。优先受偿权只限于该债权人设定的抵押物优先受偿，超出该抵押物以外债权不能优先受偿。如抵押权人的债权是 1. 5 万元，而抵押物的价值是 1 万元，他只能就这 1 万元优先受偿。他所享有的未清偿的 5 万元债权，也只能和其他债权人一起，按比例平均参与剩余财产的分配。从上例不难看出，设定抵押权，对债权人来说，是非常有利的。

抵押合同是发生抵押权法律关系的法律形式，抵押合同必须采用书面形式，内容和条款都应该符合有关法律规定。当前，我国抵押主要应用在银行开展的抵押贷款业务中。抵押标的可以是动产，也可以是不动产，包括房屋、建筑物、运输工具、机器设备、产成品、原材料及其他物资。对抵押物的要求是，抵押物必须是具有担保价值和能够转让的财产；必须是易于保管，适销适用，有效使用期必须长于贷款期限；抵押人在抵押前，必须对抵押物拥有财产处分权。根据有关规定，下列财产不能作为抵押物：

①归国家所有的土地、矿藏等自然资源。

②已经建成使用的职工宿舍、食堂、学校、幼儿园等集体福利设施。

③所有权有争议的财产。

④依法被查封、扣押或者采取其他保全措施的财产。

⑤国家法律、法规规定禁止流通和不能强制执行的财产。

当前我国抵押贷款中的抵押物的保管方法有以下几个方面：

动产抵押物中属于体积小、价值大的贵重金属以及有价证券，一般由银行保管。因保管而支付的费用由借款人负担，其余的动产、不动产抵押物，原则上由借款方保管。

在抵押期间，对易受侵害的抵押物，借款方应办理财产保险，并将保险单交银行保存。

借款方对由自己保管的抵押物，要妥善保管。在抵押期内负有维护、保证完好无损的责任，并随时接受银行的检查。

银行对自己保管的抵押物，要妥善保管造成抵押物的损坏、丢失，由银行承担责任。

以有价证券作为抵押物的，在抵押期内方与银行共同负责办理，并偿还贷款。有价证券到期兑现，由借款方与银行共同负责办理，并偿还贷款。

抵押物在抵押期内，借款方未经银行同意，不得将抵押物拆迁、出租出售、转让、馈赠或再抵押。

**(4) 留置**

留置也是担保的一种形式，它是指按照合同的约定，一方占有对方的财产，对方不按照合同给付应付款项超过约定期限的，占有人有权留置该财产，并有权依照法律规定，以留置财产折价或者以变卖该财产的价款优先得到偿还。财产所有人被称为留置人，占有人被称为留置权人。留置是合同债权人的一项很重要的权利，它能够及时有效地保护自己的合法权益不受损失。如在加工承揽合同中，定做方不按照合同约定给付加工费，承揽方有权留置与加工费数额相当的加工物。超过约定期限的，承揽方有权依法将留置的加工物折价或是以变卖该加工物的价款优先得到偿还，抵作定做方应该给付的加工费。合同债权人这一权利叫留置权。留置权是一项权利，但任何权利都必须在法律规定的范围内和条件下行使。否则，就会形成滥用权利，不仅达不到债权人的目的，还会形成对权利人不利的后果。

①留置与非法扣留。留置不同于非法扣留，经纪人必须分清二者的区别。法律允许合同债权人依法行使留置权，但不允许非法扣留。例如，某供销社卖给某市药材公司一批中药材，药材公司收货后，超过约定期限并迟迟以无款为由不支付价款。后来药材公司的汽车到供销社拉货，供销社趁机将汽车扣留。扣留时，引起了双方械斗，重伤一人，轻伤三人。像上例中供销社的这种做法，就是非法扣留。非法扣留，无助于纠纷的解决，甚至还会引起刑事案件。留置和非法扣留的主要区别

如下：

第一，留置是留置权人根据合同占有对方的财产。非法扣留中的扣留人占有对方的财产，既不是根据法律，又不是根据合同，无合法依据。如上例中供销社占据药材公司的汽车即是这样，它们之间不存在占有汽车的合同。

第二，留置中留置权人行使留置权时，留置物已经被留置权人合法占有。非法扣留人在非法扣留前，没有占有对方的被扣留的财产。

第三，留置中留置的财产是原合同的标的物，非法扣留中的被扣留物，不是原来合同的标的物。

第四，留置中留置权人开始占有留置人的财产时，是符合留置人的内心意愿的。如加工承揽合同中，是定做方自愿将财产送给承揽方加工的。非法扣留中，非法扣留人占有对方的财产是违背对方意愿的。如上例中扣留药材公司的汽车，是违背药材公司的意愿的。非法扣留造成严重后果的，非法扣留人应承担法律上的责任。

②留置权的行使。行使留置权必须要有法律的明文规定。在没有法律明文规定的情况下，不得行使留置权。依照我国现行法律，在货物运输合同、仓储保管合同、加工承揽合同中，都规定有留置制度，行使留置权时应严格按照法律的规定。

行使留置权，必须是在对方当事人未按照约定支付款项，并且超过约定期限；在没有发生对方不支付约定款项并且超过约定期限的情况下，留置权人不得行使留置权。留置权人行使留置权以前，应该先通知对方当事人履行债务，只有在对方当事人明确拒绝的情况下，才留置。留置物的折价或变卖的价格要公平合理，要符合价格相当于价值的原则。留置物应是合同的标的，包括标的物的主物、从物、孳息。除不可分物外，留置的财产价值应相当于债权的数额。行使优先受偿的权利，必须符合法律规定的条件并依照合法的程序进行。优先受偿的项目，包括原合同价款、违约金和行使留置权费用。变卖的留置物的价款在留置权人优先受偿后，多余部分应及时归还对方当事人。

③留置权人的权利义务。留置权人的权利是当债务人不履行义务、逾期不支付约定款项时，留置权人有权留置标的物和收取留置物的利息，以抵偿债权；有权请求债务人偿还因留置标的物而支付的必要费用；有权依照法律规定变卖留置物，并从价款中优先受偿。留置权人有妥善保管留置物的义务，在留置权作担保的债权消灭时，留置权人有返还留置物的义务。

### 5.1.3 违约责任

违约责任是指合同当事人由于自己的过错，不履行或者不能完全履行合同规定的义务而应该承担的民事责任。违约责任是合同的主要条款，对于保证合同的履行和违约行为的制裁都有重要的意义。

**(1) 违约责任的内容**

在经纪活动和其他民事活动中，会发生各种各样的违约现象。如房屋租赁合同的承租人不按合同约定的期限交付租金；购销合同的供货方所交付产品的品种、规格、质量不符合合同约定；工程建设合同的承包方未按合同约定的质量标准和时间完成工程交付验收等。这些违约行为所产生的违约责任也不尽相同，但他们具有共同的法律特征。

①违约责任是民事责任的一种形式。

民事责任指民事主体在民事活动中因实施违法行为依照《民法通则》和其他有关民事法律的规定承担的法律责任。依照《民法通则》规定，民事责任包括违约责任和侵权责任。也就是说，违约责任不是行政责任，也不是刑事责任，而是属于民事责任的范畴。违约责任与行政责任、刑事责任不同，主要有以下几方面的区别：

第一，建立违反合同责任的目的，一方面在于惩戒违约人，另一方面在于补偿债权人所受损失，恢复被破坏的权利，维护商品交易秩序。这与行政责任、刑事责任只惩罚责任人不同。

第二，追究违反合同的民事责任，原则上由受害的债权人提出请求或起诉，这与行政责任、刑事责任也不同。

第三，违反合同的民事责任，具有财产性、补偿性、全部赔偿性，原则上应与受到损害的利益相当，这也是与行政责任、刑事责任有所不同的。

第四，追究违约责任可以采取多种形式，即诉讼、仲裁、调解、当事人和解。在采用诉讼和仲裁形式时一般也由当事人主动提起诉讼和仲裁，这与追究行政责任、刑事责任也不同。

②违约责任是违反合同义务产生的责任。

合同义务是当事人为实现合同目的，经协商一致确定的应当履行的特定的法律行为。违反合同义务指当事人违反自己的允诺，不履行合同义务或者履行合同义务不符合约定。不履行合同义务产生违约责任不完全等同于因合同产生的民事责任。因合同产生的民事责任，不仅包括违约责任，还包括缔约过失责任、变更和解除合同的民事责任、无效合同的民事责任、合同担保的民事责任、合同代理的民事责任、非违约方未尽到防止或减轻损害的义务应负的责任等。违约责任的产生以合同义务存在为前提，以履行合同义务不符合约定为条件。如果当事人违反的不是合同义务而是法律规定的其他义务，不应承担违约责任，而应承担其他法律责任。

③违约责任具有相对性。

合同具有特定性，是发生在特定主体之间的法律关系。特定主体指合同产生于两个或者两个以上的当事人之间，非依法律规定或者当事人约定，合同当事人之外的第三人不享有合同权利，也不承担合同义务。合同相对性的特点，决定了违约责任的相对性，表现在以下几个方面：

第一，违约责任只在合同关系当事人之间产生，违约当事人应当对自己违反合同义务造成的后果承担违约责任。

第二，合同以外的第三人不负违约责任。因第三人造成合同不能履行，仍应由债务人而不是由第三人向债权人承担违约责任，债务人承担违约责任后，有权向第三人追偿。

第三，合同当事人也不对合同以外第三人承担违约责任。债务人因违约造成第三人受损失的，应当承担其他民事责任。

④违约责任可由当事人约定。

违约责任具有强制性，当债务人不履行合同义务时，法律强制债务人履行或者承担法律责任的表现。违约责任不仅是对债权人的责任，也是对国家应当承担的责任，具有明显的强制性特点。但是由于合同主要是以当事人的意思表示调整交易关系的，又具有任意性的特点。因此作为合同履行保障的违约责任，也有一定程度的任意性。也就是说，除法律对违约责任的承担做出规定外，当事人也可以对违约责任的承担事先做出安排。当事人可以约定一方违约时向对方支付相应的违约金，也可以约定因违约产生的损害赔偿额的计算方法。同时还可以通过设定免责条款来限制或免除当事人在未来发生的责任。当事人约定违约责任，避免了违约发生后证明具体损害的困难，有利于纠纷的及时解决。

在现实生活中，有许多人由于在合同中不订明违约责任，往往造成出现违约以后，合法者得不到保护，违法者受不到制裁。有人认为，在合同中订立违约责任条款，“有伤和气”、“面子上不好看”，结果出现纠纷以后，引起诉讼。怕伤和气，反倒伤了和气。如果事先订立违约责任，对双方当事人的行为进行法律约束，不仅不伤和气，反倒能增强双方之间的责任意识，使合同得以顺利履行。因此经纪人在合同中应该订明违约责任条款，利用违约责任条款，用法律强制力促使当事人严肃认真地对待合同的订立和履行，严肃合同纪律，制裁违法行为，保护自己的合法权益。

**（2）归责原则**

归责原则是指基于一定的归责事由确定如何承担违约责任的法律原则。一般包括以下几个原则：

①严格责任原则。

《中华人民共和国合同法》第 107 条规定：“当事人一方不履行合同义务或者履行合同义务不符合约定的，应当承担继续履行、采取补救措施或者赔偿损失等违约责任。”这条规定将违约责任的归责原则定为严格责任原则。严格责任原则是指只要一方当事人不履行或者不适当履行合同义务给另一方当事人造成损害，就应当承担违约责任。

我国过去曾把过错作为承担违约责任的主要条件，但根据新《合同法》的规定，当事人不履行合同义务或者履行合同义务不符合约定的就应当承担违约责任。第107条中没有提到过错，如过去的经济合同法规定由于当事人一方的过错，造成经济合同不履行或者不能完全履行，由有过错的一方承担违约责任，显然，合同法规定了归责的严格责任原则，即违反合同就承担责任，不考虑有无过错。违约责任的构成要件当中没有过错要件，不以过错为责任构成要件。当事人在提起违约诉讼中向法庭证明自己没有过错，也不能免责。

如果违约诉讼当中要按照过错责任，违反合同的一方总是在有没有过错问题上想办法证明自己没有过错，尽一切办法证明自己无过错以免除责任。这就使责任的追究在诉讼程序中复杂化。而实行严格责任后，当事人容易举证，法官容易判断。这大大地简化了审判工作，有利于及时了解纠纷和确定违约责任。同时，严格责任有利于促使遵守合同，严格履行合同，有利于加强合同法的遵守，有利于合同纪律。

②过错责任原则。

过错责任原则是指一方当事人不履行或者不适当履行合同义务时，应以该当事人的主观过错作为确定违约责任构成的依据。我国《合同法》虽然在“总则”中就违约责任的归责原则实行严格责任，但过错责任原则亦散见于“分则”之中。如《合同法》第265条规定“承揽人应当妥善保管制作人提供的材料以及完全的工作成果，因保管不善造成毁损、灭失的，应当承担损害赔偿责任”。此处的“保管不善”即为保管人的过错。如果保管人已尽保管义务则无过错，就不承担损害赔偿的违约责任。但需注意的是违约责任的过错通常采用推定的方法加以证明，受害人并不承担举证责任。

③赔偿实际损失原则。

实际损失是指因一方违约，给另一方当事人所造成的全部损失。实际损失包括两部分一是直接损失，是指财产的减少、毁损或支出的增加。这一部分损失，比较容易计算。二是间接损失，是指合同如果履行时，本来可以得到的预期利益。这一部分损失，计算上难度较大，应该实事求是地加以确定，既要使客观存在一方的损失得到补偿，又不能使另一方当事人受到损害。只有贯彻赔偿实际损失的原则，才能充分保护受害一方的合法权益。

**（3）免责事由**

履行合同应坚持实际履行和完全履行原则。违约了就要承担违约责任。但所有违约都要承担违约责任，有时对违约方来说是不合理的。假如你是农副产品经纪人，你受某食品加工公司委托与某地农户签订了统购若干吨板栗的合同。但合同到期时，由于当年气候异常，导致板栗产量大减，且质量低劣，农户无法按质按量出售板栗，肯定要违约。法律为了保护违约者的非过错行为，规定了免责事由。免责事由又称免责条件，是指法律规定或合同中约定的当事人对其不履行或者不适当履行合同义务免于承担违约责任的条件。通常包括不可抗力、受害人过错和免责条款。

①不可抗力。

不可抗力是指不能预见、不能避免并不能克服的客观情况。不可抗力是独立于人的行为之外，并且不受当事人支配的现象。它在各国法律中都是免责事由，在我国也是如此。除法律另有规定外，不可抗力将导致当事人免责。

不可抗力的影响大小、范围各异，故免除违约责任的范围应有所不同。换言之，部分或者全部免责受限于不可抗力对当事人履行合同义务的影响程度。而且，不可抗力作为免责事由以其发生于合同履行期间为条件，如果不可抗力发生于一方当事人迟延履行后，迟延履行当事人不得以不可抗力作为免责事由。

②受害人的过错。

受害人过错是指受害人对违约行为或者违约损害后果的发生或者扩大存在过错。将受害人的过错作为抗辩事由体现了法律对当事人过错的谴责和非难。违约责任虽然实行严格责任，但是受害人的过错可以成为违约方全部或者部分免除责任的依据。如在约定检验期间的买卖合同中，买受人就标的物数量或者质量不符合约定的情形怠于通知出卖人，出卖人不承担违约责任。

③免责条款。

前述及合同当事人可约定违约责任，也可以约定免责条款。免责条款是指合同当事人约定排除或者限制其将来可能发生的违约责任的条款。一方当事人基于他方所应承担的民事责任而享有的权利属于民事权利，民法实行意思自治原则，民事主体可以依法放弃民事权利，免除他人的民事义务、民事责任。因此，当事人在订立合同时，可以约定免责条款，并奉行合同自由原则。只要具有免责条款规定的情形，当事人纵有违约行为，也不承担违约责任。但是，依《合同法》规定，合同中的免责造成对方人身伤害、因故意或者重大过失造成对方财产损失的违约责任的免责条款无效，当事人对此类损害仍应当承担赔偿责任。

**（4）违约责任的承担方式**

当事人承担违约责任，是因为违反了有效的合同。无效的合同，不存在违约和承担违约责任的问题。承担违约责任的方式有四种：

①继续履行。

继续履行是指一方当事人在拒绝履行合同或者履行合同不适当的情况下，另一方当事人有权请求依法强制不履行或不完全履行合同的当事人继续按照合同规定履行义务。《合同法》第 107 条规定，当事人一方不履行合同义务或者履行合同义务不符合约定的，应当承担继续履行、采取补救措施或者赔偿损失等违约责任。《合同法》第 114 条第 3 款规定，当事人就迟延履行约定违约金的，违约方支付违约金后，还应当履行债务。《民法通则》第111条也作了类似规定。由此可见，请求继续履行是合同受害方的权利，对于违约方来说，这是法律规定的一种强制责任。只要权利人有继续履行的要求，并且合同又有履行的可能，违约方就必须履行。

继续履行必须满足四个条件：当事人违约；继续履行合同有意义，不违背订立合同的目的；需要有非违约人请求违约方继续履行合同的行为；违约方有继续履行合同的可能。根据我国合同法的规定，继续履行包括以下几种情况：

第一，当事人一方未支付价款或者报酬的，对方可以继续要求支付价款或者报酬。

第二，当事人一方不履行非金钱债务或者履行非金钱债务不符合约定的，对方可以要求履行，但有下列情形之一的除外：法律上或事实上不可能履行；债务标的不适于强制履行或者履行费用过高；债权人在合理期限内未要求履行。

第三，质量不符合约定的，应当按照当事人的约定承担违约责任。对违约责任没有约定或者约定不明确，依照合同条款或者《合同法》第61条规定仍不能确定的，受损害方根据标的性质以及损失的大小，可以合理选择对方承担修理、更换、重做、退货、减少价款或者报酬等违约责任。

②支付违约金。

违约金是指当事人依法律规定或约定，在违反合同行为发生后，由违反合同的一方向另一方支付一定的金钱。违约金是违反合同的一种民事责任形式，由法律规定或合同约定。

违约金分为法定违约金和约定违约金。法定违约金是法律和法规规定的违约金，约定违约金是法律和法规未作规定，而由当事人协商确定的违约金。除法律、法规另有规定以外，凡是有法定违约金的，必须使用法定违约金，当事人另行约定的违约金无效。

违约金是赔偿性的，即得到违约金以后不能再要求损害赔偿。违约金和损害赔偿不能同时使用。如果约定的违约金和实际造成的损失相比过高或过低，根据新合同法规定，这时当事人可要求减少或增加。

③给付定金。

定金是对合同履行的担保。当合同不履行归责于结付定金方时，给付定金方就无权要求返还定金；当合同不履行归责于收受定金方时，收受定金方就应当双倍返还定金。也就是说，在合同不履行时，定金具有承担违约责任的功能。定金与违约金不能同时使用。

④赔偿损失。

赔偿损失是指违法行为给他人造成财产上损失时，依法应以自己相应价值的财产给受害人以补偿的民事责任形式。赔偿金是对实际损失的补偿，具有补偿性，不具有惩罚性。请求当事人支付违约金应具备两个条件，一是违约事实，二是当事人有违法行为，并造成违约事实。而请求当事人给付赔偿金，除必须具备上述两个条件外，还必须具备另两个条件：一是违约确已造成实际损失，二是由于违约造成的损失超过了违约金。

虽然有多种多样的方式可以承担违约责任，保护合同当事人中受害方的权益，但谁都不愿意看见自己签订的合同得不到履行的局面，这就需要在签订合同一开始就注意防范违约。为防止对方当事人违约，在订立合同之初，即可在合同中约定赔偿金、违约金或收取定金。《合同法》规定，当事人可以约定一方违约时应当根据违约产生的损失赔偿额的计算方法。当事人依照《担保法》设定金担保的，收受定金的一方不履行法定债务的，应当双倍返还定金。既约定违约金又约定定金的，一方违约时，对方可以选择违约金或者定金。

### 5.1.4 合同纠纷

合同越来越被广泛地应用于社会经济生活的各个领域，经纪合同更是成为经纪人每笔业务的必然程序。在经纪合同的履行过程中，由于主客观因素的影响，合同当事人之间难免会发生权利义务的争议，致使合同不能履行或者不能完全履行。围绕着解决争议（纠纷）所确定的法律制度的总和就是争诉制度。在经纪活动中，可能发生的争议有以下几种：经纪人间供（需）方或供需双方因佣金等发生经纪合同争议；经纪人之间发生的争议等。在我国，解决这些平等法律主体间争议的方式主要有四种，即协商、调解、仲裁和诉讼。

**（1）协商和调解**

协商和调解是解决争议不大的合同纠纷的常用方法，这两种方法都是通过商谈来实现和解，双方自动化解纠纷，而不是通过具有强制性的裁决来化解纠纷。

①协商。协商是指在争议发生后，双方当事人在自愿互谅的基础上，本着平等、公平、合理的原则，依据法律法规和双方所签订合同中的条款进行磋商，分清是非，明确各自相应承担的责任，在双方认可的基础上达成的一种自行解决争议的办法。运用协商的办法来解决争议，是一种在实践中经常运用的方法，这种方法有较大的灵活性，能迅速合理、妥善地解决争议，并且能维护和加强当事人之间的协作关系，同时，协商所达成的协议也易于执行。因此，当争议出现之后，争议双方应首先寻求通过友好协商的方式加以解决。协商的形式比较灵活，没有定式。当事双方可以当面谈判，也可以通过电函进行磋商，还可以委托律师出面交涉。实践表明，协商是解决争议的主要方式之一。大多数争议是可以通过协商这种方式解决的。在通过协商解决合同争议时，需要注意以下几点：

第一，协商是在双方平等的基础上进行的，双方的法律地位是平等的。

第二，协商所达成的协议必须符合国家法律法规的规定。否则，双方所签订的协议无效，是不受国家法律保护的。

第三，当双方协商不成时应及时依法向仲裁机构或人民法院提出仲裁申请或起诉。对于超过法律关于仲裁或诉讼时效规定的申请，仲裁机构和人民法院将不予受理，这就会严重影响争议的合理解决。

②调解。调解是指在第三方的主持下，通过第三方对合同争议各方的说服、劝导，促使他们在相互谅解的基础上自愿达成协议，使争议得到解决的一种方式。

在实践中由双方当事人都信任的第三人主持的调解，由于调解人比较公平，不会偏袒任何一方，因此它也成为解决争议的一种有效途径。主持调解的第三人没有特殊限制，由争议双方自主选择，可以是仲裁机关、法院，也可以是其他为争议各方所信赖、主持公道并有能力进行调解的其他机构甚至个人。调解的优点在于，它是在第三方介入的前提下由当事双方自愿达成协议，因此其处理结果可能会更全面、更公平一些，争议双方一般也都能严格遵守。我国的人民法院、经济仲裁机构和涉外仲裁机构都把调解作为解决争议的一种重要方式。通过调解解决合同争议时，需要注意以下几点：

第一，采用调解的方式解决争议必须遵循自愿的原则，必须是双方当事人自己的意愿。

第二，调解所达成的协议，必须符合国家有关法律法规的规定。

第三，调解不成时，当事人双方应及时向仲裁机构提出申请仲裁或向人民法院起诉。

**（2）仲裁**

仲裁是指当双方之间发生争议时，根据争议双方之间的仲裁协议或其他有关规定，将争议提请无利害关系的第三方按照一定程序进行裁决，从而使争议得到解决的一种方式。从法律的角度来说，仲裁是指财产权益纠纷的当事人按事先或事后达成的协议，自愿将有关争议提交仲裁机构，由仲裁机构对争议的事实和权利、义务作出裁决，以解决争议维护正当权益，当事人有义务履行裁决的一种制度。仲裁的职能由仲裁机关来行使。仲裁机关是依据法律规定或当事人的申请，依法裁决的执法机关。在我国，不同性质的争议由不同的仲裁机关来裁决。如经济合同争议由工商行政管理系统内设立的经济合同仲裁委员会仲裁；技术合同争议可由科学技术委员会系统内设立的技术合同仲裁委员会仲裁；涉及劳动用工方面的争议，则由劳动局系统内设立的劳动争议合同仲裁委员会仲裁，等等。经纪活动中的争议，一般都属于经济合同争议性质，因此当事人申请仲裁的，一般向工商行政管理系统内设立的经济合同仲裁委员会申请仲裁；涉及技术争议的，既可向经济合同仲裁委员会申请仲裁，也可向科委系统内设立的技术合同仲裁委员会申请仲裁。仲裁的优点有：

第一，当事双方在完全自愿的基础上进行，能够充分体现当事人双方的平等地位。

第二，仲裁员一般是由精通经济贸易的专家担任，有助于保证仲裁裁决的公正性。

第三，仲裁程序相对简便，通常没有司法诉讼那种繁复的诉讼程序，可节省时间，减少费用，使争议尽快解决。

第四，仲裁的审理和判决一般都不予公开，这有助于保守当事人的商业秘密，维护败诉方的商业信誉。

第五，仲裁的裁决通常比司法判决更易得到外国的承认和执行。

①仲裁原则。仲裁作为一种合同争议裁决制度本身具有很多优点，因而人们往往将仲裁作为解决争议的最终手段。在进行仲裁时，应该遵循下列原则：

第一，自愿原则。

1994 年 8 月 31 日发布的《中华人民共和国仲裁法》第 4 条规定："当事人采用仲裁方式解决纠纷，应当双方自愿……"根据这一规定，可以看出当事人自愿是仲裁法的基本原则之一，是仲裁制度赖以存在与发展的基石，没有当事人意思自愿的仲裁不是真正意义上的仲裁。

第二，公平合理原则。

这是我国法律中"以事实为根据，以法律为准绳"、"公民在法律面前一律平等"的原则在仲裁中的具体体现。仲裁应根据事实，依法合理解决纠纷。根据事实，就是要求在仲裁审理的过程中，忠于事实真相，全面、客观、深入、细致地查清与案件有关的事实情况。对纠纷发生的起因、现状、发展过程、造成结果以及它们之间的内在联系必须全面把握，既不夸大，也不缩小。符合法律规定有两层含义：一是就当事人而言，当事人的责任，是非的确定，必须符合法律规定；二是仲裁机构必须依法办事，公平合理解决纠纷。首先要求仲裁机构处理纠纷应当公正、恰当、不偏不倚；其次有关仲裁案件的处理，如法律没有明确的规定，可以参照在经济贸易活动的实践中被人们普遍接受的做法，如经济贸易惯例、行业惯例来判断责任，进行处理。

第三，仲裁独立原则。

我国仲裁法对仲裁依法独立进行原则的确定，是我国仲裁制度发展完善的一个重要标志。仲裁依法独立进行原则在仲裁法中主要体现在以下几个方面：

仲裁机构不隶属于行政机关。仲裁法针对我国原有的仲裁体制中仲裁机构设置在行政机关内部的关系，在第 14 条规定："仲裁委员会独立于行政机关，与行政机关没有隶属关系。"这一规定说明，仲裁委员会与行政机关之间没有隶属关系，这也是与国际惯例接轨，适应对外开放，发展市场经济的要求。

仲裁机构之间相对独立。仲裁的独立性，表现在仲裁协会、仲裁委员会和仲裁庭三者之间的关系上。仲裁协会是社会团体法人，是属于仲裁委员会的自律性组织。仲裁协会依法制定统一的仲裁规则，根据章程对仲裁委员会及其组成人员、仲裁员的违纪行为进行监督。各仲裁委员会是中国仲裁协会的会员，但仲裁协会与仲裁委员会之间不是行政领导与被领导的关系，仲裁协会对仲裁委员会的裁决不能干预，也不能行使仲裁委员会的职能。仲裁委员会按地域分别设置，委员会之间不存在隶属关系。仲裁庭对仲裁案件有独立的审理和裁决权，仲裁委员会不能干预，仲裁委员会对仲裁审理和仲裁裁决等实质性工作，不得介入和干预，完全由仲裁庭独立进行。

仲裁不受任何社会团体和个人干涉。

②仲裁程序。仲裁程序一般包括案件的申请和受理、开庭前的准备措施和仲裁终止等。

申请和受理。当事人之间因合同或其他财产权益发生纠纷，可以根据合同中的仲裁条款或争议发生后达成的书面仲裁协议，向仲裁机构申请仲裁。申请仲裁应递交申请书，并按被申请的人数提交申请书副本。申请书应当载明下列事项：申请人的名称、地址、法定代表人的姓名、职务；被申请人的名称、地址、法定代表人的姓名、职务；申请仲裁的要求和理由；证据、证人姓名和住址。当事人委托代理人的，应向仲裁机构提交委托书。申请人递交申请书的同时，应附有仲裁条款的合同或者书面仲裁协议。申请人向仲裁机构申请后，应当对其进行审查。主要审查包括：申请人是否具有资格；是否有明确的被申请人、具体的仲裁请求和事实理由；是否应由本仲裁机构管辖。经审查，认为符合受理条件的，应当在7日内立案，并通知申请人按照规定预交案件受理费；认为不符合受理条件的，也应在7日内通知申请人不予受理，并说明理由。

开庭前的准备。凡符合申诉条件而提起的仲裁申请，仲裁机关应依法受理。案件一经受理，就成为具体的案件，进入审理程序。仲裁机构受理案件后，应做以下准备工作：

第一，送达申请书副本。仲裁机构受理案件后，应在5日内将申请书副本发送被申请人，被申请人应在收到申请书副本后，在仲裁规则规定的期限内提交答辩书和有关证据。被申请人不提交或者不按时提交答辩书的，不影响仲裁工作的进行。

第二，调查取证。承办案件的仲裁员，应认真审阅申请书、答辩书，并在此基础上针对双方当事人争议的主要事实调查搜集证据。

第三，对有争议的财产采取保全措施。仲裁机构在仲裁过程中，当事人申请财产保全的，应将申请提交人民法院，由人民法院采取保全措施。

第四，开庭前的调解。在开庭前，仲裁员可以先进行调解。如果调解成立，当事人达成协议，仲裁员应依据有关规定制作调解书，调解书送达当事人后，即具有法律效力。如果双方未达成调解协议，仲裁机构应开庭仲裁。

第五，通知开庭。开庭之前，仲裁机构应将开庭时间、地点书面通知当事人和其他仲裁参与人。

开庭仲裁。开庭仲裁的程序主要有：庭审前准备、庭审调查、庭审辩论、庭审调解等几个阶段。庭审完毕，由仲裁庭评议后作出裁决。

裁决一经作出，就具有法律效力，当事人不得再向人民法院起诉。一方当事人不履行仲裁裁决确定的义务的，对方当事人可以向人民法院申请强制执行。

**（3）诉讼**

诉讼，俗称打官司，是解决争议的一种最有效的手段，因合同争议而诉讼属于民事诉讼的范围。民事诉讼是指人民法院在当事人和其他诉讼参与人的参加下，审理和解决民事、经济案件和依据法律规定按民事诉讼程序审理的其他案件的活动，以及由这些活动所产生的各种关系的总和。民事诉讼中的“诉”，从微观上来看，是当事人的一种请求；从宏观上来看，是法律规定保护当事人正当利益的一种制度。民事诉讼的诉讼标的是民事法律关系，人民法院和一切诉讼参与人都是民事诉讼法律关系的主体。由于诉讼的程序较复杂，拖延时日，费用较高，因而在实践中，采用司法诉讼解决争议的情况并不多见。但司法诉讼也具有其独特的优点，主要是司法判决是以国家强制力作为后盾，如果败诉方在管辖法院所在地有可执行的财产，法院的判决易于得到执行。

①民事诉讼证据。民事诉讼证据是指能够证明案件真实情况的客观事实。它具有三个特征：

客观性。这是民事诉讼证据最本质、最基本的特征。任何证据都必须是客观存在的事实，它是不以人们的主观意志为转移的真凭实据，任何人的想象、揣测或臆造，都不能成为证据。

关联性。客观情况只有与案件事实存在内在的必然的联系，才能在民事法律关系发生、变更或消灭时成为诉讼证据，否则，将不能成为诉讼证据。

合法性。诉讼证据不但具有客观性和关联性，还必须合法，即只有依据法律要求，采取法定程序取得的证据材料，才能成为诉讼证据。

根据《中华人民共和国民事诉讼法》第 63 条规定，民事诉讼的证据有以下 7 种形式：

书证。以书面文字、符号、图案等内容和含义来证明民事案件事实的证据，如票据、合同、账簿等。“书证”是民事诉讼中被普遍和大量应用的一种证据。

物证。物证是指能够证明案件事实的物品及其痕迹，它是以物品及其痕迹存在的形态、质量、规格、特征等来证明某种法律事实存在与否的证据。

视听资料。视听资料是指运用录音、录像及计算机技术等获得与存储的图像、声音、数据资料来证明案件事实的证据。

证人证言。证人将其了解的案件事实向人民法院及当事人所作的陈述和提供的证词，称为证人的证言，它是民事诉讼中经常使用的一种证据。

当事人陈述。在民事诉讼中，当事人对案件事实所作的叙述，称为当事人陈述。

鉴定结论。运用专门的知识和技能对案件专门性问题进行鉴别和判断后所作出的书面结论，称为鉴定结论。鉴定结论具有专门性和权威性。

勘验笔录。人民法院指派的勘验人员对案件的诉讼标的物和有关证据，经过现场勘验、调查所做的记录，称为勘验笔录。

②举证责任。举证责任是指当事人对自己所主张的事实，具有提供证据加以证明的责任。根据我国民事诉讼法的规定，举证责任的一般原则是“谁主张、谁举证”，即当事人对自己提出的主张，有责任提供证据。因此在民事诉讼中，原告、被告、第三人、共同诉讼人、诉讼代表人都负有举证责任。

③民事诉讼程序。民事诉讼程序包括一审程序、二审程序、审判监督程序等。这里只简单介绍一审程序的普通程序。一审普通程序是民事诉讼的基础程序，是审判程序中最完整、最系统的程序。

起诉和受理。起诉是指当事人就纠纷向人民法院提起诉讼的行为。当事人提交起诉状，人民法院收到诉讼状后，应当及时审查。经审查，认为符合起诉条件的，应当在7日内立案，并通知原告在7日内预交案件受理费。认为不符合起诉条件的，应当在7日内裁定不予受理。原告对裁定不服的，可以依法提出上诉。

审理前的准备。人民法院受理案件开庭前，将做好必要的准备工作。首先应通知被告答辩，并告知当事人有关的诉讼权利、义务，然后确定合议庭组成人员，审核诉讼材料，调查收集必要的证据。

调解。人民法院可根据当事人自愿的原则，由审判员或合议庭主持，在事实清楚的基础上进行调解。对调解未达成协议或调解书送达前一方反悔的，人民法院应及时判决。

开庭审理。包括开庭审理的准备、法庭调查、法庭辩论、合议庭评议和宣判四个阶段。开庭审理前的准备工作，主要是告知当事人和其他诉讼参与人出庭日期，发布开庭审理公告，查明当事人和其他诉讼参与人是否到庭，告知当事人诉讼权利、义务等。法庭调查首先由当事人陈述，然后证人作证，宣读未到庭的证人证言，出示书证、物证和视听资料，宣读鉴定结论和勘验笔录。法庭辩论顺序是：原告及其诉讼代理人发言；被告及其诉讼代理人答辩；第三人及其诉讼代理人发言或答辩；互相辩论。法庭辩论结束后，由审判长按原告、被告、第三人的顺序，依次征询各方的最后意见。当法庭调查结束后，对于能够进行调解的则调解结案。调解不成的，则进入评议的宣判阶段。评议由审判长主持，实行少数服从多数的原则，对评议中的不同意见应记录在案。当庭宣判的，应当在10日内发送判决书；定期宣判的，宣判后应立即发送判决书。

民事审判的判决和裁决必须能够得到有效执行。当事人不执行的，另一方可申请人民法院强制执行。需要说明的是，诉讼和仲裁这两种解决争议的方式不能同时使用。仲裁协议具有排斥法院司法管辖权的作用。

## 5.2　文化经纪合同的种类与内容

### 5.2.1　文化经纪合同的内涵

**(1) 文化经纪合同的概念**

根据《中华人民共和国合同法》第一章第 2 条的规定，“合同是平等主体的自然人、法人、其他组织之间设立、变更、终止民事权利义务关系的协议。”经纪合同属于合同范畴，具有极强的法律性质。文化经纪合同是在文化经纪活动中，文化经纪人为促成委托方和相对方订立交易合同而进行联系。提供信息、机会和条件，介绍产品等活动，由委托方付给报酬，并明确双方拥有的一定权利和义务关系的协议，是平等主体（委托方、文化经纪人、相对方）之间设立、变更、终止民事权利义务关系的法律文书。简单说就是文化项目有关当事人就各自的权利义务经一致协商后形成的书面契约。经纪活动由于牵涉各自权益、义务、利益分配、风险承担等问题，因此很有必要在经纪活动中签订有效的书面合同，依法行事。

**(2) 文化经纪合同的作用**

作为约束和规范文化经纪活动中各个主体的权利和义务的协议，文化经纪合同具有以下几个方面的作用：

第一，以法定形式来明确从事文化活动各方当事人权利和义务。在文化经纪活动中，由于文化的多样性等原因所导致各方当事人权利义务十分复杂，如何明确各方当事人权利义务，是整个经纪活动得以顺利进行的重要保障。根据我国目前的法律以及有关规定，书面合同是唯一有效的法定形式。签订文化经纪合同，可以保障有关团体获得应有的报酬，也能使个人能够得到其价值的实现。

第二，有利于维护国家、集体和个人的权益。文化经纪合同既要考虑文化活动的经济效益，又必须遵守既定的社会道德规范。只有通过文化经纪合同的签订，才可以规范文化经纪活动，使之在法律的框架下顺利进行，才能杜绝、防止文化领域的违法犯罪行为。这不仅有利于维护国家、集体的利益，也有利于合同的各方当事人权利得到保证。

### 5.2.2　文化经纪合同的种类

根据不同的标准，可以将文化经纪合同的种类进行不同的划分。如根据合同涉及的文化经纪人范围分类，文化经纪合同可以分为独家经纪合同、多家经纪合同和保留经纪合同；根据文化市场经纪行为划分，文化经纪合同可以分为文艺演出合同，电影制作、发行、放映合同，图书、报刊出版、发行合同，音像制品制作、出版、发行合同，文化娱乐设施、场所管理合同，文物保护合同，邮票交易合同，模特表演合同等；根据文化市场活动当事人性质划分，文化经纪合同可以分为与演员、模特等演艺人员签订的出场、报酬合同，与文艺演出机构签订的合同，与文化管理部门签订的合同，与承办单位签订的合同等。本书根据文化经纪业务的类型，将文化经纪合同分为委托合同、行纪合同和居间合同。

**(1) 委托合同**

委托合同又称委任合同，是指双方当事人约定，受托人以委托人的名义，为委托人办理委托事务，由委托人负担办理委托事务所需要的费用，并向受托人支付约定报酬的协议。在委托合同关系中，一方当事人为委托（委任）方，另一方为受托（受任）方。委托合同具有如下特征：

委托合同的订立是以双方当事人相互信任为基础的。委托合同不仅是委托双方意思表示一致的结果，而且也包含委托方对受托方能力与水平的估价和信任，受托人对委托方的了解，对商品承担中介任务的意愿。委托合同订立后受托方应该亲自处理委托方委托的事务。未经委托方同意不得转托他人处理，因此委托合同具有严肃性。

委托合同中的受托方应该依委托方的指令，以委托方的名义从事委托活动。受托方在处理委托方委托的事务过程中，只有按委托方的指令，以委托方的名义从事委托活动，委托方才承认受托方为处理受托事务而产生的行为后果。因此，受托方必须在委托方授权范围内，以委托方名义而非自己的名义进行活动。

委托合同可以是无偿合同，也可以是有偿合同；委托合同的无偿或有偿，主要看委托方是否向受托方支付报酬而确定。

委托合同的形式可以是口头的，也可以是书面的。

委托合同在社会生活中适应范围广，公民之间、法人之间、公民与法人之间都可订立委托合同。委托方可以特别委托经纪人处理一项或者数项事务，也可以委托经纪人处理一切事务，委托方应当支付处理委托事务的全部费用，包括经纪人为处理委托事务垫付的必要费用，委托方应当偿还该费用及其利息。经纪人完成委托事务的，委托方应当向其支付佣金。因不可归责于经纪人的事由，委托合同解除或者委托事务不能完成的，委托方应当向经纪人支付相应的报酬（当事人另有约定的按照其约定办）。有偿的委托合同，因经纪人的过错给委托方造成损失的，委托方可以要求赔偿。

**(2) 行纪合同**

行纪合同，又称信托合同，是指行纪人以自己的名义，为委托方从事贸易活动，委托方支付报酬的合同。行纪合同具有如下特征：

行纪人必须以委托方的利益为法律行为。行纪人从事中介服务活动，并不是出于自己的需要，而是基于委托方的要求。行纪人的法律行为所产生的利益和损失，也都归属于委托方。行纪人为委托方出售或购买的财产和项目，没有特别约定的，在出售前或买进后，都属于委托方所有，并由委托方承担风险。行纪人只享有暂时的占有权，应在约定的时间内转交给委托方或第三方。所以，行纪人的一切中介行为都必须站在委托方的利益上考虑其得失。

行纪人必须以自己的名义为法律行为。这也是行纪合同与委托、居间等合同的主要区别所在。行纪人用委托方的费用、物品为委托方的利益与第三方订立合同，由此产生的义务由行纪人取得和承担。第三方与委托方之间并不直接发生权利、义务关系。

委托方向行纪人支付佣金。行纪是一种以佣金为目的的经营性经纪行业，并且是必须经过工商行政管理部门注册登记的经营企业，其他非经营中介服务业不得实施行纪行为。

**（3）居间合同**

居间合同也称中介服务合同，是指居间人向委托方报告签约的机会或提供订立合同的媒介服务（提供订立合同的条件或者充当订立合同的介绍人），委托方支付佣金的合同。

在居间合同关系中，一方当事人为委托方，另一方为居间人。居间人应该就其有关事项向委托方如实报告。如果居间人故意隐瞒与订立合同有关的重要事实，或者有意提供虚假情况，损害委托方利益的，不仅没有要求支付佣金的权利，而且要承担损害委托方利益的赔偿责任。居间人促成委托方与相对方的交易，抓住了签约的机会、条件，订立了合同，那么，委托方应当按照约定支付佣金。居间合同的特征为：

居间合同包括居间人为委托方提供条件和充当介绍人两个方面。居间人依照委托方的指令，为其寻找合乎要求的相对方，从而为合同的订立创造机会、提供条件；居间人是来往于委托方与相对方之间的中间人，传达双方意思，撮合双方订立合同。居间人不参与委托方与相对方具体商洽活动（这是居间合同与行纪合同的主要区别）。

居间合同是双务、有偿、诺成合同。居间合同是双方当事人的意思一致的结果，合同双方都负有义务，合同的形式既可以是口头的，也可以是书面的，居间人提供服务后，就有权获得佣金。

### 5.2.3　文化经纪合同的内容

不管是哪一种类型的文化经纪合同，其必不可少的内容包括：当事人的姓名，委托的经纪事项、期限、种类、范围、要求，酬金的数额、支付方式及时间，费用负担和违约责任等。具体内容有：

**（1）提供中介服务的标的**

合同标的是指合同当事人的意思表示所共同指向的对象。书写文化经纪合同标的时，要表述清楚委托方委托经纪人干什么，如在经纪合同上应该书写“举办××演出”或“提供××电影演出机会，××角色”等。

**（2）对标的的具体要求**

协商确定标的的具体要求，是确定双方当事人责任的主要内容，也是中介服务标的的具体化。主要是委托方需要获取或出售的商品的具体要求，包括商品品种、数量、质量、创作者、宣传规模、产品的保管责任、价格浮动幅度、交货期限等，对于艺人合约，则含有在什么时间段内完成多少演出机会或项目等。

**（3）经纪人完成中介服务的期限**

所谓期限是指中介服务的时间要求，也是双方当事人的权利义务在时间范围上的界定。通过协商，应该商定经纪人在什么期限内找到符合标的的具体要求的相对方；同时，还应该协商规定在约定的期限内，经纪人未能完成中介服务，即没有找到符合标的具体要求的相对方，是否作为违约论处。

**（4）佣金及其支付办法**

佣金是经纪人收入来源，也是经纪合同双方权利、义务大小的侧面体现，必须明确约定：

佣金的数额或提取比例。经纪活动的佣金，一般有两种计算方式：一是按比例收取，即经纪人按委托方与相对方签订合同总额的一定比例，或委托方与相对方的交易总额的一定比例提取；二是约定一定数额，即双方约定某一商品居间成功后，收取一定数额的佣金。

结算方式。双方可以根据银行的结算制度，选定一种方式，如支票、汇票、托收承付等。

支付佣金的期限。对于佣金的支付期限，双方可以约定，在委托方与相对方订立合同并实际成交之日起几天内一次性支付给经纪人，或在委托方与相对方订立合同并实际成交后分期支付给经纪人，但必须约定每期支付的时间及其数额，最长期限不得超过 3 个月。

有关佣金的其他约定。在经纪活动中，涉及佣金的问题有很多，需要当事人在订立经纪合同时进行协商明确。

经纪人按经纪合同所规定的要求找到了相对方，也就是履行了合同义务，至于委托方与相对方能否签订合同，除了经纪合同所规定的要求外，还受其他许多因素的影响。为此，《中华人民共和国合同法》第二十一章第 405 条明确规定：“受托人完成委托事务，委托人应当向其支付报酬。因不可归责于受托人的事由，委托合同解除或者委托事务不能完成的，委托人应当向受托人支付相应的报酬。当事人另有约定的按照其约定。”因此，双方当事人在签订经纪合同时，很有必要做出这方面的约定，如收取佣金的约束期限；经纪人为委托人中介了第一笔业务以后，在一定的期限内，委托方与相对方就同一商品所进行的第二笔、第三笔乃至更多笔交易，经纪人能否收取佣金？如何收取？应当承认，委托方与相对方所进行的第二笔、第三笔交易，与经纪人的介绍是有密切关系的。因此，经纪人为更好地保护自己的利益，在订立经纪合同时，双方可以在本项目中约定，在一定的期限内，委托方与相对方进行的同一商品的交易，都应该向经纪人支付一定比例的佣金；当然，佣金的比例可以随着时间的推移递减。

**(5) 违约责任**

合同当事人由于自己的过错，不履行或不适当履行合同所规定的义务，就是违约。违约方必须承担继续履行、采取补救措施或者赔偿损失等法律后果，即违约责任。承担违约责任的方式有很多，就经纪合同而言，主要是支付违约金和支付赔偿金两种。

违约金是一方当事人违约，向另一方当事人支付一定数额的资金。《中华人民共和国合同法》第 114 条规定："当事人可以约定一方违约时，应当根据违约情况向对方支付一定数额的违约金，也可以约定因违约产生的损失赔偿额的计算方法。约定的违约金低于造成的损失，当事人可以请求人民法院或者仲裁机构予以增加；约定的违约金过分高于造成的损失，当事人可以请求人民法院或者仲裁机构予以适当减少。当事人就迟延履行约定违约金的，违约方支付违约金后，还应当履行债务。"这就是说合同当事人，既可以约定违约金，也可以约定赔偿额的计算方法，但二者只能约定一种。由于违约金基本不具有惩罚性，因此，合同当事人最好约定损失额的计算方法。由此可见，当事人在签订经纪合同时，必须约定违约金的具体比例或数额，但最高不得超过佣金的总额。

赔偿金是指一方当事人违约，向对方支付的违约金不足以弥补给对方所造成的实际损失，对不足部分仍需如数给付补足的资金。赔偿金的数额不可能在订约同时事先约定，但双方当事人应该在合同中事先约定赔偿金的计算方法和范围。

## 5.3　文化经纪合同的订立与履行

### 5.3.1　文化经纪合同的订立

**(1) 文化经纪合同订立的程序**

文化经纪合同的订立同一般经纪合同的程序大体相同：确定文化经纪项目的初步意向；就文化经纪项目合同的相关内容协商谈判；草拟、审定文化经纪合同的文本。

**(2) 订立文化经纪合同应注意的几个问题**

①合同的合法性。与其他种类的经济合同一样，文化经纪合同只有合法，才能得到法律上的认可与保障。如果文化经纪合同的内容或形式有瑕疵，会导致合同的

无效。订立文化经纪合同的目的，就是要使项目各方所商定的有关事项得到切实付诸实施。因此在签订文化经纪合同时，要保证合同的合法性。文化经纪合同合法化应该注意以下事项：

各当事人必须具有法律地位；

经纪合同各方有足够的自有资金；

经纪人必须具有合法的经纪活动资格；

参与文化经纪活动的经纪人最好具有在文化领域中的实践经验；

合同内容的合法化，包括合同的标的、合同的权利、义务、违约处理等规定，均需符合现行法律；

文化经纪合同内容不得违反国家的财政、税收政策，严禁私分收入和偷税漏税。

文化经纪合同的条款、格式和手续，要求做到尽可能地详尽、周密和齐全。因为订立文化经纪合同的主要目的之一，是要防止以后一旦出现纠纷，可以有据可依。因此在订立合同时，千万不要搞“君子协定”，要落实到具体条文，各项条款要尽可能清楚、详尽，防止歧义。在签订文化经纪合同时各项手续、签字、盖章要完备，以免带来不必要的麻烦。

②合同的公正性。文化经纪合同的公正性，主要体现在对合同双方当事人权利、义务上的对等。

③合同的可行性。文化经纪合同一旦签订，就要付诸实施，否则，将承担一定的法律责任。因此在签订文化经纪合同之前，一定要量力而行，做好充分的调研、预测工作，以保证经纪合同的顺利实施。

④例外合同条款。有时文化经纪活动的当事人要求将文化经纪项目以协议的方式书立。经纪协议书虽没有合同文书那么严格，但是也要求按照《中华人民共和国合同法》的规定，必须在协议书中明确说明文化经纪项目的有关标的、数量和质量、价格或者酬金、履行的期限、地点和方式。合同的普通条款，是指合同主要条款以外的条款，亦称一般条款。合同的普通条款包括不必经当事人协商即可以成为合同内容的条款，这是指在有关合同法规定的内容中，当事人可以协商改变部分合同内容，也可以在当事人事前约定的前提下不经当事人协商改变。因为对于这些内容，不论当事人是否协商，是否写入合同，一概不会影响合同的效力，不影响合同的成立，当事人可以在合同成立后继续协商。

### 5.3.2 文化经纪合同的履行

**(1) 无效合同的确认**

根据签订的合同是否具有法律效力，可以分为有效合同与无效合同。无效合同的确认权，归仲裁机关和人民法院。当事人签订的下列经纪合同无效：

违反法律和行政法规的经纪合同；

采取欺诈、胁迫等手段所签订的经纪合同；

代理人超越了代理权限签订的合同或以被代理人的名义同自己或者同自己所代理的其他人签订的合同；

违反国家利益或社会公共利益的合同。

经纪合同被确认无效后，经纪人从委托人处已取得的佣金应该返还，所造成的损失，由责任方承担。如果当事人故意违反国家利益或社会公共利益，应该追缴已经取得或约定取得的财产，归国家所有。确定经纪合同部分无效，如果不影响其余部分的效力，其余部分仍然有效，应该继续履行。

**（2）有效合同的履行**

文化经纪合同经各方签字后，接下来就是按合同内容履行合同条款。合同履行可分三个方面内容：

办理公证手续。在文化经纪合同签订之后，应根据合同书内容到公证处办理各种手续，比如确认合同履行日期等。

执行合同。在对合同的法律效力进行公证之后，经纪人应协助各方分别与有关部门取得联系，促进合同内容尽早安排，使合同得到有效履行。

经纪合同的履行，是指合同双方当事人，根据经纪合同的约定，各自遵循诚实、信用原则，根据合同的性质、目的和交易习惯各自完成自己所承担的义务。依法成立的经纪合同，自成立时生效。合同的履行，实行实际履行和适当履行。实际履行就是要当事人必须按照合同的规定标的履行，不得以其他来代替，也不能折为现金代偿。适当履行就是要求当事人按照合同规定的标的、期限、价格等条款，用适当的方式全面履行合同。经纪合同适用适当履行原则。经纪合同生效后，合同中中介服务商品的质量、价款或者佣金、履行地点等内容没有约定或者约定不明确的，可以协议；不能达成补充协议的按照合同有关条款或者交易习惯确定履行。

交付报酬。随着整个文化经纪活动的结束，经纪人应获取相应的中介费用。经济合同履行后，交付报酬是合同履行的一个重要方面，涉及经纪人自身的正当权益。

## 5.4　文化经纪合同的变更与终止

### 5.4.1　文化经纪合同的变更、解除或转让

**（1）文化经纪合同的变更、解除**

如果当事人由于情况变化，需要对原合同所规定的条款作部分修改，根据法律规定，凡发生下列情况之一者，允许变更、解除合同：

当事人双方经协商同意，并且不会因此损害国家利益和社会公共利益；

由于不可抗力致使合同全部义务不能履行；

由于合同另一方在合同约定的期限内没有履行合同，如经纪人在规定的期限内没有找到第三方，委托人有权通知经纪人解除合同。但合同变更的内容约定不明确的，可推定为未变更。当事人一方发生合并、分立时，合同变更后的当事人承担或分别承担合同的义务和享受应有的权利，合同不能变更。当事人一方合同承办人或法定代表人的变动，根据有关法律规定，合同也不得变更。

变更、解除经纪合同，可由一方当事人以书面形式提出来，经双方协商一致，达成变更或解除书面协议，原经纪合同才能变更或解除，协议未达成前，原合同继续有效。但由于不可抗力致使经纪合同的全部义务不能履行，或者由于另一方在合同约定的期限内没有履行合同，只要有当事人一方变更、解除合同的通知，即使未达成变更、解除协议，也可变更、解除原合同。

当事人一方收到对方要求变更或解除合同的通知后，在对方通知中规定的期限内未作出答复的，即可视同默认对方的要求，变更或解除合同协议。

**（2）文化经纪合同的转让**

合同的转让指合同当事人一方依法将其合同的权利和义务全部地或部分地转让给第三人。合同转让按照转让的权利和义务的不同可分为合同权利的转让、合同义务的转让、合同权利和义务转让三种形态。合同法规定以下合同权利不得转让：

根据合同性质不得转让；

按照当事人约定不得转让；

依照法律规定不得转让。

在文化经纪经营业务合同中，多数合同是合同性质不得转让的合同，但有些大型文艺演出合同，必然牵涉总项目负责人与其他节目制作人转让部分合同权利义务的情况，要弄清楚转让是否合法。20 世纪 80 年代曾有过的转卖批文现象，就是一种非法合同转让情形。

**（3）违约金、赔偿金的支付**

①依法承担违约责任的条件。

合同变更、解除后，由此给对方造成的损失，除依法可以免除责任的以外，应该由责任方负责赔偿。不履行合同义务或者履行合同义务不符合约定的，应当继续履行、采取补救措施或者赔偿损失等违约责任。承担违约责任必须要有不履行合同的行为和过错，这里所指的行为是指当事人不履行或不适当履行合同所规定的义务，而过错则是指当事人不履行合同义务是主观原因，即当事人明知自己的行为会影响合同的履行而有意去做，或者说当事人能够预见到自己行为的不良后果，但由于过于自信而失去理智，或者已经预见到了而又没有采取积极措施，致使合同不能履行或者不适当履行，这样的故意和过失行为，应该承担违约责任。承担违约责任的方式有很多，就经纪合同而言，主要是两种：

一是支付违约金。违约金的比例，双方当事人在经纪合同中约定。

二是支付赔偿金。由于一方当事人违约，向对方支付的违约金不足以弥补给对方所造成的实际损失，对不足部分仍需如数给付补足。双方当事人可以在经纪合同中约定赔偿金额或赔偿金计算方法。

②依法解除责任的条件。

第一，由于不可抗力造成合同不能履行（指不能预见、克服的客观情况，如地震、火灾、自然灾害、战争等）；

第二，合同约定有免责条件；

第三，由于当事人一方在合同约定的期限内没有履行合同在先，造成当事人的另一方无法履行合同或者没有必要履行合同，另一方当事人可以免除责任，并有权追究首先违约一方的责任等原因，造成不能履行合同所规定的义务，可以全部或部分免除承担的违约责任。

### 5.4.2　文化经纪合同的终止

经纪合同的终止指委托人与受托人之间因为某种原因不再需要委托法律关系继续存在时，终止他们之间的委托合同，不再享有合同权利和承担合同义务的行为。

**（1）经纪合同终止的一般原因**

合同已经履行；

委托期限届满；

合同不能履行；

合同规定的解除条件成立。

**（2）经纪合同终止的特殊原因**

委托人或受托人终止经纪合同。因为委托合同是以双方当事人之间的信任为基础的，因此，委托人可以随时撤销委托，受托人也可以随时辞去委托，从而使委托合同终止。但任何一方当事人在终止委托合同时，必须及时通知对方，才能发生终止合同的效力。如果因此而给对方造成损失的，应承担赔偿责任。

经纪合同的主体为公民的，该公民死亡、被宣告为无民事行为能力人、限制民事行为能力人或者被宣告失踪；委托合同的主体为法人的，该法人撤销、解散、破产时，委托合同应予以终止。

## 本章小结

文化经纪合同是在文化经纪活动中，文化经纪人为促成委托方和相对方订立交易合同而进行联系。提供信息、机会和条件，介绍产品等活动，由委托方付给报酬，并明确双方拥有的一定权利和义务关系的协议，是平等主体（委托方、文化经纪人、相对方）之间设立、变更、终止民事权利义务关系的法律文书。根据文化经纪业务的类型，可以将文化经纪合同划分为委托合同、行纪合同和居间合同。文化经纪合同的订立、履行、变更、解除、转让以及终止都必须依据《合同法》的基本规定。

## 阅读材料

### 委托合同范本

合同编号：______________________________

委托人（简称甲方）：______________________

受托人（经纪人，简称乙方）：______________

签订地点：______________________________

签订时间：________年______月______日

甲乙双方为实现委托代理事项，根据国家法律、法规的有关规定，本着平等、自愿、诚信、有偿的原则，在充分协商的基础上订立如下协议：

第一条　委托人委托受托人处理__________事务。

第二条　受托人处理委托事务的权限与具体要求：________________

第三条　委托期限自____年____月____日至____年____月____日止

第四条　委托人（是/否）允许受托人把委托处理的事务转委托给第三方处理。

第五条　受托人有将委托事务处理情况向委托方报告的义务。

第六条　受托人将处理委托事务所取得的财产转交给委托人的时间、地点及方式：______________________________________________

第七条　委托人支付受托人处理委托事务所付费用的时间、方式：______
____________________________________________________________
____________________________________________________________
__________________________________________________

第八条　报酬及支付方式：______________________________

第九条　本合同解除的条件：____________________________

第十条　违约责任：甲、乙双方签订本合同生效后，在合同履行期间甲方未经乙方同意，中途毁约，甲方已交付给乙方的服务费不予退还。未支付给乙方服务费的，乙方有权按双方约定偿付服务费的标准，向甲方追索。本合同履行期间，甲、乙双方任何一方需变更本合同的，要求变更的一方应及时书面通知对方，征得对方同意后，双方在规定的时限内（书面通知发出____天内）签订变更协议。否则，由此造成对方的经济损失，由责任方承担。

第十一条　合同争议的解决方式：本合同在履行过程中发生争议，由双方当事人协商解决；协商不成的，按下列第________种方式解决：

（一）提交仲裁委员会仲裁；

（二）依法向人民法院起诉。

第十二条　其他约定事项：________________________________________

第十三条　本合同未作规定的，按《中华人民共和国合同法》的规定执行。

| | |
|---|---|
| 委托人（章）： | 受托人（章）： |
| 住所： | 住所： |
| 法定代表人： | 法定代表人： |
| (签字)： | (签字)： |
| 电话： | 电话： |
| 开户银行： | 开户银行： |
| 账号： | 账号： |
| 邮政编码： | 邮政编码： |

## 居间合同范本

销货方（简称甲方）：

购货方（简称乙方）：

经纪人（简称丙方）：

甲、乙、丙三方为实现甲、乙成交，丙方进行了中介。根据国家法律、法规的有关规定，本着平等、自愿、诚信、有偿的原则，在充分协调的基础上订立如下合同：

1. 委托事项：甲方为实现同乙方进行____________商品交易的目的，特委托丙方进行中介。

2. 活动范围：丙方依自己的名义独立进行中介活动，以能实现甲乙双方的成交为原则。

3. 酬金：丙方通过中介服务，促成甲方、乙方成交后，可提取货款____%作为佣金。佣金由____（甲方、乙方或者甲方、乙方双方平均）承担，于支付货款的同时支付。

4. 违约责任：当事人未按合同约定完成其义务时，视为违约。违约方应向守约方支付________元（具体数额或货款比例）的违约金。给对方造成损失时，应再赔偿其损失。

5. 合同期限：甲方要求丙方于____年____月____日前为其就上述成交商品或项目提供中介服务。本合同于所有当事人签字之日起生效，于全部合同内容完结之日终止。

6. 纠纷的解决方式：本合同如发生纠纷，各当事人应本着互谅互让的原则协商解决。当协商不成立时，纠纷的任何一方都有权将此纠纷提交______（仲裁、诉讼）解决。

7. 特别约定：

（1）丙方为甲方提供经纪服务而花费的必要费用，即使中介没有成功，甲方仍得为丙方补偿一部分或全部费用。

（2）合同中的未尽事项，依照国家有关法规规定。

甲方（盖章签字）　　乙方（盖章签字）　　丙方（盖章签字）

住所：　　住所：　　住所：

法定代表人：　　法定代表人：　　法定代表人：

公正或鉴定机关意见（盖章）

订立合同时间：______年______月____日

## 行纪合同范本

甲方（委托人）：

法定代表人：

住 所 地：

电　　话：

传　　真：

电子信箱：

通信地址：

邮政编码：

开户银行：

账　　号：

开户银行地址：

乙方（受托人）：

法定代表人：

住 所 地：

电　　话：

传　　真：
电子信箱：
通信地址：
邮政编码：
开户银行：
账　　号：
开户银行地址：

甲乙双方根据《中华人民共和国合同法》及其他法律、法规的相关规定，在平等、自愿的基础上经共同协商，就甲方委托乙方从事贸易活动的相关事宜订立本合同，并由双方共同恪守。

1. 甲方委托乙方的事项

1.1 ____________________；

1.2 ____________________；

1.3 ____________________。

2. 行纪期限

甲方委托乙方从事行纪活动的期限为________日，自________年________月________日起至________年________月________日止。

前款约定的期限届满，双方未就续延行纪期限另行达成协议，本合同自行终止，双方不再享有本合同约定的权利，也不再承担本合同约定的义务。

3. 乙方从事行纪活动的具体要求

3.1 甲方委托乙方以自己的名义为甲方______________（提示：填写采购或者销售）以下委托物：（提示：若委托物较多，可另行制作清单为合同附件。）

3.2 甲方委托乙方以自己的名义为甲方从事其他贸易活动的具体要求：

3.2.1 ____________________；

3.2.2 ____________________。

4. 转委托的约定

本合同约定的甲乙双方权利义务，一方在未征得对方书面同意之前，不得转让给任何第三人。本合同任何一方违约转让合同权利和义务的行为，均属无效。违约方应赔偿由此给对方造成的全部经济损失。

5. 乙方的报酬及支付方式

5.1 双方约定，乙方完成本合同约定的全部义务，甲方向其支付的报酬为：人民币________元（大写：________圆整）；乙方完成本合同约定的部分义务，乙方不得要求甲方支付报酬。

5.2 甲方在乙方完成本合同约定的全部行纪义务之日起________日内向乙方支付报酬。

5.3 乙方向甲方开具经甲方认可的相关收款凭证或票据之后，甲方按本合同约定向乙方支付报酬。

5.4 甲方的付款方式为：□现金\□支票\□汇款\□银行转账\□其他。

6. 行纪费用及承担

6.1 乙方受托从事行纪活动的费用包含：乙方的差旅费、食宿费、通信费、接待费、资料费等与委托事务有关的其他一切费用。

6.2 乙方应向甲方提交书面的从事行纪活动的方案和费用预算，甲方对乙方的方案和预算审核同意后，乙方才可开展行纪活动。

6.3 双方约定，行纪费用按下列________的约定承担：（提示：6.3.1 条和 6.3.2 条任选其一）

6.3.1 乙方办理委托事务支出的费用，由乙方自行承担。

6.3.2 对于乙方从事行纪活动所支出的必要费用，在甲方确认的预算数额内，根据乙方实际发生的费用由甲方承担。乙方向甲方出具甲方认可的相关收费凭证或票据之后，甲方按本合同约定向乙方支付行纪费用。

6.3.3 甲方对行纪费用的付款方式为：□现金\□支票\□汇款\□银行转账\□其他。

7. 甲方的权利义务

7.1 乙方按本合同约定买入委托物的，甲方应当及时受领。

7.2 乙方按本合同约定卖出委托物的，委托物不能卖出或者甲方撤回出卖，甲方应取回或自行处分委托物。

7.3 甲方应按本合同约定向乙方支付报酬或者费用。

7.4 甲方应当向乙方提供真实的相关资料，如实说明委托物存在的瑕疵。

7.5 甲方不得要求乙方在办理委托事务中从事违法活动。

7.6 甲方有权要求乙方按照自己的指令从事贸易活动。

7.7 乙方与第三人订立合同的，乙方对该合同直接享有权利、承担义务。第三人不履行义务致使甲方受到损害的，甲方有权要求乙方承担损害赔偿责任。

8. 乙方的权利义务

8.1 乙方在受托办理委托事务时，应及时向甲方报告进展情况，服从甲方对其办理委托事务的指令和要求。

8.2 乙方占有委托物的，应当妥善保管委托物。

8.3 乙方低于甲方指定的价格卖出委托物或者高于甲方指定的价格买入

委托物的，应当经甲方同意。乙方高于甲方指定的价格卖出委托物或者低于甲方指定的价格买入委托物的，该利益属于甲方。

8.4 委托物交付给乙方时有瑕疵或者容易腐烂、变质的，经甲方同意，乙方可以处分该物；乙方不能及时和甲方取得联系的，乙方可以合理处分。

8.5 乙方处理委托事务取得的财产，应当转交给甲方。

8.6 乙方卖出或者买入委托物属于市场定价的商品，除甲方有相反的意思表示的以外，乙方自己可以作为买受人或者出卖人，乙方仍然可以要求甲方支付报酬。

8.7 乙方不得与第三方串通，损害甲方的利益；乙方不得骗取和非法侵占甲方的款物。

8.8 未经甲方书面同意，乙方在任何情况下均不得留给委托物。

9. 违约责任

9.1 甲方无正当理由不按本合同约定向乙方支付报酬或费用的，每逾期一日，甲方按本合同约定报酬总额的 ________%向乙方支付违约金。

9.2 乙方违反甲方指令或要求办理委托事务的，按本合同约定报酬总额的________%向甲方支付违约金，对甲方超出违约金部分的损失，乙方应承担赔偿责任。

9.3 乙方对其占有的委托物未尽妥善保管义务的，须对因此给甲方造成的损失承担赔偿责任。

9.4 乙方未将为甲方办理委托事务所取得的款物及时转交给甲方，每逾期一日，乙方按本合同约定报酬总额的________%向甲方支付违约金，对甲方超出违约金部分的损失，乙方应承担赔偿责任。

10. 合同的变更与解除

10.1 本合同履行期间，经协商一致，甲乙双方可以变更本合同的相关条款。

10.2 出现以下情形之一的，甲乙双方可以解除本合同：

10.2.1 双方协商一致。

10.2.2 法律规定或者本合同约定的其他可以解除合同的情形。

11. 通知及送达

11.1 双方在履行本合同过程中发出的全部通知，均需采取书面形式，送达地址为双方在本合同上填写的地址。

11.2 甲方为履行本合同的指定联系人为：________，联系电话为：________；乙方为履行本合同的指定联系人为：________，联系电话为：________。

11.3 任何一方的地址或联系人发生变更时，须在变更前________日以书面形式通知对方。因迟延通知而造成的损失，由过错方承担责任。

12. 争议的解决

本合同在履行过程中发生争议，由双方当事人协商解决；协商不成的，任何一方均有权向甲方住所地人民法院提起诉讼。

13. 合同生效及其他

13.1 本合同一式________份，甲方持________份，乙方持________份，具有同等法律效力。

13.2 本合同自甲乙双方签字盖章之日生效。

13.3 本合同未尽事宜由双方协商解决或签订书面补充协议，补充协议与本合同具有同等法律效力，补充协议与本合同不一致的以补充协议为准。

13.4 本合同附件是合同的有效组成部分，与本合同具有同等法律效力。

13.5 其他约定事项：________。

甲方（盖章）：______________　　乙方（盖章）：______________

代表人（签字）：____________　　代表人（签字）：____________

________年______月______日　　________年______月______日

签订地点：________________　　日签订地点：________________

## 思考讨论

1. 何为文化经纪合同？
2. 文化经纪合同如何分类？
3. 委托合同、居间合同、行纪合同之间的区别？
4. 文化经纪合同包含的内容有哪些？
5. 文化经纪合同订立要注意哪些问题？
6. 文化经纪合同允许变更或解除的情况有哪些？
7. 文化经纪合同终止的原因有哪些？

# 第6章 文化经纪规制

内容提要

我国的现代文化经纪组织和工作始于20世纪80年代，国家出台了许多优惠政策鼓励、支持其发展。自1992年开始，我国对经纪人行业采取了“支持、管理、引导”的方针，使经纪活动逐步走向正规。“经纪市场经历了从无到有、从地下到地上、从无序向有序发展的历程，随着市场经济的恢复与发展，经纪市场日趋壮大。”与此同时，文化经纪人自身作用的发挥也极大地促进了文化市场及文化产业的形成和发展，间接地给文化经纪人队伍的壮大提供了有利条件。历经30年的改革洗礼，文化经纪人队伍基本成形并日趋活跃，在文化市场和文化产业发展中都起到了很大的作用。

## 6.1 文化经纪人制度的建立

### 6.1.1 文化经纪人制度建立原因

1995年国家工商行政管理局颁布《经纪人管理办法》指出：经纪人是指依照本办法的规定，在经济活动中，以收取佣金为目的，为促成他人交易而从事居间，行纪或者代理等经纪业务的自然人，法人和其他经济组织。

在市场经济条件下，文化经纪人制度是随着文化市场的繁荣和发展而逐渐地形成和建立起来的。随着经济的发展、社会的进步，社会公众对文化需求的不断增加，他们需要越来越多的高质量、高品位的文化产品和服务，这在很大程度上促进了文化经纪业务的发展，使得文化经纪业务的从业人员——文化经纪人也不断增加；与此同时，大量的文化经纪人事务所、经纪公司等有关文化经纪业务的组织机构也相继建立起来，并日益成为文化市场发展和完善的重要力量。

从西方发达国家文化经纪人的产生和发展以及文化经纪人制度建立的过程来

看，我国文化经纪人的业务活动也将从自由化逐步向制度化过渡并最终建立起文化经纪人制度。在我国当前条件下，建立文化经纪人制度应从我国实际出发，遵循经济规律和市场法则，在此基础上借鉴发达国家的先进经验，建立起符合国际惯例的具有制度创新的文化经纪人制度，使文化产品和服务的提供日益专业化、规范化、程序化和法律化，更好地为我国物质文明、精神文明的建设与进步服务。

**(1) 治理文化市场混乱现象的需要**

从文化经纪活动的现状看，由于我国的文化市场还处于一种初步发展阶段，因此文化经纪活动的发展水平还处于萌芽阶段。也就是说，我国现阶段的文化经纪活动具有极大的随意性和主观色彩，文化经纪业务范围和区域极为广泛而又不确定，经纪活动的手段和方式也极不规范，经纪人收益的确定没有统一的标准，经纪纠纷的解决也还没有走上法律化、程序化的轨道。文化市场主要存在以下混乱现象：

①文化中介组织、经纪人的违规操作现象。文化中介机构、文化经纪人违规组织演出开展文化经纪活动。从事文化活动中介组织、经纪人违背了职业道德和职业准则，突出自身利益，忽略演出委托组织、个人及消费者的利益，在合同中做手脚或提供不完全信息，暗中操纵文化活动，利用委托人、第三方对经纪活动程序的不了解，欺上瞒下，往往造成委托人、第三方与第三方、文化消费者的层层误会，其结果往往是不欢而散，更有甚者，会造成不该发生的悲剧。

一些文化公司还出现倒卖文化产品批文问题，层层加码，导致文化活动的成本不正常飙升，比如在艺术演出市场就有恶意倒卖批文的现象，致使成本节节攀高最后在演出票上做文章，造成演出票价居高不下，观众不敢走进剧场，演出效益极不稳定的困难局面。

②正规文化团体存在人员管理困难。文化市场的迅速发展使得文化经纪人的管理相对滞后，造成文化产品生产者队伍构成混乱，良莠不齐，几个人搭就一个“草台班子”，一批非法演出商、演出经纪人成为“穴头”。没有合法的演出审批程序，演出单位对演员的管理失控，演出秩序混乱等问题十分突出。

例如在艺术表演市场中，因为“穴头”等非法演出商组织的演出活动，回避了正常的演出投入（演出生产成本）及各项税金，利润较高，往往在付给演员的劳务费时其报酬水平会远远高于演员所在艺术表演团体的演出津贴。所以演员会热衷“走穴”演出，尽可能地躲避单位的正常演出工作，使得单位对演员的管理变得困难，艺术表演团体的正常艺术创作、艺术生产受到严重冲击。

③文化市场诚信缺失恶性竞争激烈，文化产品质量下降。首先，由于个别非法文化经纪人缺乏基本的职业道德，唯利是图，在文化活动的组织、承办过程中，他们往往采用压价的消极手段，达到组织、承办文化活动的目的。其结果只有两个，一是致使整个文化行业利润下降；二是粗制滥造文化产品，文化产品格调低下，在一些地方、场合甚至出现了不健康的文化产品形式和内容。这些都将始终影响整个

文化行业信誉。有些文化产品还触犯了国家法律、法规，引起诉讼官司不断。例如：影视产品的粗制滥造将许多经典科普的文化形象扭曲、丑化等；一些文化公司雇佣职业攒手在短时间内进行资源整合，攒成伪版权图书，盗用名家名誉或借助子虚乌有的外国专家专著之名来欺骗读者。

其次，误场、罢演现象时有发生。由于文化市场的发展不够规范，演员与演出组织者的关系完全是金钱利益关系。具体操作中，常常因某一环节的利益得不到满足，就会导致演出的流产或对演出中其他利益群体的伤害。由于缺乏根本的相互信任，致使双方都陷入比较尴尬的境地，演出商一时拿不出现金，演员就不登台，更有拂袖而去者。

再次，虚假宣传、哄抬票价、坑蒙观众，演出纠纷、演出诉讼层出不穷。个别演出商为了达到赚钱的目的，不择手段地进行虚假宣传，哄抬票价，导致演出票价无规律、无道理上涨，以至于引发了纠纷与诉讼。

同时，在演艺市场私分演出收入，偷逃税费现象亦非常严重。由于演出的形式比较灵活，目前又没有形成较健全的演出市场监管机制，一些非法演出就明目张胆地私演私分（更有甚者以“募捐义演”的名义私演私分），造成国家的流转税、所得税、个人所得税的严重流失。尽管国家处理过一些演员，但究其根底，始作俑者仍是演出的非法组织者。

**（2）依法管理文化市场的需求**

从文化市场的发展过程看，文化经纪人的产生一般滞后于经济发展，他们的最初活动特征具有自由化的性质。随着文化市场的不断增长，文化经纪人的业务活动越来越广泛、越来越重要，文化经纪逐步成为一种相对独立的产业或行业。与此同时，有关文化经纪业务组织机构，如经纪人事务所、经纪公司等也相应建立起来，最终使之成为文化市场发展和完善的重要支柱。

值得注意的是，在文化经纪活动从自由化向制度化过渡的过程中，政府部门制定和完善相关的法律法规是一个极为重要的促成因素。政府部门制定法律法规的基本依据是文化经纪活动发展的实际程度和水平以及具有引导性的未来发展趋势。

**（3）与国际文化市场接轨的需要**

近年来，中国与国际文化交流有了长足发展，特别是在演出交流和国际商业演出方面发展得更快，世界优秀的乐团、芭蕾舞团等艺术演出团体大量涌入我国演出市场；同时我国的艺术表演团体除了正规的文化交流项目之外，也有相当的数量进入国外演出市场。

在国际文化交流当中，我们既要警惕西方有关拜金主义、腐朽思想等有害文化产品的输入，也要防止那些低俗不堪、影响国家形象的文化产品的输出。

为了使我国与国际文化活动交流进一步规范，我们有必要建立文化经纪人制度。

**(4) 文化行业进行自律管理的需要**

文化行业的发展在需要法律法规规范的同时，更需要行业的自律和自我管理。例如：许多演出经纪人、演出商抱怨目前演出行业做起来很困难。究其原因，不规范的运作、演出成本过高是其中的两个重要原因。剧场场租高、演员出场费高、运营费用高又直接导致演出票价畸高，所有这些严重影响了演出行业的正常获利水平。因此，许多演出行业的从业人员要求在中国演出家协会开展演出行业的打假活动，联合抵制行业不正之风，以清理整顿行业队伍。解决这一问题的关键也就在于对从业人员进行资格、资历、职业道德业绩的考评，以区分良莠，达到清理整顿从业人员队伍的目的。中国演出家协会也将陆续制定一系列行业规范，与广大会员携起手来，共同规范演出市场的违法行为。

综上所述，进行文化经纪人从业资格认证，是广大从业人员的共同愿望和社会发展的客观要求，也是健康发展文化市场的必然结果，更是依法管理文化市场的必要措施。

### 6.1.2 建立文化经纪人制度的原则

**(1) 坚持实事求是，博采众长**

建立文化经纪人制度既要考虑我国的实际情况，又要注重借鉴发达国家的先进经验。文化经纪人制度的建立首先必须建立完善的法律法规，这就涉及文化经纪人制度的相关法律规范的制定依据问题。有关文化经纪人法律规范的制订要从我国实际出发、在充分考虑我国具体国情的基础上借鉴国外的先进经验，制定具有中国特色的法律法规。

**(2) 坚持制度创新，法规先行**

通过人们对发达国家文化经纪人制度建立和发展的经验的研究发现，政府主管部门应在文化经纪业不同的发展时期制定相应的政策，其政策法规对文化经纪业的成长和发展起引导和制约作用。当前，摆在我国政府有关主管部门面前最紧迫的任务，就是要尽快制定相关的文化经纪法律法规，推动处于初级阶段的中国文化经纪人制度不断进行创新，尽早走上健康完善的轨道。

**(3) 坚持遵循经济规律，符合国际惯例**

建立文化经纪人制度既要遵循经济规律，又要符合国际惯例。改革开放以来，我国的一些经济政策和经济行为也曾出现过失误，可是我们往往以“中国特色”为借口来自我慰藉，实际上，究其根本原因，都是因为违背了经济规律所导致的后果。虽然中国国情应该成为文化经纪人制度建设的主要依据，但是，随着经济全球化进程的加快，我国文化经纪人制度建设还应该符合国际经济的规范和惯例。

## 6.2　文化经纪管理形式

### 6.2.1　文化经纪人及组织的注册管理

#### (1) 文化经纪人的注册制度

①注册登记管理。对从事工商业经营活动的经营主体进行注册登记管理，是国内外通行的做法。我国现阶段，登记管理是登记主管机关依法确认市场经营主体资格和法律地位的法定程序。我国的登记主管部门是各级工商行政管理机关。开展工商业经营活动的个体必须在工商行政管理机关进行注册登记，并且经过核查合格颁发营业执照后方可进行文化经纪活动。否则其经营活动是违法的，不受国家法律保护。

文化经纪人的注册登记管理制度按照从市场主体进入市场到退出市场的过程，可分为开业登记、变更登记、停业登记和注销登记四种。

开业登记制度，是指个人或组织在从事工商业经营前依法向工商行政管理机关申请在某行业从事经营活动，办理营业登记手续，工商行政管理机关审查后依法核发营业执照的全过程。在办理开业登记手续后，经营主体成为合法的市场主体，其合法经营活动受国家法律和政府保护，办理开业登记后，市场的经营主体所登记的事项发生变化，还必须依法到工商行政管理机关办理变更登记。

变更登记制度，是指市场经营主体因经营需要，为改变已经核准登记的主要事项依法向工商行政管理机关申办改变原登记事项的过程。经开业登记核准的登记事项，一经核准就具有法律效力，不得随意更改。如确实因生产经营的实际需要改变登记事项，必须向原登记主管机关申请办理变更登记。未经登记主管机关核准，擅自改变已经核准登记事项的，属违法行为，登记主管机关一经发现，要依法予以处罚。

停业登记制度。停业登记是针对个体工商户制订的。工商行政管理机关为个体工商户办理停业手续，称为停业登记。个体工商户因自身经营原因或被责令停业整顿需要停业时，工商行政管理机关暂时收存其营业执照。个体工商户停业期满，经工商行政管理机关审核符合条件，批准复业，退还营业执照。

注销登记制度，是指已经核准登记的市场经营主体由于被撤销、宣告破产或其他各种原因终止营业，向登记主管机关办理撤销注册号，交回营业执照和印章的手续。

②登记审批程序。登记主管机关对市场经营主体申请登记的审批程序，大体可分为受理、审查、核准、发照、公告等五个步骤。

受理。申请登记单位按照规定将应提交的文件、证件和申请登记注册书等送交登记主管机关后，登记主管机关要进行检查，文件齐备的方予受理，否则不予受理。

审查。登记主管机关对申请人提交的文件、证明和填写的申请登记表的有效性、合法性和真实性进行审核查验，并核实申请人的实际条件和登记项目。这一步骤是登记审批程序的中心环节，它既是登记主管机关履行职责，体现执行法律、法规和政策的过程，又是对申请者进行法律、法规、政策的指导，明确其权利和义务的过程。

登记主管机关的审查分为程序审查和实质性审查。程序审查主要是审查申请人提出的申请是否符合规定的要求，提交的各种文件、证明是否完善和齐备。实质性审查主要审查申请人是否具备登记条件，申请登记的事项是否属实，是否符合国家法律、法规和政策规定。如果发现手续不完备的，应说明情况，令其补办；情况不实的，令其更正，不具备登记条件的，应予以驳回；如有弄虚作假、隐瞒真实情况或者严重违反国家有关规定的，应按规定给予处罚。

核准。登记主管机关审查、核实后，做出核准登记或不予核准登记的决定，并及时通知申请人。

发照。指登记主管机关向申请人颁发营业执照。营业执照的颁发，意味着登记主管机关基本完成了登记审批程序；同时也标志着申请人取得了合法经营主体资格及合法经营地位开始享有从事生产经营的权利，其合法权益受国家保护。

公告。根据《中华人民共和国企业法人登记管理条例施行细则》的规定，对核准登记注册的企业法人，由登记主管机关发布公告。这是登记主管机关向社会公布企业开业、歇业情况的一种形式；也是登记主管机关审批企业登记程序中的最后一个步骤。登记主管机关将核准的企业法人开业登记、变更名称登记和注销登记，通过报纸、期刊等形式公布于众，以达到传播信息、沟通关系和接受群众监督的目的。至此，登记主管机关的审批程序即告完成。

**（2）文化经纪组织的注册条件**

文化经纪活动是以收取佣金为目的的经营活动，独立从事文化经纪活动的个人和从事文化经纪活动的组织必须经工商行政管理机关注册登记后才能成为合法的市场经营主体。凡符合个体文化经纪人、合伙文化经纪企业和文化经纪公司的设立条件，可以向所在地工商行政管理机关申请登记注册为个体文化经纪人、合伙文化经纪企业或文化经纪公司。工商行政管理机关在受理登记注册之日起 30 日内，做出核准登记注册或不予核准登记注册的决定。除个体文化经纪人、合伙文化经纪组织、文化经纪公司外，其他经济组织从事文化经纪活动，须经所在地工商行政管理机关核准，并办理登记注册或者变更登记。针对文化经纪行业的特殊性，对文化经纪人注册登记管理的特性方面体现在文化经纪人的设立条件上。

在我国从事文化行业经纪业务的只要具备相应的资格均可直接到工商行政管理

机关申请注册登记，领取营业执照，即成为文化经纪业的合法经营主体。

①设立个体文化经纪人具备的条件。个体文化经纪人以自己的名义独立从事文化经纪活动，并以个人的全部财产承担无限责任。符合下列规定条件的人员，均可以申请领取个体工商户营业执照，成为个体文化经纪人：

有固定的业务场所；

有一定的资金；

本人取得文化经纪执业证书；

有一定的文化行业或经纪行业的从业经验；

符合《城乡个体工商户管理暂行条例》的其他规定。

其中第 5 项条件主要是指申请成为个体经纪人必须是符合国家规定的可以从事个体工商业经营的人员。根据《城乡个体工商户管理暂行条例》的规定，有经营能力的城镇待业人员、农村村民，以及国家政策允许的其他人员，都可以申请从事个体工商业经营。

设立从事经纪活动的个人独资企业，应当有一名以上经纪执业人员。

②设立合伙文化经纪组织具备的条件。《中华人民共和国合伙企业法》中规定：合伙经纪组织是从事经纪业务的合伙企业。合伙企业是企业的一种组织形式，是由各合伙人订立合伙协议、共同出资、合伙经营、共享收益、共担风险，并对合伙企业债务承担无限连带责任的营利性组织。根据《中华人民共和国合伙企业法》的规定，设立合伙企业应当具备下列条件：

有两个以上合伙人，并且都是依法承担无限责任者；

有书面合伙协议；

有各合伙人实际缴付的出资；

有合伙企业的名称；

有经营场所和从事合伙经营的必要条件。

设立经纪人事务所应当符合下列条件：

有固定的业务场所；

有一定的资金；

由两名以上具有经纪执业证书的人员作为合伙人发起成立；

应当具有四名以上取得文化经纪执业证书的专职人员；

合伙人之间订有书面合作协议；

法律、法规规定的其他条件。

③设立文化经纪公司具备的条件。文化经纪公司是以公司为组织形式的、从事文化经纪业务的、负有限责任的企业法人。《中华人民共和国公司法》规定，公司组织形式有两种：有限责任公司和股份有限公司。有限责任公司（除国有独资公司外）由两个以上 50 个以下股东共同出资设立。股东以出资额为限对公司承担责

任，公司以全部资产为限对公司的债务承担责任。设立文化经纪公司应按照《民法通则》关于法人制度和《公司法》有关规定进行注册登记。

《公司法》规定设立有限责任公司应当具备以下条件：

股东符合法定人数；

股东出资达到法定资本最低限额；

股东共同制定公司章程；

有公司名称，建立符合有限责任公司要求的组织机构；

有固定的生产经营场所和必要的生产经营条件。

设立股份有限公司应当具备以下条件：

股份有限公司除国有企业改建之外，由五人以上发起，全部资本分为等额股份，发起人和其他投资者认购公司发行的股份而设立，股东以所持股份为限对公司承担责任，公司以全部资产为限对公司的债务承担责任。设立股份有限公司应当具备以下六个条件：

发起人符合法定人数；

发起人认缴和社会公开募集的股本达到法定资本最低限额；

股份发行、筹办事项符合法律规定；

发起人制定公司章程，并经创立大会通过；

有公司名称，建立符合股份有限公司要求的组织机构；

有固定的生产经营场所和必要的生产经营条件。

《经纪人管理办法》第 9 条规定设立文化经纪公司应当符合以下具体条件：

具有相应的组织机构和固定的业务场所；

注册资金在 10 万元以上；

有与其经营规模相适应的一定数目的专职人员，其中取得经纪执业证书的不得少于 5 人；

兼有特殊行业经纪业务的，应当具有 2 名以上取得相应专业经纪执业证书的专职人员；

专门从事某种特殊行业经纪业务的，应当具有 4 名以上取得相应专业经纪执业证书的专职人员；

《公司法》及有关法规规定的其他条件。

根据有关法律、法规及规章，除设立从事消费品和生产资料方面经纪业务的经纪公司外，设立从事文化方面经纪活动的经纪公司，无论专营或兼营，都应当具有四名以上持有文化经纪执业证书的专职人员。

在有的地方法规中，除上述基本要求外规定，设立从事文化经纪活动的法人企业，应当有五名以上文化经纪执业人员；设立从事文化经纪活动的其他非法人企业，应当有两名以上文化经纪执业人员。

**（3）注册管理的其他制度**

①营业执照制度。营业执照是国家的登记注册主管机关，依法给核准登记注册的工商企业和个体工商户颁发的准予从事生产经营或服务活动的合法凭证，具有法律效力。

登记管理法规规定：登记主管机关核发的营业执照，是经营主体从事生产经营活动的合法凭证。除登记主管机关依照法定程序可以扣缴或吊销外，其他任何单位和个人不得收缴。

营业执照正、副本均具有法律效力，不得伪造、涂改、出租、出借、转让、出卖和擅自复印，否则要依法追究责任。按照规定，企业向有关部门提交营业执照复印件的，应经原登记主管机关同意，并在营业执照上加盖登记机关的公章。

营业执照上的经营期限是企业从事合法经营活动的时间限度，超出此时间限度的即为非法经营。

营业执照若有遗失，必须登报声明作废后，才可以申请补发。

经营主体从领取营业执照之日起，即取得了生产经营的权利，同时也要接受工商行政管理机关的监督管理。因此，登记主管机关给企业核发的营业执照，绝非单纯的手续问题，而是按照国家法律、法规和政策规范经营主体的行为，加强对企业的监督管理，维护社会主义市场经济秩序的有力措施。

合法权益受到保护。企业法人和经营单位自领取营业执照之日起，就取得法人资格和合法经营权。它一方面可以作为对外进行经营活动的合法凭证；另一方面，当企业合法权益受到侵害时，可以凭执照请求登记主管机关或有关部门和法院给予保护。

营业执照是规范经营主体的行为，对经营主体本身有一定的约束力。经营主体只有在营业执照上核定的事项范围内从事不违反国家法律、法规及政策的生产经营活动，才能得到法律的保护，否则不但得不到保护，还要按照登记管理法规进行处罚。

②个体工商户换照、验照和企业年检制度。

- 个体工商户换照和验照。换照：根据有关规定，个体工商户的营业执照自开业之日起，每四年换发一次。个体工商户变更主要登记项目，也要换发新营业执照。个体工商户更换新营业执照不影响四年一次的例行换照。

验照：就是对个体工商户的登记项目和实际情况进行核对查验。对个体工商户逾期不办理验照手续，且无正当理由的，工商行政管理机关应当收缴其营业执照及副本。

- 企业年检制度。即企业在每一个生产经营年度内，按照规定的期限对本企业在本年度内的生产经营情况进行全面的检查，并向原登记的工商行政管理机关填报年度检查报告书的管理制度。

建立企业年检制度，不仅可以督促企业提高管理水平，及时纠正存在的问题，自觉按照核准登记的经营方式和经营范围从事生产经营活动，而且也能使工商行政管理机关了解和掌握企业的实际生产经营状况和守法状况，并对发现的违法违章行为进行处理。

企业年检实行以企业自报与登记主管机关审查相结合的检验方式。企业在规定的时间内，自行填报工商行政管理机关发给企业的年检报告书，由企业负责人签字盖章后送原登记的工商行政管理机关，工商行政管理机关进行调查和审核，签署审核意见。

③企业法人登记公告制度。企业法人登记公告制度既是企业法人登记注册的必经程序，同时也是监督管理的办法。企业法人登记公告是指登记主管机关依照法律规定，向社会发布的以企业法人已核准登记的主要事项为内容的政府文告，其具有特定的法律效力。企业法人登记公告分为开业登记公告、变更名称登记公告和注销登记公告三种。

公告制度作为监督管理的方法，对加强社会监督，维护企业法人的合法权益和社会经济秩序有着重要作用。

有利于社会对企业的监督。将企业的登记事项向社会公开，有利于发动全社会来加强对企业的经营活动进行监督。

有利于保护企业合法权益。企业登记事项一经公告，就具有法律效力。如企业法人名称经公告后，便享有专用权，具有排他性。任何其他企业不得冒用或使用与之相同或混同的企业名称。

有利于维护社会经济秩序。将企业登记的主要事项公告于社会，尤其是将企业的资信情况公告于社会，能使与其进行业务交往的企业、单位或个人了解情况，增强所签合同的可靠性。

对违反登记注册管理规定的处罚。个体工商户、工商企业在登记注册过程中、在生产经营过程中，若违反了国家有关登记注册的规定，登记主管机关要对其实施一定的行政处罚。工商行政管理机关对违反登记管理法规的行为依法拥有处罚权。处罚方式有：警告、罚款、没收非法所得、停业整顿、扣缴营业执照、吊销营业执照等。

### 6.2.2 文化经纪人的管理形式

从我国文化市场以及文化经纪活动的现状看，由于我国文化市场的形成和发展历史不长，因而文化经纪活动的发展也还处于起步阶段，文化经纪业务活动的范围和领域相对广泛但又不确定，文化经纪活动的方式和手段也很不规范，经纪活动还远没有纳入程序化、法制化的轨道。因此，目前我国的文化市场和文化经纪活动还存在着无序甚至是混乱现象。诸如：因文化市场诚信缺失而造成的恶性竞争，导致大量的粗制滥造、格调低下甚至是不健康的文化产品充斥文化市场，致使文化产品质量大幅下降；误场、罢演现象、虚假宣传、坑蒙观众、演出纠纷以及偷逃税费的现象也屡屡发生；文化中介组织、经纪人的违规操作现象也层出不穷，等等。因此，加强文化市场和文化经纪活动的管理，进一步规范文化市场秩序和文化经纪人的活动就显得尤为迫切。

对文化市场和文化经纪人的管理可从法律管理、道德管理、行业管理、企业管理等方面着手进行。

**（1）文化经纪人的法律管理**

法律是由全国人民代表大会及其常务委员会依据立法程序制定的法律规范文件。由于文化经纪人的业务活动较多地涉及法律和道德领域，所以，树立并强化文化经纪人的法律法规和道德观念与意识，加强他们的相关法律法规和道德规范的学习就显得尤为迫切和必要。文化经纪人必须严格按照相关法律的规定，在法律规定的领域或框架内从事文化经纪活动，做遵守法律的模范。

与文化市场有关的法律很多，例如《民法通则》《公司法》《税法》《著作权法》《经济合同法》《消费者权益保护法》等，文化经纪人必须依法从事文化项目的中介活动。

此外，文化经纪人还必须严格遵守和执行各类相关的法规。相关的法规主要有两类，即行政性法规和地方法规。

行政性法规。行政性法规是指国务院依据其职权，按照行政法规的制定程序制定并以国务院令的形式发布实施的，或者经国务院批准由国务院有关部、委、直属机构发布、施行的规范性文件。因为国务院是国家最高行政机关，所以这类法规称为行政法规。如 1982 年国务院批转广播电视部制定的《录音录像制品暂行规定》，1991 年《国务院办公厅转发文化部关于加强演出市场管理报告的通知》等。

地方法规。地方法规是指省、自治区、直辖市人民政府、自治区首府城市、计划单列市、自治州、自治县人民政府等地方人民政府制定的规范性地方性法规文件，如《上海社会文化管理暂行办法》《北京市图书报刊音像市场管理条例》等。对于各类法规，文化经纪人同样必须严格遵守，不做法律法规禁止的项目和活动，做遵守法律法规的模范。

**（2）文化经纪人的道德管理**

经纪人在社会活动中处于中立地位，往往起到纽带和桥梁作用，因其在市场经济发展过程中扮演着重要的角色，经纪组织常被誉为“市场经济的看门人”，它的健康发展直接影响到市场经济的深度发展。经纪人从业人员职业道德的缺失会增加交易成本、加大经济运行的摩擦，会影响经纪人自身的信誉和形象，同时还会严重扰乱市场秩序，不利于市场经济体系的建立和完善及各个行业市场的发育。因此，加强经纪人职业道德教育势在必行。

无论在何种情况下，文化经纪人都必须树立良好的道德观念。文化经纪人的个人利益和社会利益都应该是一致的。只要文化经纪人遵纪守法，依法办事，那么，在社会利益增加的同时，个人利益也必然会相应增加。文化经纪人也是社会的经纪人，成功的经纪人绝不仅仅表现为个人利益的不断增加，同时也为社会利益的增加作出贡献。因此，正确处理个人利益与社会利益的关系是成功的经纪人应具备的重要条件。文化经纪人在项目中介活动中，还应该具有极强的社会责任心，对客户要诚实，对利益要透明，对工作要精益求精。

因此，文化经纪人不仅要学会对自我行为的约束，而且要不断提高自身的社会觉悟和社会责任感，树立为社会作贡献的思想。一个成功的文化经纪人应该具有自我约束力，同时也能够接受社会的约束。在现实生活中，人们都会受到来自各方面的约束，要协调个人与社会、个人与集体、个人与个人之间的各种错综复杂的社会关系和经济关系。文化经纪人也不例外，只有具有强烈的自我约束力，同时也能适应社会道德约束的经纪人才是成功的经纪人。

自我约束。自我约束要求文化经纪人能够有效地约束自己的行为，使之符合社会的公共秩序。具体地说，文化经纪人要使自己的行为符合社会规范、符合公共道德，而不能使之与公共纪律和行为准则相背离。自我约束要求文化经纪人要以较高的标准要求自己，并在整个行为过程中充分贯彻和体现。

社会约束。社会约束是指公共准则、社会制度、政策法律对文化经纪人形成的约束。文化经纪活动作为一种社会职业，还应该有其职业规则。这些社会约束适用于每一位文化经纪人，可以有效地引导文化经纪人的中介行为，使文化经纪活动符合社会准则。

**(3) 文化经纪人的行政管理**

工商行政管理机关作为市场监督管理的主管机关，担负着市场准入、行为规范、合同监管、维护秩序、查处违法等职责。

国务院明确规定，由工商行政管理机关负责“组织管理经纪人、经纪机构”。为推动经纪人管理工作的开展，逐步将经纪人管理工作纳入规范化、法制化轨道，国家工商行政管理局于1995年10月26日发布了《经纪人管理办法》。这是我国第一部全国性规范经纪人活动的行政性规章。该办法的颁布明确了我国经纪人管理的基本内容和经纪人行为的基本规范，对文化经纪市场的发展和管理具有重要意义。

①文化经纪人行政管理制度。经纪活动作为一种市场经济活动，其主体经纪人必须服从工商行政管理机关和政府有关部门的行政管理。如今，我国各级工商行政管理机关及有关部门对其经营行为进行了较为系统、全面管理，并形成了切合我国实际的一系列基本管理制度。这些基本管理制度主要包括如下几个方面：

文化经纪人组织形式及活动方式。国家工商行政管理局颁布的《经纪人管理办法》明确规定：经纪人是指在经济活动中，以收取佣金为目的，为促成他人交易而从事居间、行纪或者代理等经纪业务的公民、法人和其他经济组织。

具体说来，经纪人主要有个体经纪人、合伙经纪人、公司经纪人等。经纪活动方式主要是居间、行纪和代理等。居间是指经纪人以自己的名义为他人提供交易机会，或促成他人之间进行交易；行纪是指经纪人受委托人的委托，以经纪人自己的名义与第三方进行交易，并承担相应的法律责任；代理是指经纪人受委托人委托，以委托人的名义与第三方进行交易，并由委托人承担相应的法律责任。

②文化经纪人应遵守的基本规则。国家对文化经纪活动的规范主要包括经纪人经营对象的规范和经纪人行为的规范。

• 关于经营对象的规范。国家明确规定：凡国家允许进入市场流通的商品和服务项目，经纪人均可进行经纪活动；凡国家限制自由买卖的商品和服务，经纪人应当遵守国家有关规定在核准的经营范围内进行经纪活动；凡国家禁止流通的商品和服务，经纪人不得进行经纪活动。

关于经纪行为的规范，国家明确规定经纪人在经纪活动中，应当遵守以下规则：a. 提供客观、公正、准确、高效的服务；b. 将订约机会和交易情况如实、及时报告当事人各方，妥善保管当事人交付的样品、保证金、预付款等财物；c. 按照约定为当事人保守商业秘密；d. 记录经纪业务成交情况，并保存三年以上；e. 收取当事人佣金应当开具发票，并依法缴纳税费和行政管理费。

对于违反上述有关规则的经纪人，要依照有关法律法规规定处理；法律法规没有规定的，由工商行政管理机关根据情节处以警告、没收非法所得、罚款等处罚。

国家还规定经纪人不得从事下列行为：a. 超越其核准的经纪业务范围；b. 隐瞒与经纪活动有关的重要事项；c. 签订虚假合同；d. 采取胁迫、欺诈、贿赂和恶意串通等手段，促成交易；e. 伪造、涂改、买卖各种商业交易文件和凭证；f. 向当事人索取佣金以外的酬劳；g. 参与国家明确规定的违禁物品、专控商品及其他不允许经纪人从事经纪业务的经纪活动；h. 兼职经纪人员接受与所在单位有竞争关系的当事人委托，促成交易，等等。

对于从事上述违法行为的经纪人，国家法律、法规已有规定的，按有关规定处理；法律法规没有规定的，由工商行政管理机关根据情节处以警告、没收违法所得、罚款、责令停业整顿、吊销营业执照等处罚，并可吊销直接责任人员的经纪资格证书。

• 经纪合同管理制度。经纪合同是经纪行为的具体体现，也是经纪活动的核心，因此对经纪合同的管理是政府对经纪行为监督管理中的重要内容。《合同法》的有关内容明确规定经纪人承办经纪业务，除即时清结者外，应当根据业务性质与委托人签订书面居间合同、行纪合同或者委托合同。合同应包括以下内容：

委托人和经纪人的名称或姓名、住所；

经纪的事项、完成的期限和具体要求；

经纪人的权限范围；

佣金的数额及支付的时间、方式；

违约责任、纠纷解决方式以及双方认为应当约定的其他事项。

此外，各级工商行政管理机关负责经纪合同的监督管理，制定统一的经纪合同文本，并负责经纪合同的签证工作。

③文化经纪人行政管理的主要原则。就我国当前的文化经纪人行政管理部门来说，任何一个行业主管部门除从行业规范的角度外，很难对文化经纪人实施综合性的、动态的管理。为更好地贯彻《经纪人管理办法》，落实文化经纪人行政管理，许多地方政府相继出台了有关文化经纪人管理的地方性法规。

● 鼓励发展与适度规范相结合的原则。降低准入门槛：所谓低门槛，就是在具备了专业的经纪知识和文化行业知识的情况下，尽可能地放宽进入文化经纪人行业的资格条件。适度规范：在突出培育发展的同时，始终坚持适度规范，引导文化经纪业有序发展，如明确不予核发文化经纪执业证书的条件；严格规定文化经纪人不得从事经纪活动的范围；设定违法经纪行为的处罚办法等。

● 强化自律与适度干预相结合的原则。强化自律管理：强化对文化经纪人的自律管理，发挥文化行业协会在这方面的作用，不仅符合当前政府职能转变的要求，也符合我国建立市场经济体制的目标，具有十分积极、重要的意义和作用。在这方面，国内外已经积累了许多成功的经验，如赋予文化经纪人协会一定的文化经纪人管理职能等。明确文化经纪人协会的性质、职责，并赋予文化经纪人协会享有部分法定权力，包括负责文化经纪人执业培训的组织工作，颁发文化经纪执业证书，接受投诉，调解文化经纪执业活动中的纠纷，建立文化执业经纪人的信誉档案，并按照文化经纪人协会章程规定对执业文化经纪人进行奖励和惩戒等。

适度干预：在强化自律的同时，规定了适度行政干预的内容。工商行政管理机关作为文化经纪人的主管部门，负责文化经纪执业人员和经纪机构的登记注册，对文化经纪执业人员、个体文化经纪人、文化经纪企业进行监督管理，指导文化经纪人协会的工作。

● 权利和义务相结合的原则。

经纪人的权利：在已有的经纪人管理的法规中，对经纪人义务规定的多，权利明确的少。实践中，委托人隐瞒真实情况，损害经纪人权益的情况时有发生。如果法律仅保护委托人的利益，而不是或较少地保护经纪人的权益，对进一步促进经纪业的发展是不利的。因此，专门规定了经纪执业人员的权利：a. 经纪人有权要求委托人提供资信状况、履约能力、商品质量等方面真实可靠的资料；经纪执业人员有向委托人了解委托事务真实情况的权利；b. 委托人隐瞒与经纪业务有关的重要事项、提供虚假情况或者要求提供违法服务的，经纪执业人员有中止经纪业务、建议经纪组织解除经纪合同的权利；c. 经纪执业人员依法享有保守自己经纪业务秘密的权利；d. 经纪执业人员有权依法在其执业的经纪合同上签名；e. 经纪组织签订经纪合同时，应当附有执行该项经纪业务的经纪执业人员的签名；f. 经纪执业人员依法享有其承揽经纪业务的执行权。未经委托人和本人同意，经纪组织不得随意变更经纪业务执行人；g. 因经纪行为促成交易的，委托人应当按照约定向个体经纪人、经纪组织支付佣金；没有约定佣金或者约定不明确的，依照《中华人民共和国合同法》和国家有关规定执行；h. 当经纪执业人员的合法权益受到侵害的，可以向工商行政管理机关或者有关行业行政管理部门申诉，也可以向经纪人协会投诉。

经纪人的义务：根据权利和义务相结合的原则，经纪人在享有充分的权利时，应履行必要的义务。《条例》规定：a. 经纪执业人员不得同时在两个以上个体经纪人或者经纪组织中从事同一行业的经纪业务；b. 经纪执业人员不得利用执业便利，收取佣金以外的报酬；c. 经纪执业人员加入或者变更经纪组织的，应当凭经纪组织的证明向核发该经纪组织营业执照的工商行政管理机关备案，由工商行政管理机关在其经纪执业证书上加注或者变更其所在的经纪组织的名称；d. 经纪执业人员应当在核准的经纪业务范围内据实提供经纪服务；e. 经纪执业人员应当向当事人据实介绍经营业绩，并在执业服务说明材料上署名。

经纪人在经纪活动中，应当遵守经纪规则，承担以下义务：a. 提供客观、公正、准确、高效的服务；b. 将签订合同的机会和签订合同的情况如实、及时报告当事人各方；c. 妥善保管当事人交付的样品、保证金、预付款等财物；d. 为当事人保守商业秘密；e. 记录经纪业务成交情况；f. 法律、法规规定的其他义务；g. 经纪人应当依法缴纳税费，对不合法的收费有权予以拒绝。

经纪人的法律责任：经纪人在经纪活动中必须遵守有关法规，对自己的经纪行为承担相关法律责任，涂改、出租、出借、转让经纪人执业证书的，或者超越核准的经纪业务范围开展经纪活动的，责令改正，没收违法所得，处以一定的罚款，并可暂扣经纪执业证书三个月以上一年以下；情节严重的，吊销经纪执业证书。伪造经纪执业证书尚未构成犯罪的，由公安机关依照《中华人民共和国治安管理处罚条例》的规定予以处罚。

尚未取得经纪执业证书的人员、取得经纪执业证书但未领取个体经纪人营业执照或者未加入经纪组织的人员，以经纪执业人员的名义从事经纪活动的，责令改正，给予警告，没收违法所得，并可以处以一定的罚款。

从事国家禁止自由流通的商品和提供的服务的经纪活动的，责令改正，没收违法所得，并可以对个体经纪人或者经纪组织处以一定的罚款；情节严重的，吊销经纪执业人员的经纪执业证书。在经纪活动中弄虚作假或者以非法手段促成交易的，没收违法所得，并可以对经纪执业人员处以一定的罚款；情节严重的，并吊销经纪执业证书。

在经纪活动中牟取不正当利益或者侵犯委托人商业秘密，给当事人造成损失的，按照有关法律、法规的规定予以处罚，并吊销经纪执业证书。

根据有关规定，经纪人违反法律、法规，给当事人造成损失的，应当依法承担相应的赔偿责任。经纪组织承担赔偿责任后，可以向有过错的经纪执业人员追偿。

**(4) 文化经纪人的行业管理**

①文化经纪人行业协会。文化经纪人行业协会是从事文化经纪业务的公民、法人和其他经济组织，为共同维护文化经纪事业而组成的自我管理、自我教育和自我服务的社会团体，是经依法登记注册，具有法人资格的非营利性社团组织。

文化经纪人协会在遵守宪法、法律、法规和国家政策，遵守社会道德风尚的基础下开展活动。团结、教育、引导本地区文化经纪人加强行业自律，完善自身建设，维护合法权益，交流工作经验，沟通服务信息，协调内外关系。增进友谊协作，提高文化经纪服务水平，促进所在地区文化经纪业的健康、有序、快速发展。

文化经纪人协会应接受地方工商行政管理机关和民政部门的业务指导与监督管理，接受政府的宏观管理，贯彻执行党和国家的方针政策，依据协会章程，发挥职能作用，并独立自主地开展工作。文化经纪人协会应履行的职责主要包括：组织经纪资格考核，颁发经纪执业证书；维护会员的合法权益。组织经纪执业人员业务培训；制定经纪执业准则，进行经纪执业人员执业道德和经纪执业人员纪律的教育和检查；接受投诉，调解经纪执业人员活动纠纷按照章程对会员进行奖励和惩戒；对会员的违法行为，向工商行政管理机关和其他有关行业行政管理部门提出处理建议。

②文化经纪人行业协会的职能范围。通常，经纪人协会的职能范围主要包括以下内容：a. 组织开展业务培训，配合政府部门做好文化经纪人资格认定工作；b. 指导地方文化经纪行业工作，协调会员之间及其与政府有关部门之间的关系；c. 组织、引导文化经纪人认真学习，正确执行国家有关法律法规、规章和政策，不断增强法制观念，提高业务素质和职业道德水平，完善行业自律措施和手段；d. 讨论和制定行业规约，表彰先进，处罚违规者，提高行业自律能力等；e. 反映经纪人的意见和要求，调解经纪业务纠纷，为经纪人排忧解难，维护经纪人的合法权益；f. 开展学术研讨，组织经验交流，评审、推荐和奖励有关经纪管理方面的优秀论文和杰出人才，为有成就的会员单位宣传，以提高知名度；g. 开展对外交流活动，发展与国内外相关组织和社团的友好往来与合作；h. 编印发行行业会刊和有关资料；组织开展会员之间的联谊活动和其他服务活动，丰富和活跃经纪人生活；i. 面向社会企事业单位，根据其生产经营需要，接受委托，提供相关的信息咨询服务；j. 接受政府有关部门的委托和授权，办理特定的事项，行使其行业管理的职能。

③文化经纪人行为的自律。文化经纪人从事经纪活动要注意以下几点：同与其

经纪活动相关的一方勾结，损害另一方的利益；签订虚假合同；对委托方进行夸大诱导，占用委托方钱财；超越核准的业务范围进行经纪活动。

文化经纪人活动应注意的事项：

文化经纪人应当加强行业自律，在法律规定的范围内从事经纪活动，不得从事违反法律、政策的经纪活动。有些领域是国家法律法规禁止参与中介的，即使客户给十倍、百倍的佣金，经纪人也不能动心，不能玷污自己的人格。否则，必将受到法律的制裁和行业协会的处罚。经纪人活动应注意以下事项：

- 不要从事无证无照经纪。目前，社会上无证无照的经纪活动仍普遍存在，尤以文化、出版、医药等领域最为严重。这种无证无照经纪活动既损害了客户的利益，也损害了国家的利益。无照经纪，“地下经纪”或“黑市经纪”，是国家重点取缔和打击的对象。我国经纪人登记管理的主管机关是国家工商行政管理总局和地方各级工商行政管理局，有志于成为经纪人的，应首先到当地工商行政管理机关登记，取得合法资格，以保障自己经纪活动的合法权益，使自己将来所从事的经纪事业健康发展。

国家规定：经纪从业人员须取得经纪执业证书方可从事经纪活动。这一规则对于那些靠坑蒙拐骗致富的经纪人来说，经纪执业证书是一种制约；就那些从事正当经纪活动的经纪人来说，表面上来看，自己的收入或多或少受些影响，但是却有一种保障。这一规则可以保障经纪人的正当权益。当遇到对方违约时，经纪人的合法利益可以得到法律的保护。尤其是随着我国社会主义市场经济的不断完善，经纪人活动和管理逐步规范，没有持证上岗的经纪人必然会感到生意越来越难做，因为，在许多情况下，经纪执业证书就是一种信誉的象征和保证。当别人对你的信誉感到怀疑的时候，经纪的机会、成功的几率就会很少。拥有经纪执业证书是经纪从业人员执业的必备条件。

- 切忌参与走私商品的中介。没有国家进口许可证，绕过或蒙混海关，将海外商品偷运入境的行为，就是走私行为。走私是我国严厉打击的行为，作为经纪人，要提高法律意识，对进口商品或物资的中介，必须首先辨别是走私商品还是合法的进口货物，是否有进口许可证等有关手续。对于走私品，经纪人绝对不能参与中介，而应及时向有关部门举报，尽一个公民应尽的义务。

- 切忌参与国控物资及国家保密信息的收集与中介。随着我国改革开放的不断深入，国家已经取消了商品的统购统销，但是为了保护市场物价的基本稳定，控制通货膨胀率的非正常增高，维护市场秩序和国家利益，国家仍对少数商品实行限制性经营。比如：文物的买卖等。因此经纪人必须随时注意国家或地区颁布的法令和规定。凡规定国有公司专卖、专营和指定单位经营的商品、物资，在中介时要必须注意委托方的经营资格。至于国控物资和产品现在还保留多少，应随时掌握。有些文化产品的经营是不能插手的，属于国家机密的信息、产品和原材料，经纪人一定要慎重。即使是牵线搭桥，也要事先征得安全等有关部门的批示。总之，保守国家机密是公民应尽的职责，作为经纪人应该有责任去保守国家机密，遵守国家政策和法令。

• 禁止参与假冒伪劣商品的中介。目前在市场中，一些人受个人利益的驱动，生产了许多假冒伪劣商品。这种现象对社会影响很坏，在某些领域甚至到了真假难分，好坏混杂，劣胜优汰的程度。假冒伪劣商品不仅损害消费者和生产厂家的利益，也损害国家的利益，它们之所以屡禁不止，原因很多，但与流通领域的问题有关。搞假冒伪劣产品的厂家和销售者是真正的投机倒把者，应该绳之以法。如果经纪人参与假冒伪劣商品的中介，使买方和消费者受到损害，也同样要受到法律制裁，轻者取消经纪执业资格、罚款、赔偿，重者要负刑事责任。

**(5) 文化经纪人的企业管理**

①文化经纪组织的种类。

文化经纪组织，指具有企业性质和组织形式的文化经纪公司、文化经纪行、文化经纪人事务所等机构，是自主经营、自负盈亏的法人实体。文化经纪组织可以是全民所有制、集体所有制，也可以是私营企业。

合伙文化经纪组织。合伙经纪组织是从事经纪业务的合伙企业。合伙企业是企业的一种组织形式，是由各合伙人订立合伙协议，共同出资、合伙经营、共享收益、共担风险，并对合伙企业债务承担无限连带责任的营利性组织。

文化经纪公司。文化经纪公司是以公司为组织形式的、从事经纪业务的、负有限责任的企业法人。《中华人民共和国公司法》规定，公司组织形式有两种：有限责任公司和股份有限公司。有限责任公司（除国有独资公司外）由 2 个以上 50 个以下股东共同出资设立，股东以出资额为限对公司承担责任，公司以全部资产为限对公司的债务承担责任。股份有限公司除国有企业改建的外，由五人以上发起，全部资本分为等额股份，发起人和其他投资者认购公司发行的股份而设立，股东以所持股份为限对公司承担责任，公司以全部资产为限对公司的债务承担责任。

②文化经纪组织的作用。

分工协作，团体作战。文化经纪活动发生在流通领域中，而流通领域范围广泛、环节众多，个人的知识、力量、经验是有限的，仅靠个人的力量是很难把流通中各个环节的工作都承担下来的。在这种情况下，经纪组织便可以发挥个人无法发挥的作用。经纪组织内部的职能部门进行分工协作，相互配合，使得经纪活动的质量和效率大为提高。经纪组织一般比个体经纪人更会注重自己的信誉和形象，讲求工作效率和职业道德，因为通常情况下，人们会更相信一个组织，更信赖有组织地进行工作的经纪机构，再加上经纪组织在国家行政监管部门依法注册登记，不像个体经纪人飘忽不定，难以把握。

保证信用，促进交易。在经纪活动中经常出现的问题是，卖方担心交货后收不回货款，买方则担心预交了款后收不到货，供求双方互不信任，出现商业信用危机。在这种情况下，可以发挥经纪组织的作用。具体做法是：先由买方将货款打入经纪组织的账户，并由经纪组织向卖方出示货款已到的单据，卖方见到单据确认无疑后再把货物发运，然后向经纪组织出示货物已经发运的证明，经纪组织确认后，就把货款转给卖方。这样，基于买卖双方对经纪组织的信任，经纪组织便有效地发挥了保证交易安全，避免出现商业信用危机的作用。

调解纠纷，维护秩序。文化经纪组织可以对合同履行过程中发生的纠纷进行调解，尽管这不属于文化经纪组织职责范围内的事情，但如果进行调解至少会有以下好处：

经纪组织对合同内容比较了解，对争议的内容容易提出明确的意见或建议，从而使纠纷得以化解。

由于在经纪活动过程中已与当事人建立了一定程度的信任，经纪组织的调解工作容易得到双方当事人的配合。

经纪组织的经纪人一般对有关的专业知识和法律知识了解较多，容易使协议的调解在合法的基础上达成一致意见，一般不会无原则地调解而造成是非不清，引起双方不满。因此，在合同纠纷的调解过程中，除了国家仲裁机关外，也可以发挥经纪组织的调解作用，从而促使经纪活动的有序进行。

③文化经纪组织的设立。经纪组织作为一种法人组织，其设立程序与其他法人组织基本是相同的。经纪组织要取得法人资格，就必须在工商行政管理部门注册登记，领取营业执照。注册登记的内容包括；法人名称、住所、经营场所、法人代表、经济性质、经营范围、经营方式、资本金、从业人数、经营期限，分支机构等。经纪组织还应提交下列文件：

组建负责人签署的登记申请书；审批部门的批准文件；组织章程；验资报告；企业主要负责人的身份证明；经营场所使用证明等。

## 6.3　文化经纪执业核准与注册

### 6.3.1　文化经纪人具备的条件

在现实生活中，不可能所有的人都能成为文化经纪人。文化经纪执业人员作为经纪人的执行者或受托人，其言行代表经纪人，其经纪业务水平和创造的业绩，即是其所代表的经纪人的业务水平和业绩。所以，文化经纪执业人员应有一定素质和能力。一般来说，文化经纪执业人员应具备的条件主要有四个方面：

**(1) 具备完全的行为能力**

只有具备完全行为能力的人才能成为文化经纪执业人员，限制行为能力和无行为能力的人不能作为文化经纪执业人员。文化经纪执业人员必须是满一定年龄的精神健康的人。我国《民法通则》规定，只有年满18岁的精神健康之人才具有完全行为能力，这样的人才有可能成为文化经纪执业人员。本来已取得文化经纪执业人员资格的人，可能会因为各种原因丧失完全行为能力，这时，也应及时取消其执业资格，否则进行文化经纪活动是无效的。

**(2) 设有职业限制**

在我国，只有非党政机关、企事业单位的人员和职工，才能以自己的名义成为文化经纪执业人员，其从事经纪活动的收入归己所有。我国禁止国家机关工作人员和现役军人成为经纪执业人员，以防止利用职务之便，利用手中掌握的权力或经济情报居间牟利，损害国家和公民的利益。在职党政机关人员除非辞去公职，一般不许停薪留职从事经纪活动。企事业单位的员工，只有经过单位同意，才能利用业余时间兼职从事商品中介活动。

**(3) 具有一定的知识结构**

文化经纪执业人员必须具备一定的商品知识、法律知识、经纪业务知识和专业知识。文化经纪执业人员需要掌握的法律知识，是指从事某一文化领域的有关法律(如演出经纪执业人员必须熟悉演出市场的有关法律）和对文化经纪执业人员适用的法律以及其他经济法规。经纪业务知识，是指商业流通领域中的中介业务知识和技术。文化经纪执业人员要经过培训、考试、审查等的资格认定，合格后，方能取得文化经纪执业证书。

**(4) 具有一定的经济能力**

文化经纪执业人员必须具有相对固定的营业场所和一定的独立财产，能提供经济担保，能独立承担相应的民事责任，并向工商行政管理机关提出申请，依法领取营业执照。

### 6.3.2 文化经纪执业条件

文化经纪业是一个非物质产业，文化经纪业由经纪从业人员的具体的居间行为、行纪行为、代理行为等构成，因此文化经纪业发展的关键取决于从业人员的素质，文化经纪业的规范也主要取决于对经纪从业人员素质的把握。根据这一特点，各地在制定文化经纪人管理法规时对经纪从业者的条件、资格及考核都有一些明确的规定。我国有关管理规章中都将对文化经纪从业人员资格的规范作为一项重要的管理内容，其中包括经纪从业人员的条件、培训、考核、发证等资格认定的具体内容。此外，在规定个体经纪人、合伙经纪人、公司经纪人登记注册的条件时，均明确规定了要具备相应数量具有文化经纪执业证书的从业人员。如规定设立文化经纪公司要有五名取得文化经纪执业证书的专职经纪人员。

一般情况下，具备下列条件的人员，经工商行政管理机关或文化经纪人协会培训、考核，符合条件的，方可取得文化经纪执业证书：

具有完全民事行为能力；

具有从事文化经纪活动所需要的知识和技能；

有固定的住所；

掌握国家有关的法律、法规和政策；

申请经纪资格之前连续三年以上没有犯罪和经济违法行为等。

### 6.3.3　文化经纪人资格证书的核发

目前我国实行文化经纪人执业资格考核制度。文化经纪执业资格考核由经纪人协会统一组织。考试大纲和考核要求由工商行政管理机关会同有关行政管理部门审定。考核合格者，由经纪人协会在 30 日内发给文化经纪执业证书。

培训、考试的基本科目应包括“经纪人概论”、“法律知识”、“市场营销”及“工商行政管理法规”等主要内容。从事文化经纪活动的文化经纪人，除进行基本科目的考试外，还要进行与从事的文化行业相关的专业知识培训和考试，经考核符合规定条件的，由经纪人协会核发文化经纪执业证书。只通过基本科目考试的，在核发的经纪执业证书上应注明“消费品、生产资料”字样；只有通过了文化方面的专业知识考试，才可以在核发的经纪执业证书上注明相应的文化项目。经考试、审核不具备文化经纪人条件的，一律不得核发文化经纪人执业证书。

工商行政管理机关对持有文化经纪执业证书的人员实行从业记录检查制度，以加强对持有文化经纪执业证书人员的监管工作：

无民事行为能力或者限制民事行为能力的；

刑罚执行完毕未满三年的，但过失犯罪除外；

吊销经纪执业证书未满两年的；

法律、法规规定不得从事文化经纪活动的其他人员。

经纪执业证书应当载明经纪执业人员的姓名和经纪业务范围等事项。文化经纪执业证书不得伪造、涂改、出租、出借、转让。

《文化经纪资格证书》是文化经纪从业人员取得经纪资格的凭证，也是申请从事文化经纪业务工作的证明。凡是从事文化经纪业务活动的人员，具备一定条件，参加国家主管机关组织的培训，经过考核批准，工商行政管理机关发给《文化经纪资格证书》。只有获得《文化经纪资格证书》的人员，才能参加文化经纪人事务所、文化经纪公司等组织从事文化经纪业务工作，也可以向工商行政管理机关申请个体工商户登记，成为个体文化经纪人。

具备文化经纪资格条件的人员，必须向工商行政管理机关申请资格认定。申请时应提交下列材料、证件：①经纪资格申请书，申请认定书应载明住所、业务专长、个人简历和申请参加培训的专业等情况；②居民身份证及复印件两张；③专业知识证明或技术、专业职称证书；④一寸免冠正面照片三张；⑤其他有关证件。

除工商行政管理机关依照法定程序可以扣缴或者吊销《文化经纪资格证书》外，其他任何单位或个人不得收缴、扣押、毁坏。《文化经纪资格证书》遗失，需登报声明后，向发证机关申请补领。

## 6.4 文化经纪人协会

### 6.4.1 文化经纪人协会现状

我国文化娱乐行业经营机构目前仍处于单打独斗的模式，在面对需要行业集体发声的问题时，无法形成统一的行业意见。这不仅无法有效保护本行业的合法权益，也阻碍文化娱乐行业全国性标准、规范的建立和实施，影响了政府部门对行业管理和引导的效果。同时，文化娱乐行业正面临前所未有的历史机遇，行业的转型升级、跨界发展，都需要全国性行业组织协调规划。因此，全国性文化娱乐行业协会的成立迫在眉睫，也被全行业从业人员和政府主管部门寄予了厚望。特别是公安部此次对于中国文化娱乐行业协会工作的支持，对文化娱乐行业的健康发展具有积极意义。

文化市场中与经纪人密不可分的主要是演出市场和艺术品市场。随着演出市场的日益发展，演出经纪人地位将越来越突出。目前我国演出经纪人主要有两种类型：一是演出经纪机构，二是文艺表演团体。

中国文化娱乐行业协会是文化娱乐领域全国性社团组织，会员横跨歌舞娱乐、游戏娱乐、家庭娱乐、地方文化娱乐行业协会、展会、娱乐行业技术内容服务等多个业态。成立中国文化娱乐行业协会将促进政府加快职能转变，理顺政府与文化娱乐行业协会、市场之间的关系，促进文化娱乐行业转型升级，有利于提升娱乐行业形象，维护行业合法权益，加强整个行业的组织、自律、协调、服务和指导。目前全国共有文化娱乐行业协会 30 余家。除由文化部主管，刚刚成立的中国文化娱乐行业协会外，上海、天津、福建、安徽、宁夏等 9 个省自治区、直辖市成立了协会，另外还有 20 余家省会城市、计划单列市和地级市、区、县成立了协会。地方文化娱乐行业协会为协助政府监督、管理、宣传、引导文化娱乐行业规范经营、守法经营，推动整个行业的健康发展，保护行业合法权益已经起到了积极的促进作用。

### 6.4.2 文化经纪人协会的意义

文化经纪人协会是连结文化市场生产、流通和消费各个环节的服务性组织，是沟通政府、文化市场经营单位、消费者之间的桥梁和纽带。大力发展文化经纪人协会，对于落实国务院关于深化政府职能转变的要求，构建富有活力的现代文化市场体系，促进文化市场的规范有序发展有着重要意义。

**(1) 促进政府加快职能转变，理顺政府与文化经纪人协会、市场之间的关系**

促使政府部门进一步简政放权、转变职能，将不属于职能范围的大量做不好也管不了的事务性工作交给行业协会；将不涉及重大公共利益的审批事项该取消的取消，该交给行业协会的交给行业协会。这样一方面可减轻政府负担，另一方面可增强行业协会行业内的权威与公信力。比如可以借鉴国外经验将一些文化产品内容审查、标准化建设、行业信用体系建设、评级、行业发展报告等工作交由相关的行业协会执行。如日本的电影审查，走过了一条由政府主导审查向行业协会主导审查演变的过程，结果并没有导致混乱，而是大大推动了日本电影业的健康发展。日本影协下设的电影伦理管理委员会负责电影审查，每年约审查 500 部电影。凡未经该机构审查的作品，一律不能在影院公映。因此，日本的文化企业很看重行业协会，不仅积极参加，而且遵守行规。

**(2) 促进文化经纪人行业转型升级**

从文化经纪人行业发展来看，我国文化经纪人行业正面临转型升级的极佳机遇。娱乐场所规模化、连锁化、品牌化、特色化趋势明显，娱乐场所与互联网、旅游、综合商业设施、体育等各个领域积极融合，扭转了行业杂乱弱小、秩序混乱的局面，如万达集团开创的文化娱乐综合体模式；丽江、凤凰古城对演艺类酒吧一条街进行整体规划；成都市以娱乐场所聚集区为主打造“文化超市”等，合理科学的场所布局，对地方文化、经济和社会效益形成拉动效应。从文化娱乐产品来看，更加丰富多元，生产能力大幅提升。从娱乐消费模式来看，大众消费需求日益突出，娱乐行业形象得到很大提升，如长沙开展的“万名市民免费进歌厅”活动，向环保工人赠送歌舞娱乐场所消费券，均取得了良好的社会反应。

**(3) 有利于提升经纪人形象，维护行业合法权益，加强整个行业的组织、自律、协调、服务和指导**

以歌舞娱乐场所的知识产权保护工作为例，如何在科学有效地保护音乐权利人著作权的基础上，维护歌舞娱乐行业的合法权益，已成为行业亟待解决的课题。由于之前歌舞娱乐行业没有全国性的协会，使得场所在与各种版权地理机构沟通时，处于分散无力的状态，不仅没能有效推动知识产权保护工作，自身的合法权益也未能得到有效保障。加上与社会各方没有建立有效的沟通平台，也使得行业形象受到极大负面影响。中国文化娱乐业行业协会的成立，既为集中解决行业面临的实际问题提供了沟通的平台，也有利于发挥行业协会在维权、自律、跨界合作等方面的作用。

## 本章小结

由于我国文化市场的形成和发展历史不长，目前我国的文化市场和文化经纪活动还存在着无序甚至是混乱现象。因此，加强文化市场和文化经纪活动的管理，进一步规范文化市场秩序和文化经纪人的活动就显得尤为迫切。对文化市场和文化经纪人的管理可从行业管理、企业管理等方面着手进行，特别应加强对文化经纪人的法律管理和道德管理。

## 阅读材料

### 上海百余演出经纪机构激活市场

有数据显示，2005年上海文化进出口贸易额的逆差比从上一年的9：1降低为4.7：1，在文化产品引进的层次和质量不断提高的同时，“走出去”的步子也在加大。这是上海在深化文化体制改革的过程中，重视中介环节发育，努力激活市场，不断培育完善现代文化市场体系建设所取得的新收获。

杂技芭蕾《天鹅湖》最近在莫斯科的大剧院卖出了8000卢布一张的票价！上海城市舞蹈公司总经理李明乐滋滋地告诉记者：“这是我国文艺作品中首个进入俄罗斯的商业演出项目，票价基本与俄罗斯国内一流演出持平甚至略高。”这一不久前轰动莫斯科的演出项目，就是一家民营演出公司着力于市场运作尤其是中介能力开发所取得的成果。近年来，上海演出市场持续繁荣，这和上海这些年重视和推进文化中介企业、演出经纪的发展密切相关。据统计，目前上海演出经纪机构全年经营演出项目总数已达到上千个，大量世界级的优秀作品被引进到申城，国内的优秀作品也由他们穿针引线，介绍到了国外。

在全国文化体制改革工作会议上国家要求各地以培育现代文化市场体系为重点，更好地发挥市场机制的积极作用。一些专家认为，一个完善的市场体系的建设，必须有发育成熟的中介环节。文化中介公司承担的就是这种职能，它是文化市场交易的桥梁和纽带。在目前文化市场上，不仅一些独立开辟市场还有困难的企业需要通过中介公司去开发，而且一些有能力独立开辟市场的文化企业，也可以通过中介公司的辐射网络，帮助其进一步做大做强。

《悲惨世界》《剧院魅影》等世界著名音乐剧以及多明戈、迈克波顿、玛利亚·凯丽等国际巨星频频来沪演出，这些演出盛事也正是上海文化中介企业迅速发展壮大的缩影。尤其是舞剧《野斑马》《霸王别姬》通过上海演艺总公司、上海城市舞蹈公司等中介企业的运作，相继赴海外大规模巡演，赢得海外票房和口碑。

截至 2005 年底的统计数据显示，上海市现有各类演出经纪机构 157 家，国有演出经纪机构在经营上仍占主导地位。但随着经济的发展和市场的放开，民营企业及个人兴办演出经纪机构也迅速发展，目前这类演出经纪机构数量已达到 122 家，是国有演出公司数量的近 3.5 倍，多种经济成分经纪公司竞争格局的形成和大量新资本的注入，也预示了这一市场领域孕育着新的发展机会。

（资料来源：邢晓芳．文汇报，2006-5-7）

## 思考讨论

1. 试论述当前加强对文化市场和文化经纪人活动管理的意义。
2. 文化经纪人的管理形式有哪些？请具体说明道德管理。
3. 设立个体文化经纪人具备的条件是什么？
4. 建立文化经纪人制度的原则是什么？

# 第 7 章 文化经纪职界

**内容提要**

文化经纪人是指与文化市场相关的众多行业的经纪人群体，即在演出、出版、影视、娱乐、美术、文物、体育等文化市场上为供求双方充当媒介而收取佣金的经纪人。由于具体的文化领域不同，由此形成了文化经纪的不同职界。本章主要对几类主要的文化经纪人进行介绍。

## 7.1 演艺经纪人

### 7.1.1 演艺经纪人的历史、现状与发展

改革开放初期至 20 世纪 90 年代初，以“穴头”为代表的非法演艺经营活动十分猖獗。“穴头”主要是一些非演艺经营单位或个人，以营利为目的，私进国家剧团（院）、部队文工团等演艺团体的演职员，组织各类营业性组合（团）演艺活动。由于是非法、非正规的活动，演出质量、演出人员的利益都无法稳定保障。

随着经济社会的发展，非法“穴头”逐渐被正规的“演艺经纪人”代替。演艺经纪人主要是指从事影视摄制、组织演出、时装表演、音乐会等活动的经纪人。演艺经纪人通过努力活跃了演艺市场，丰富了人民群众文化生活，其正常经营活动在国家法律保护下，是市场经济机制的重要组成部分的。他们拉得起、走得出，灵活机动，瞄准市场，产销两利，既能使演员的艺术才能得到充分发挥，又能丰富和满足人民群众文化生活的需要。然而，演艺经纪人在中国的发展也是经过了曲折的道路。

**(1) 从贴“传单”做起的经纪人**

现任北京星碟文化发展公司总经理的王晓京初做经纪人的时候，还不知道自己做的工作就是现代演艺经纪人所做的工作。当时，经纪人这个称谓还十分陌生，后

来才知道自己做的工作在外国叫做经纪人。

1988 年，王演京与崔健合作的时候，演艺经纪的各种条件极不成熟，尤其是媒体很不发达，演艺的宣传还停留在传播的原始阶段——口耳相传，通过电话联系观众，然后一传十、十传百。当时喜欢摇滚乐的大多是在京外国人和为外企工作的中国人。王晓京就自己动手画一些简陋的印刷品到各大使馆、外国公寓去张贴。这就是王晓京最初做演艺经纪人所做的工作。

崔健在北京展览馆的第一次演唱会给王晓京留下了深刻的印象。当时，从决定演艺到实际演艺整个操作过程前前后后不过 20 天。而随后的“亚运会百万募捐义演”的全国巡演，更是让于晓京获得了前所未有的成就感。

**（2）第一个拿到经纪人资格证书的人**

欢乐文化公司的艺员统筹总监江虹参加了全国第一期经纪人培训班。欢乐文化公司是全国第一个专业经纪公司，江虹是中国第一个拿到经纪人资格证书的人，他的发展过程见证了我国演艺经纪人发展的历程。

江虹曾经受过专业的舞蹈训练，意外受伤使他不得不离开自己心爱的舞台。由于有许多演艺界的朋友，他发现自己可以从事演艺经纪人工作，通过这个职业可以与自己心爱的舞台有更多的联系。在亲人与朋友的帮助下，他搜集了许多有关“星探”、经纪人、经纪公司的资料，在充分了解这一行业之后，他于 1989 年组织了时装表演队。组队的模特大多是从舞蹈学院、体育学院精心挑选出来的。江虹按照自己收集的地址资料，把当时北京大约 100 多家广告公司几乎跑了个遍，向他们推荐模特，许多公司被他的精神感动，成为他的客户。

模特张威的历程体现了演艺经纪人对演艺人员的巨大推动作用。因为转行张威曾停止了模特生涯，后来模特市场环境转好，江虹力邀张威复出，帮张威介绍的第一个摩托罗拉广告一炮打响。一个月后，张威又为格力空调做广告，取得了不俗的成绩。从此，张威焕发“第二春”，重新走上了舞台。与此同时，江虹也在演艺经纪人行业越做越大，著名服装设计师刘洋展示作品的 41 个模特都是他提供的，其中包括 5 个外籍模特。此外，他还参与了“中国首届服装周”的策划，并独立策划了“旅游年大型展示会”，都获得了不俗的成绩并因此被中国职业服装委员会授予一系列称号。

**（3）演艺经纪人的发展趋势**

①规模化发展是演艺经纪人的发展方向，高素质的演艺经纪人才依然匮乏。北京电影学院管理系 2005 年就开设了文化经纪人专业，到目前已经招收了两期 60 余人。中国戏曲学院欲开设对外演艺交流经纪人本科生专业的消息一出，仅画报人数就超过了招生计划的 2~3 倍。以上两个例子就足以说明现在的文化市场对高素质经纪人的需求程度是多么强烈。艺术院校开设经纪行业本科生专业，其目的在于培养正规的对外文化交流经纪人，以弥补市场空白。这个现象也说明了目前演艺经纪

人行业的现状：一方面，我国缺乏对外演艺交流经纪人专业人才。这主要是因为许多从事这方面工作的人员要么是外语出身，不懂演艺；要么演艺出身，外语不行。这样造成队伍良莠不齐、专业人才缺乏。另一方面，演艺经纪人市场管理很不规范，与房地产业等经纪人市场管理相比，演艺经纪人管理还很落后，一些外行、门外汉只要有关系就可以从事这个职业，因此造成专业人才市场的空白和市场管理混乱，这显然与国际大环境不相符。

②演艺经纪人正规化、规范化之路正在形成。我国演艺经纪人正在走向正规化、规范化之路，被称为中国模特业航空母舰的经纪公司——北京新丝路模特经纪公司就证明了这一点。北京新丝路模特经纪公司成立于1979年，隶属于中国服装集团，作为具有“国家队”背景的经纪公司为了顺应国际惯例，新丝路率先打破团队制界限，为模特“牵线搭桥”，他们与早期的13位名模签署了聘用与经纪合同，对签约的模特业务行为负责，对模特肖像权、姓名权及版权负责。此外，该公司还实行了股份制改造，实现了公司专业化、正规化、市场化的跨越。现在全国已经有了几十支模特队，正规化、规范化的演艺市场正在日趋成熟。

### 7.1.2 演艺经纪人的专业素质要求

从事经纪人行业需要具有较高的素质，而演艺经纪人作为特殊行业的经纪人则要求有更高的综合素质。演艺经纪人是知识丰富、善于交往的人，他们要有较强的商品意识，能够抓住观众娱乐消费的需求，是“演艺产品”的设计者、组织者和销售者，同时又是专业艺术造诣很深的演艺工作者。他们懂得管理，善于联系外界，能够调节演艺团体内部关系以及演艺团体间的关系。在使文化艺术进入市场，给观众以不同流派的艺术欣赏的同时，演艺经纪人把明星介绍给广大观众，并在实现其艺术价值等方面做出了重要的贡献。演艺经纪人除了应该具备一般经纪人所具备的条件外，尤其应该具备文化艺术方面的特殊素质和文化市场知识。演艺经纪人的专业素质要求包括：

**(1) 较高的文化素质修养和艺术鉴赏水平**

艺术产品具有明显的思想性、政治性和导向性等社会意识形态属性，因此演艺经纪人必须具有较高的思想政治水平、先进的文化理念、正确的道德观念。演艺经纪活动应坚持继承传统文化遗产，吸收现代文化成果，宣传先进文化思想的原则。演艺经纪人历史、文化知识的欠缺，会直接带来对经纪对象的伤害和经纪经营效益的损失。

演艺经纪人不但应该具有较高的文化程度和学历，而且还要具有较宽泛的文化知识结构、较高的文化品位、较强的文化艺术感悟力和较高的艺术欣赏、鉴别水平。如果具有某些艺术方面的专长，则更有助于演艺经纪人的业务开展。目前多数演艺经纪人本人都与演艺行业有着一定的联系，或者本身就曾从事过演艺事业，这使得我们的经纪人具有较强的演艺专业背景，这是优势所在。除了演艺专业知识外，经纪人更要具备较系统的文化修养，这样才能保证演艺经纪人从更宏观、更深刻的角度审视、分析演艺产品。

**（2）了解艺术生产和演艺活动过程**

演艺经纪人要顺利地实现经纪活动目标，就必须充分地了解自己的经纪经营对象，就需要深刻地了解、把握艺术生产和演艺活动规律，其中包括必须熟悉和了解艺术创作、艺术生产、艺术产品营销、演艺市场。由于演艺包含的内容很广，有影视、演出、时装表演、音乐会等，它是一门综合艺术，因此演艺经纪人要考虑与演艺活动相关的各种问题。

**（3）具备一定的演艺经纪理论水平**

演艺经纪人应提高对演艺经纪行业的理论认识，不能局限于日常的事务性、实务性工作。既要在理论方面多学习、多交流，又要勤于实践，总结实践经验。这样才能在更高的层次上，推进自己的事业发展。

**（4）较高的市场运作能力**

演艺经纪人需要根据艺术产品的特点和供求规律，掌握演艺市场分析的技术和方法，寻找适合演艺市场的卖点，有效实施艺术产品的组合与品牌开发，成功策划、组织演艺活动，强化演艺市场的开发与管理能力，并且以此来不断提高演艺经纪活动的社会效益和经济效益。

**（5）较高的专业法律素质**

演艺行业具有涉及的门类多、产品特殊的特点。它要求演艺经纪人熟悉和掌握合同法、著作权法等知识产权保护方面的法律以及文化市场管理法律、演艺市场政策和演艺经纪人管理法规等相关法规。

**（6）了解国际演艺经纪知识**

随着国际演艺文化交流的增多，涉外演艺经纪经营已是演艺经纪人的一个重要工作。要想从事国际演艺活动，就必须对国际演艺经纪市场及经营知识有所了解。具体说来，国际演艺经纪人必须具备以下几种适应国际交往和竞争需要的能力素质：首先是外语应用能力；其次是跨国界文化沟通能力。要对世界历史、文化、民族与宗教等问题有常识性的了解和学习；再次是信息处理能力，能够从纷繁的信息之中搜集整理有用的演艺行业信息。最后是创新能力。随着国际演艺市场的竞争日趋激烈，企业要在竞争激烈的市场上占有较大的市场份额，就需要对演艺经纪的方式和经营策略及经纪对象开发进行不断创新，同时企业的经营管理也要不断创新。

由此看来，现代社会对演艺经纪人提出了更高的素质要求，要成为一个成功的演艺经纪人，就必须不断地学习，不懈地努力，把自己融于社会发展的潮流，勇于创新、勇于进取，在更高、更强的平台上，开拓演艺经纪事业新局面。

### 7.1.3 演艺经纪人的认证制度

实施演艺经纪人资格认证制度，是政府部门依法管理演艺市场、规范演艺经纪人活动行为的必要措施。作为文化经纪人一个主要分类，演艺经纪人制度与文化经纪人制度有诸多共同之处。此处主要介绍一下我国的演艺经纪人的制度和法规。

**（1）国家有关法律法规**

演艺经纪人制度首先要符合国家工商局颁布的《经纪人管理办法》。该办法规定：公民或组织要成为合法经纪人，首先必须获得经纪人从业资格。要获得经纪人资格必须经过经纪人资格审查，即确认申请人或申请组织是否具有成为经纪人的资格。具备条件的人员经工商行政管理机关考核批准，取得经纪资格证书后，方可申请从事经纪活动。只有取得《经纪人资格证书》的人员之可以依法申请设立经纪企业、合伙经纪组织，在工商部门登记注册，成为独立经纪人。演艺经纪人的资格认证的法律依据是由文化部制定的，并于 2008 年 1 月 1 日起开始实施的《演出经纪人资格认定实施办法》。

**（2）演艺经纪人资格认定的管理机构**

文化部市场司主管演艺经纪人从业资格认证的工作，并组成演艺经纪人从业资格评审委员会，评审委员会委托中国演出家协会具体执行。《演出经纪人资格认定实施办法》第一章第 4 条明确规定，“中国演出家协会负责全国演出经纪人的培训、考试、资格认定及行业管理工作。”

中国演出家协会经资格评审委员会授权，颁发全国统一的考试科目大纲，经各地文化局或各省演出家协会协同工商局进行必要的培训、考试工作。各地的资格认证工作须在全国演艺经纪人从业资格评审委员会的统一领导下进行，原则上每年组织一次认证。资格认证工作须向资格评审委员会报批，并向资格评审委员会通报考试结果，并由资格评审委员会审核。资格评审委员会对审核通过者登记备案并颁发全国统一的演艺经纪人从业资格证书。

个人从事营业性演艺经纪活动的，均应向演艺经纪人评审委员会提出书面申请，参加规定的基本法规知识及相关专业知识的考试。考试合格者由评审委员会颁发演艺经纪人从业资格证书。以个人形式或合伙形式、公司形式从事演艺经纪人活动都必须持有演艺经纪人证书。

**（3）认证程序**

为了提高演艺经纪人的整体素质，客观公正评价人才，进一步加强演艺经纪人队伍建设，演艺经纪人从业资格考核，采取资历评价和笔试相结合的考核办法。申请人必须同时通过两方面审核，方可颁发从业资格证书。

①演艺经纪人的申请。从事演艺经纪的人员应主动向演艺经纪人从业资格评审委员会报名申请考核，并按要求填写有关表格，不得弄虚作假，否则取消考核资

格。申请人员应具备下列基本条件：

爱祖国，遵纪守法，无严重违法、违规行为记录

遵守职业道德，有相关工作经验2年以上；

具有大专以上学历或中级职称或5年以上演艺经营管理经验者；

能够独立承担民事责任；

国家公务员、现役军人禁止报名。

报名工作由各省市文化厅局组织和公告，公告在地方主要报纸、媒体、考试网站及中国演出家协会会刊、中国文化报刊登，报名工作可委托县以上（含县）文化局进行并负责报名人的资格初审工作，报名时间应在考试前6个月开始。

②考前培训。在报名工作结束后，各地可根据全国统一考试大纲及教材，对报考人员进行考前辅导、培训工作，考前培训一般实行自愿参加的原则。在取得演艺经纪人从业资格评审委员会批准、备案后，各地文化局、地方演出家协会方可组织有关培训工作。培训组织者须具备合格的师资力量和必要的培训条件。培训费用标准须经演艺经纪人从业资格评审委员会批准并报当地物价局备案。

③考试事宜。演出经纪人资格认定由中国演出家协会统一编写教材、统一命题、统一印制、统一阅卷，统一发证，并委托省级演出行业协会（未成立演出行业协会的省、市、自治区暂由省级文化行政主管部门指定的其他机构）进行培训及有关工作。

考试科目涉及与演艺经纪人相关法规知识和演艺经纪人专业实务知识。基本法规知识包括：合同法等法律、文化法规、税法、财务、市场基本理论知识。演艺经纪人专业知识包括：演艺经纪人知识、演艺常识、舞台知识、戏曲鉴赏知识、经纪人操作艺术、演艺管理知识等。

考试时间由省级演出行业协会会同各省级文化厅共同商定后，提前半年上报文化部批准。演艺经纪人从业资格考试，每年每省或大区举行一次，详细情况按考试大纲执行。

④资格认证证书。通过资质审查和考核并合格者，由中国演出家协会颁发全国统一的演艺经纪人从业资格证书。执演艺经纪人资格证书的人员必须在演艺经纪人从业资格评审委员会注册登记。演艺经纪人资格证书有效期一般为3年，有效期满，持证者应按规定主动到发证机构办理注册登记。如果演艺经纪人脱离演艺工作在两年以上，其所取得的资格将自行失效。如果想继续从事演艺经纪活动，必须重新申请证书。

发证机关对伪造学历、资历和考试作弊，骗取资格证书的人员，应取消其演艺经纪人资格，收回证书。目前从业资格证书只作为行业准入标准，不作为技术职称标准。按本方法通过考核，取得从业资格证书者，表明持证人有资格从事营业性演艺活动相关的组织、代理、宣传、中介等经纪活动。但从事上述活动时，必须取得

合法的工商行政登记手续，方可合法开展上述活动。

⑤年度审验。演出经纪人年度审验的时间为每年的1月1日至3月31日。演出经纪人年度审验的程序为：

演出经纪人向领取演出经纪人资格证的省级演出行业协会或省级文化行政管理部门指定的培训机构申办年度审验；

省级演出行业协会或省级文化行政管理部门指定的培训机构负责办理演出经纪人年度审验的验证手续和审核工作，并将审核结果申报中国演出家协会汇总；

经中国演出家协会审查合格的演出经纪人，由申报的省级演出行业协会或省级文化行政管理部门指定的培训机构在申办人的演出经纪人资格证年审记录栏内加盖本省级演出行业协会或培训机构公章予以确认。

### 7.1.4 演艺经纪人的自律与行业管理

**(1) 经纪人的管理**

在市场经济条件下经纪人与经纪活动必须受到相应的法律约束和监督。1995年10月26日，国家工商行政管理局颁布了《经纪人管理办法》对经纪活动进行规范和管理，许多省市也依据《经纪人管理办法》制定了相应的地方法规。国家工商行政管理总局于2004年做了进一步修改，颁布了新的《经纪人管理办法》。该办法自2004年8月28日公布之日开始实施。北京、上海、湖南等全国不同省市均推出了配套的《实施办法》，确保了办法的顺利实施。新的《经纪人管理办法》中做了如下规定：

《经纪人员资格证书》持有者，可以依法申请注册设立经纪企业、合伙经纪组织和独立经纪人。根据规定，证书持有者应当在每年核审机关规定的时间内，办理年检验证手续。

需要到异地就业的，应当报经原考核机关备案后到异地机关登记。

国家允许进入市场流通的商品，经纪人可以进行经纪业务；国家限制流通的商品，经纪人应当具备相应资格，并在被核准的经纪范围和交易双方被核准的经营范围内进行经纪；国家禁止流通的商品，经纪人不得进行经纪。经纪人违反有关法律、法规，将承担相应的法律责任。

**(2) 演艺经纪人的管理法规**

关于演艺经纪人的管理法规主要有三个方面的内容：一是《营业性演出管理条例》及其实施细则、相关演艺工作管理法规；二是《演艺经纪人管理条例》；三是《演出经纪人员管理办法》。

根据现行法律规定，演艺经纪人从事演艺经纪活动需要遵守如下法规：

演艺经纪人应自觉促进社会主义精神文明建设，坚持社会效益与经济效益相结合的原则，依法活动并获取合法收益。

演艺经纪人须按《演艺经纪人从业资格认证办法》通过考核，取得从业资格证书，并以个体、合伙、公司等不同方式在当地工商行政部门办理从业执照，方可依照本条例从事演艺经纪活动。

取得演艺经纪人从业资格证书者，如成立演艺公司、演艺经纪公司、文化有限公司或经营演艺场所，设立营业性演艺表演团体或成立个人独资公司，均应按《营业性演艺管理条例实施细则》的有关规定办理申请设立手续，但设立以上公司必须有 3 至 5 人以上持有演艺经纪人从业资格证书。涉外演艺经纪机构至少应有 5 人以上持有演艺经纪人从业资格证书，方可进行从业申请注册手续。

演艺经纪人应熟练掌握和遵守《营业性演艺管理条例》《营业性演艺管理条例实施细则》及《文化部涉外文化艺术表演及展览管理规定》等演艺法规。

演艺经纪人组织、代理演艺应取得《营业性演艺许可证》，按营业性演艺许可证规定的范围开展演艺活动。

演艺经纪人禁止从事经纪以下内容的演艺活动：危害国家安全、荣誉和社会稳定的；煽动民族分裂，侵害少数民族风俗习惯，破坏民族团结的；宣扬淫秽、色情、迷信或者暴力的；表演方式恐怖、残忍，摧残演艺人员健康的；利用人体缺陷或者展示人体等招徕观众的；超出自身营业性演艺许可证许可范围的；名义上举行义演，部分或全部截留演艺收入的；法律、行政法规规定禁止的其他内容。

演艺经纪人应以法律文件及合同等合法形式从事演艺经纪工作，并应具有独立承担经济责任或民事责任能力。法律文件及演艺经纪经营合同签字人（经纪方）必须是具有演艺经纪人从业资格证书的人员。演艺经纪人组织、代理、中介的营业性演艺或募捐义演，如果在非营业性演艺场所进行演艺，必须按《营业性演艺管理条例实施细则》的有关规定履行报批手续。

演艺经纪人必须对所组织代理的营业性演艺活动进行规范的财务核算并照章纳税，代扣代缴个人所得税。

演艺经纪人违反有关规定，非法经纪营业性演艺或造成恶劣社会影响的演艺，除按《营业性演艺管理条例》的罚则进行处罚外，文化管理部门还应会同演艺经纪人从业资格评审委员会收缴演艺经纪人的从业资格证书。

演艺经纪人应对音乐、戏剧、舞蹈、杂技、魔术、马戏、曲艺、木偶、皮影、服饰、时装表演、民间演艺等文化表演艺术常识有一定的了解，并应该注重舞台理论、演艺管理理论学习，主动参加经纪人从业资格证书注册年检，保持良好的业务状态。

演艺经纪人应合法从事经纪活动，禁止不正当竞争行为。

演艺经纪人以个体形式从事经纪业务需使用他人演艺许可证者，必须与使用人签订合同并报请文化管理部门后，方可使用。

演艺经纪人应按时参加文化行政管理部门和工商管理部门规定的年检工作，有下列情形之一的演艺经纪人员，不再予以演艺经纪人注册年检：被文化部门及其他管理部门因违规处分的；道德品质极端败坏引起社会公愤的；被文化行政管理部门吊销演艺证未满 1 年的；被文化行政部门禁业尚未解禁的；吸毒被强制戒毒结束未满 1 年的；2 年之内没有进行过演艺经纪活动的。

演艺经纪人的从业资格证书，由文化部统一印制，除文化行政部门可以依法暂扣或吊销资格证书外，其他单位和个人不得收缴扣押和毁坏证书。演艺经纪人行为触犯刑法的，按刑法追究其刑事责任，并由文化行政部门收缴其从业资格证书。

演艺经纪人应尊重行业协会的行业规范与协调，自觉维护正常的演艺市场秩序。

演艺经纪人应将工商注册登记的结果报发证的文化行政管理部门备案。

**（3）演艺经纪人的行业组织**

中国演出行业协会（China Association of Performing Arts，缩写 CAPA）是我国从事艺术演艺工作者自愿结合非营利的专业性行业社会团体。协会接受文化部市场司的业务指导和监督管理，汇集了全国主要演艺经纪机构、演艺公司、演艺经纪公司、艺术表演团体、演艺场所的业务骨干，是国内演艺行业的全国性行业协会组织。中国演出家协会根据国家及文化部规定，参照国际惯例和规则，结合演艺行业的特点制订演艺行业自律性规范。演艺经纪人可以自愿加入中国演出家协会和地方演出家协会，享有会员权利并承担会员义务，遵守行业规范。中国演出家协会的作用主要表现在以下几个方面：

积极配合文化主管部门，宣传、贯彻有关演艺行业管理的方针、政策、法令、法规。

认真开展演艺行业情况调查，代表行业向政府部门提供决策建议，反映行业问题，协调管理方向。

广泛组织演艺行业信息交流，总结和推广国内外演艺经营管理的先进经验，开展演艺方面的理论研究，配合有关部门进行业务培训，致力于建设高素质的演艺经纪人队伍。

促进国内、国际演艺文化交流，组织业务洽谈会，为会员提供优质信息服务。

指导、促进、协调各地方演艺行业协会的工作。

成立演艺行业相关的专业委员会，保护会员的合法权益。

制订行业规范，并通过评选等活动，树立行业典范。

协调、保护行业正常权益，在公平竞争的前提下，联合会员抵制恶性竞争。

演出家协会根据国家、文化部有关法规，结合演艺行业特点制订演艺行业规范作为行业行为准则，它是净化演艺经纪人队伍的一个重要手段。行业规范解决了演艺行业的自律与约束、与国际惯例的衔接、对消费者权益的保护程度、对管理部门或有关部门管理、裁决依据的空白问题，体现了依法治国、行业自律的管理理念。

## 7.2　出版经纪人

### 7.2.1　出版经纪人的含义、分类与作用

**（1）出版经纪人的概念**

出版经纪是随着市场经济发展的深入、图书市场的发展和经纪行业的兴起而出现的一个专业化的新兴行业。从出版业发展进程来看，出版经纪公司正是图书市场发展到一定阶段的必然产物。它迎合了图书市场的需要，从经纪行业中发展而来。出版经纪人作为沟通者，沟通作者与出版社、出版社与出版社、出版社与发行机构，带有经纪行业的特点。因此出版经纪人又称作文学经纪人或者文学代理人（Literary Agent）。对于出版经纪人，《牛津英语大词典》（2002 年版）是这样定义的"代表作者与出版社打交道的机构或个人。由此可见，出版经纪人就是接受作者的委托代理作者作品版权及其他出版事宜，并向作者收取中介费的出版中介人，是介于作者与出版社、报刊以及其他媒体之间（因为著作的版权通常会涉及其他的媒体，如图书转载或被改编为电视剧电影）的"第三实体"。简言之，出版经纪人就是介于作者和出版机构之间的中间人，负责把作者的作品通过出版社的出版活动介绍给读者，并从中获得一定的报酬。

**（2）出版经纪人的分类**

目前出版经纪业务主要有三类：①文稿著作经纪。以委托代理的形式为著作人寻找最佳出版单位，提供系列服务。②国家间的版权代理。促进出版物版权贸易的活跃，维护著作权人、出版单位的合法权益。③出版物发行代理。他们与出版单位的自办发行进行有机结合，为中小出版社提供发行代理服务，可拓展其流通领域，形成与出版集团规模经营相并存、相竞争的局面。所以说出版经纪人是伴随着书刊走向市场而产生的。出版经纪公司是介于出版机构与作者之间或出版机构之间代理出版、设计选题、协作组稿、代理版权贸易等收取佣金的经纪公司。

**（3）出版经纪人的作用**

①合理调整社会文化资源。判断一个文化市场合理与完善的标志就是实现文化资源的合理配置。在现代社会中，文化市场及其交易总会受到或多或少的负面影响，而欲减少负面影响，除了通过健全、完善的法律法规外，出版经纪人的作用是不可忽视的，其作用效果非法律法规所能替代。对社会的文化资源配置，出版经纪人能起到特殊的调节作用，组合各种社会文化资源，以社会效益主导经济效益，让文化的内在价值融入各类文化产品之中。

②文化市场发展阶段的催化剂。众所周知，我国的文化市场经济还处在发育的初级阶段，还没有形成一个统一的大市场，因而普遍存在的是市场分裂和市场割据

的局面。这种状况不利于文化市场的发展与完善。所以，出版经纪人的存在不仅是必要的，而且还可以成为促进文化市场发展的催化剂。因为出版经纪人能够把分散的、独立的个别市场联结起来，适应市场需求，促进出版市场的发展。而且对于进行选题项目论证、营销方式策划和勇于开拓国际市场的出版社来说，出版经纪人凭借其专业的知识背景提供的预测、论证、调查报告特别重要。

③推动文化市场的个性化发展。文化创作总是强调个性化、创作自由和风格的唯一性。每位文化创作者都渴望公众对其作品充分理解。这就是说，在狭义的创作过程之外，还存在有中介的再创造空间。出版经纪人的任务就是把文化创作者的活动进行市场推广，经纪人运作本身就是一系列颇有远见的创意结果。

④世界文化交流的桥梁。随着我国对外开放程度的加大，外国的文化资本和文化产品会越来越多地进入我国。国际文化交流与合作将更加活跃，国际间不同文化的相互渗透将更加激烈。大量精神文化产品、社会政治理念、道德价值等将输入我国。对此，我们在保持中华文化的优秀传统前提下，既要吸收外来文化好的精髓，又要消除腐朽文化的侵蚀，因此需要大量的出版经纪人，通过他们的工作，在世界范围内提高我国文化产品的市场竞争力和市场占有率，向世人展示中国文化的巨大魅力。

### 7.2.2 出版经纪人的形成与发展

**(1) 出版经纪人的形成**

出版经纪人的产生是社会专业化发展和社会需要的必然结果。社会发展日益专业化，专以写作为生的专业作家、创作者也相继出现。当时的传统出版业中占主体的出版行为一直是由出版单位或出版商承担的。出版单位与作者地位严重失衡，作者处于弱势。出版者有选择著作出版并将其转化为出版物的权利，作者对出版者依赖程度很高。作者需要经常主动与出版社打交道，由于他们精力和时间有限，创作外的与出版商的交涉影响了专心创作。而且由于法律、营销和谈判意识的薄弱和创作精力的限制，作者从图书出版中拿到报酬，有时并不能让他们满意。因此出于专心创作的需要和获得更多经济利益和社会效益的考虑，作者迫切地需要能有专门的人能够为他们提供服务。这些人能够根据图书市场的热点和读者的阅读需求及时反映给他们，能够把合适的书稿送到最适合的出版商手中，并通过谈判、市场调研、宣传、策划和营销为他们争取到最大的经济利益，并使其作品最大程度地发挥社会价值。当社会的需求较为强烈时，一些出版商和作者凭借其对图书市场具有的敏锐洞察力脱颖而出，他们提供的服务受到作者的欢迎。而出版商也渐渐发现出版中间人的服务同样能够减缓他们工作的压力，提高他们工作的效率，客观上也符合出版商自身的发展要求。

**(2) 西方发达国家出版经纪人的发展**

西方发达国家（主要指英美国家）出版经纪业的历史非常悠久。出版经纪作为一种现象，最早出现于18世纪的英国，当时英国著名作家狄更斯曾经委托他人与出版商商讨其作品的出版事宜，但这只是一种偶然、随机的现象。作为一种职业、行业，出版经纪人出现于19世纪的英国，这个人就是西方出版经纪人的始作俑者——英国人亚历山大·波洛克·瓦特（Alexander Pollock Watt，1834—1914）。1875年瓦特先生的一个朋友请他出面跟伦敦的一家出版公司商谈出版合同事宜。瓦特先生的这次代劳得到了作者和出版社的欢迎，三方受益，因此激发了瓦特先生的创业灵感，他当年便在伦敦成立了世界上第一家经纪公司：A. P 瓦特有限公司（A. P Watt and Company，Ltd.），主要代理英国和爱尔兰作家的作品。它在成立最初的三十年中是世界上最大的出版经纪公司，并且第一个明确提出了出版经纪人或者经纪公司的收费标准为10%。1914年瓦特去世，其子A. S. 瓦特继承父业并发扬光大，曾将诸如赛珍珠、切斯特顿、格雷夫斯、毛姆、马克·吐温、内尔舒特、叶芝等作家、诗人收归自己旗下。这家公司现在还在运转，公司名为A. P. Watt Ltd.，可谓历史悠久。

进入20世纪以来，英美两地出版经纪公司的数量稳定成长。在英国方面，19世纪末，英国境内的出版经纪公司并未超过6家，根据《艺术家与作家年鉴》（*The Artists' & Writers' Yearbook*）的资料显示，英国出版经纪公司在1946年时有35家，1966年增为55家，到1986年出版经纪公司已增加到84家，到了1995年时，英国的作家经纪公司的数目已超过138家。英国目前拥有出版经纪公司200家左右，居欧洲第一位。

在美国方面，由于两次世界大战都未在境内开打，出版业未受战火直接影响，反而借机对外扩张，逐渐取代饱受战火摧残的英国出版业，成为国际出版市场的新霸主。20世纪的美国出版市场发展迅速，作家经纪公司的数量也相对迅速增加，依据《文学市场》（*Literary Market Place*）的数据显示，美国在1965年时有118家作家经纪公司，1980年时成长到242家，到1999年时作家经纪公司的数目已达到1046家。由于具备相当声望或资历的经纪公司才会收录在《文学市场》中，因此美国境内作家经纪公司的实际数目应超过1046家。国外的版权代理机构也十分发达，版权贸易较为活跃的美国有600多家，英国也有200多家。并且他们的版权代理形成规模发展，成为出版产业链的重要一环。西方的出版经纪人发展十分完善，并形成了图书出版经纪人自己的行业组织。

经过一百多年的发展，英美的作家经纪制度渐趋成熟。随着经纪公司的数量增加及功能发挥，作家经纪人开始往专业化方向发展，并先后成立专业组织。在英国方面，当作家经纪人逐渐发挥重要性后，以保护作家权益为职责的英国作家学会（Societyof Authors）便要求经纪人成立专业组织，以规范作家经纪人的活动。然而由于几家重要经纪公司始终拒绝加入，使得组织创建过程困难重重，最后经过多年努力，作家经纪人协会（Association of Authors Agents，简称 AAA）终于在 1974 年时成立，但英国最大的经纪公司布朗恩集团至今仍未入会。专业组织对会员资格大多有所限定，AAA 即规定申请者必须拥有 3 年以上的相关经验，且经纪所得每年至少 2.5 万英镑。

在美国方面，作家代表人协会（Association of Authors Representatives Inc.，简称 AAR）成立于 1991 年，系由美国两大作家经纪组织：作家代表人学会（Society of Authors Representatives，简称 SAR，成立于 1928 年）及独立作家经纪人协会（Independent Literary Agents Association，简称 ILAA，成立于 1977 年）合并而成，属全国性的作家经纪人专业组织。AAR 规定必须从事作家经纪工作满两年，才有资格申请入会。

目前西方国家的出版产业几乎已经达到完全市场化的程度。在西方，图书出版市场的开放性和激烈的竞争性使得其图书的选题、策划、出版、印刷、发行等出版环节都呈现在自由竞争的环境之中。多种经济成分的出版投资、多渠道流通并行的图书发行、多形式掺杂的选题策划、多种规模并存的市场实体，使得繁荣复杂的市场竞争焕发出强大生命力的同时又逐步走向规范化。相应地，西方出版经纪业在自由竞争的自主的市场机制下，其运行机制日臻成熟，已经到了规范化的程度。

对于一个不懂复杂的出版流程的图书作者来说，寻找一个能全权代理自己出版业务的出版经纪人是自由市场机制下其必然的选择，也是市场经济规律所要求的必然趋势。对于出版商来说，同样如此。而开放和灵活的出版制度能够使市场机制更朝着市场规律的方向自主运行，如此，也就必然导致出版经纪业的产生和发展乃至繁荣。西方国家的出版制度的开放程度和灵活程度，就目前来说，可以说是世界最开放和最灵活的。

**（3）我国出版经纪人的发展**

经纪人在中国的发展也具有典型的时代特征，与时代发展的语境相吻合。在 1979—1987 年对经纪人的发展的政策是打击限制的，各种经纪活动一般都在“地下”进行。到 1987—1992 年对经纪人的发展采取的是探索发展的扶持手段，而 1992 年以来，经纪人发展进入了保护规范的阶段。1995 年 10 月 26 日第一部规范经纪人活动的全国性行政规章《经纪人管理办法》则进一步肯定和鼓励了经纪人的地位及其活动的开展。

现在，经纪人在演艺界已经十分盛行，在文学界也正在兴起之中。那么在中国的出版界，情况如何呢？虽然在西方出版业发达的国家出版经纪早已成为出版行业运作的一种比较稳定的、有着相应规范机制的活动，但在我国由于出版业立法的滞后及出版业大变革带来的出版市场结构的复杂性，使得人们甚至产生了关于出版经纪必要性的争辩。主管部门设立了《文化经纪人资格考试》，规定文化经纪从业人员，必须通过考试获得《文化经纪资格证书》，然而，规定参加考试只是演艺界、艺术界、文化市场经营管理方面的人员，出版界的并未包括在内。这是因为，我国的文化主管部门目前还没有正式承认有“出版经纪人这一职业。正因如此，目前我国尚无正式的“出版经纪人”。尽管如此，近年来，随着我国经济体制机构改革的深入，我国的民营书业已逐渐发展成为民族书业的重要组成部分，伴随其发展，出版经纪人也悄然孕育而生。一批从事出版经纪工作的人近两年开始浮出了水面，他们积极扮演着经纪人的职能，发挥着积极的作用。

### 7.2.3　我国出版经纪人的雏形和变体

英、德、美等发达的西方国家，出版经纪人已经成为他们出版业的一个组成部分，是图书市场中的把关人、缓冲器和催化剂。一方面，他们积极联系国内出版商及发行市场，凭借其对图书操作的熟练和对市场的灵敏度将最大限度地整合图书资源，使之发挥最大的作用，充分满足读者的需求；另一方面，在国际版权贸易中也扮演着代理人和中介人的重要角色。相比之下，我国近年来虽然出现了类似于出版经纪人的文化工作室、文化公司、版权代理公司等这类机构，但真正意义上的出版经纪人极其少见或者说并未完全出现。我国出版经纪人还处在初步的发育阶段。

**（1）图书工作室**

这些具有出版经纪功能的民营书业公司，通常都与出版社结成合作伙伴。他们具有选题策划、内容供应、封面设计和出版宣传策划能力，不仅与出版社和出版商合作策划选题、制作图书，还可与作者联系出版事宜，使更多的作品及早问世，繁荣图书市场和文化事业。

在出版业分工更加细化、竞争日益激烈的情况下，一些熟悉出版流程，具有丰富实践经验的工作室人员将极有可能成为未来的“出版经纪人”。一方面他们将依靠对图书操作的熟练和对市场的灵敏度，最大限度地整合图书资源，沟通作者市场与出版市场；另一方面，他们在国际版权贸易中也扮演着代理人和中介人的重要角色。有的工作室已经开始与国外的版权机构进行业务联系，通过出国调查访问，以灵活高效的运作，取得了国外出版机构的信任，这些人只要有适宜的外部环境，就极有可能成为真正意义上的出版经纪人。这些工作室的主要工作是为出版社提供选题策划和内容编辑服务，有些承担着作者代理商的角色。还有些工作室则是靠对市场的把握，确定选题、书稿和印刷厂家、分销商的互惠关系等优势资源自行安排图书生产和销售，其性质与书商相同。

**（2）文化公司**

随着市场经济的发展，社会上出现一些以专门提供稿件或者说提供内容的文化公司，这些文化公司为出版社、影视制作公司提供文学作品和影视文本。同时还存在着稿件拍卖会类似的活动。这些文化公司也带有经纪人的一些性质。

**(3) 民营书商**

也有许多以“文化公司”或者是“图书发行公司的面目出现，但又不同于上面专门提供稿件的文化公司，这些公司实际上就是一个民营的出版社。这些民营单位或个人具备了相当的市场敏锐洞察力和资本运作能力，他们能够真正走入社会中开展调研、分析，积极主动地联系作者，组织选题；他们可以自主灵活地根据市场需要，充分娴熟地运用策划能力和包装技巧宣传作者；实际上民营书商已成为我们出版发行行业中难以忽视的重要一部分。尽管目前在我国的图书出版市场上民营书商大多通过与出版社合作的方式参与图书的运作，但已经出现一些书商从事出版经纪活动的现象。他们中的一部分人已经有了出版经纪人的特点和功能。

他们都有相对固定的作者群，一些民营出版人为了培养作者，培育市场，甚至不惜血本，投入了大量资金。但他们还不是严格意义上的经纪人，他们和传统的出版人没有什么区别，他们将版权代理与出版发行合二为一，他们通过获得版权并出版和销售图书以获取利润。他们既赚版权代理的钱，也赚出版发行的钱，他们希望包揽一本书的全部赢利。这在短期内也许有效，但放开眼光就会发现，这种不规范的经营和不确定的身份，很可能会给图书出版市场带来一定的危害。

但也要指出的是，一些书商从事着出版经纪活动，但书商的目的主要是出版发行的效益最大化。而经纪人却是要着眼于长远的规划，他更贴近作者的利益的争取，追求的是真正意义的文化。

**(4) 签约作家制**

主要是以出版社编辑等工作人员同作者实行的签约作家制形式出现。这几年来，我国一些出版社对作者实行签约作家制度的事在出版界时有所闻，这种签约作家制度与西方国家的出版经纪人制度实际上有一些相似之处。有一些出版社曾尝试了或打算尝试这种签约作家制，如青年作家郭敬明与春风文艺出版社的成功合作等。但是就我国出版界的总体情况来看，这种制度尚不成熟。人民文学出版社策划室主任孙顺林认为，现在在我国实行这种签约制的时机还不够成熟。虽然目前国内的流行音乐以及影视娱乐界经纪人制度已经初具规模，但作家与歌手还有不同之处，甚至与国外的作家也有一定差距。像国外，尤其是畅销书作家，他们可以按照经纪人的要求“制造”出适合市场需求的图书产品，而我国的作家的创作个性是第一位的，他们的创作是随着不同的条件而变化的，难以事先规定。另一方面，由于作家的创作状态不稳定，出版社也难以保证其所写的所有作品都可以适合出版，或是保证出书所获得的利润能够平衡出版社宣传包装的前期投入，从而最终导致双方互相都有一些承诺无法兑现。另外，目前我国一些出版社所实行的项目负责人制度，也带有经纪人制度的色彩。像陆幼青、白岩松、韩寒、郭敬明等，都可以算是被包装过的作家。

**（5）专业文学网站**

随着网络化的普及，互联网的广泛应用，网络建设成本低廉和信心传播及时、便捷的特点，使得一些具有出版经纪功能的稿件交易中心不断涌现出来，形成了地域性或跨地域性的全国网络平台。一部分的专业文学网站也开始从事着版权代理的工作。

出版社和作者都可以利用网络平台从事稿件交易，其中比较有影响力的有：中国荐稿网，榕树下、京华传媒网、三石图书文化传播网。这些网络稿件交易中心通常都提供稿件推荐、帮助作者出书、为媒体约稿等服务项目。它们也采取会员制，让本站会员的稿件优先推荐，并且会员的作品远比一般来稿发表机会要大。它们从作者手中收取 20%的推荐费。在收取的 20%的推荐费中，一部分给荐稿人。如榕树下全球中文原创作品网就力图在网络作者与出版社之间架起一座“桥梁”。为此，榕树下全球中文原创作品网搭建了“榕树下在线作品交易平台”。它的工作主要包括：①为网络文学作品寻求出版。网络作者可以在榕树下注册笔名并投稿，投稿时必须发表版权声明选择不同的授权级别将发表后的作品授权给榕树下。授权级别包括将作品委托给榕树下全权代理、同意榕树下将作品推荐给传统媒体以及仅同意榕树下以一定的形式使用相关稿件。②维护网络作品版权。作为版权代理人，榕树下承担着维护作者版权的责任。一旦发现网络作者的版权受到侵犯，榕树下会对作者的版权进行维护，甚至诉诸法律手段来解决。

**（6）版权代理公司**

根据我国《著作权涉外代理机构管理暂行办法》规定，版权代理公司的主要业务有：

接受委托，开发作品的使用市场；

提供著作权法律咨询；

代理签订转让或授权使用合同；

代理收取版税或以其他形式支付的报酬；

代理其他有关涉外的著作权事务。

在我国，目前的版权代理机构有的将业务集中在提供法律咨询和代理解决著作权纠纷上，也有的版权代理公司集中力量，专攻作家作品的代理，就其主流来看，其主要业务大多集中在作家作品代理和图书版权中介上。这是我国当前出版经纪业务的主要形式。简而言之，目前我国版权代理公司在很大程度上也扮演着出版经纪人的部分角色。

# 7.3 体育经纪人

## 7.3.1 体育经纪的概念、特点及内容

**(1) 体育经纪的概念**

在体育产业市场中出现的所有居间、行纪、代理的行为，统称为体育经纪。体育经纪人则是指在各类体育活动中，从事居间、行纪、代理等经纪业务并从中收取佣金的公民、法人和其他经济组织。

体育经纪人主要是从事体育经纪活动，以收取佣金为目的。体育经纪促成有关体育组织和个人在体育运动过程中实现其共同目的的一种行为，也可以说是一种代理活动。体育经纪人行业也分为很多种，具体包括：运动员经纪人、赛事经纪人、体育媒体经纪人、体育广告经纪人等。

**(2) 体育经纪的特点**

①经济性。体育经纪人经纪行为主要有两个目的：一是促成相关体育组织和个人在体育市场环境下，通过体育运动过程实现其商业目的；二是体育经纪人通过经纪行为收取佣金。这可以说是每个体育经纪人在选择经纪对象、从事经纪业务、控制经纪行为进程的内在的基本模型，规定了体育经纪行为的方向。它从相关体育组织或个人之间的相互利益出发，通过增值服务，力求使双方达成统一的互利协议。当经纪行为达到了这个预定的要求，也就达到了原定目的，经纪行为即告结束，经纪人获取佣金。反之，则没有达到预定的目的，经纪人只能要求委托人支付本次业务成本费。当行为主体再遇到类似情况时，就会采取另一种行为或方案，或者修正并调整以前不合理的行动参照模型。

②主观能动性 。作为体育经纪行为的主体——体育经纪人是有智慧和分析能力的，对内外环境会产生积极的反应和理性的思考。哲学家认为：所谓理性，是指人类特有的运用概念、判断、推理等所进行的思维活动。从低层次上讲，体育经纪行为受经纪人自身的情感和个性等心理活动的调节；从高层次上讲，体育经纪行为受经纪人的理性控制，即受社会政治、法律、伦理道德等观点的控制和调节。体育的无形资产带有很强的主观性和随机性，所以体育经纪这类商品的经营方式就具有很大的随意性和创新性。体育经纪人能根据外部环境的变化来调整经纪行为的实施进程以适应这种变化，同时体育经纪人又要能为满足主体和客体的需要创造各种有利经纪环境。人的行为并不是由外界环境单方面机械决定的。一方面，人能支配、调节和控制自己的行为，使自己适应周围的环境特点；另一方面，人还能主动地去改变环境，使环境符合自己的要求。体育经纪人作为经纪行为的主持者，就必须在自己适应现有内外环境的基础上开展经纪业务，明确经纪行动目的。同时，体育经

纪人要在国家法律、法规允许的范围内，积极开拓出新的经纪行为，逐步使我国可操作经纪行为的范围不断扩大，以便尽快与国际接轨。目前，我国的体育经纪业务侧重于球员转会、组织策划体育赛事和体育用品市场，而在大众体育消费方面经纪业务还刚刚起步，切入点也不十分明确，像健身娱乐和竞赛表演市场虽初具规模，但尚未形成气候；体育旅游、体育保险、体育传媒、体育博彩等新兴领域更待进一步深入了解与积极开发，寻找使这些特殊商品增值的切入点。

③社会性。人生下来只是作为一个自然机体而存在的。而人的行为发展则服从于社会历史发展规律的限制。人是社会的人，社会是人的社会。离开了社会生活，人的行为就失去了人原有的意义和价值。每一个经纪人在开展经纪业务的同时要结合我国社会的具体情况和按照社会的发展规律选择合理的行为方式。20世纪90年代以来，在我国经济体制改革和世界体育发展浪潮的推动下，我国的体育管理体制和管理制度进行了一系列改革。国家调控、依托社会、自我发展，充满生机与活力的体育体制和良性循环的运行机制正在形成，国家办和社会办相结合的格局已初见雏形。研究经济问题的学者认为，在我国国民收入正处于从中下等水平向中上等水平过渡的发展阶段，社会就业问题压力较大的背景下，我国体育消费还不大具备成为消费热点的条件。因此，我国的体育经纪业务尚不具备在大众体育领域大力开展的基础，经纪人开展业务要结合外部条件。体育经纪人作为市场经济的产物，其经纪行为是高智能、高技术服务于社会、且社会服务面相当广、服务成本相对低、但服务效率十分高的专业经纪行为，它是市场经济运行过程中不可缺少的一个中间环节。

**(3) 体育经纪的内容**

体育经纪人的经纪对象大致包括五类：运动员（队）、体育赛事、体育组织、体育保险、体育旅游和其他体育经纪活动。他们的经纪活动发展历程大致情况是：从最早代理运动员的薪金谈判开始，到负责运动员大大小小的事务，进而转向大型商业比赛的组织和运作，包办企业公司有关体育投资的策划和管理。具体来说，体育经纪人的基本经纪业务范围包括：搜集和处理信息；帮助委托人制定工作计划；帮助安排训练；帮助安排比赛；代理商务活动；安排社会活动；提供保护、教育。此外，体育经纪人还要对运动员退役后的生活提出咨询建议。就目前情况来看，欧美等国体育经纪人的主营业务还是运动员代理，而重大赛事的推广工作则多是经纪人公司所为。笔者拟就体育经纪中围绕运动员的内容进行简要介绍：

①运动员转会经纪。运动员转会制度的实施标志着运动员市场的全面开放，运动员市场的开放是推动职业体育组织结构创新的根本动力。实行职业化改革的运动协会相继出台了运动员转会制度。

转会中介活动是一项非常复杂的工作，这首先要求转会经纪人员对体育项目有相当深入的了解，最好本人具备这个项目的运动经历。经纪人除了要对本项运动的规则、技战术等相当熟悉外，还要对自己所代理的球员的技术特点有相当深刻的洞察和准确的预测，这样才能成功地为自己代理的球员寻找到适合其特点、有利于发挥其水平的俱乐部或球队。从事转会中介的经纪人还要尽量了解一些俱乐部或球队各方面的情况。这些都是促成球员转会成功的先决条件和准备工作。一旦委托人与俱乐部或球队达成了转会意向。转会经纪活动就必须要紧紧围绕三个相互联系的合同关系。运动员与原属俱乐部的工作合同、运动员与接受俱乐部的工作合同以及原属俱乐部与俱乐部的转会合同。

②运动员参赛经纪。运动员参赛经纪主要是安排运动员表演或参赛。安排运动员参加比赛，包括和组织者进行谈判、选择比赛、制定比赛日程、提供参赛服务、处理比赛中出现的问题、开发运动员参赛的商业机会等都是体育经纪人在参赛经纪中的重要服务领域。其中合理地选择和安排比赛最为重要，尤其比赛的级别和种类的选择是关系到运动员今后发展的重要因素，对比赛对手、场地、观众的考虑和关注将直接影响运动员的水平发挥和获取的效益。

③运动员无形资产的开发。经专家访谈研究表明，运动员的无形资产说到底就是运动员的形象和声誉，运动员的形象和声誉又和经纪人的存在有关系。运动员的形象越好，声誉越佳，无形资产的积淀就越丰富，开发的潜力就越大，市场价值也越高。体育经纪人可以帮助运动员形象开发，运动员尤其是一些著名运动员的形象是一笔巨大的财富，通过体育经纪人的策划、包装、再利用媒体的宣传，运动员就可以为自己、为俱乐部创造更高的价值。例如美国著名的田径运动员刘易斯、篮球运动员飞人乔丹等，就是通过经纪人对其形象的开发，使其获得了数以千计的财富。体育经纪人随着市场经济产生和发展，反过来又推动经济发展，通过体育经纪人的运作，把国家投巨资变成利用社会资金举办各种比赛，使比赛社会化、市场化。例如我国各种联赛在成都举办的世界女飞人商业大赛，天津举办的世界体操锦标赛的电视转播权都是由经纪人运作、社会集资来完成。

④运动员的生活管理。运动员的运动状态是在训练比赛过程中表现出来的，运动员在训练比赛过程中，其运动状态不仅受生理、心理等因素的影响，而且还会受到来自日常生活和训练比赛中的各种各样的生活事件的影响，运动员经历的生活事件可以直接影响心理活动，而心理活动又反作用于运动员比赛的发挥。运动员的生活管理是一个十分复杂的问题，它涉及众多方面和多种因素。从保持和提高运动员人力资本的角度考虑，运动员的生活管理在运动员经纪活动中也占有十分重要的地位，具体包括帮助运动员确定切实可行的目标。保证有效沟通，加强运动员的思想教育、敦促运动员遵守各项规章制度等。

### 7.3.2 我国体育经纪人的发展历程

体育经纪是体育市场发展的产物，也是社会经济活动发展的产物。一方面，生产的社会化程度日益提高，促使市场迅速扩大，带来商品经济活动的产需之间、供求之间的矛盾日益突出。另一方面，众多的消费者需要在众多的市场选择中购买到适宜的商品。传统的商业形式不能解决这一矛盾，促使市场中新的组织形式和经营方式不断出现，尤其是信息服务的作用日益突出。信息服务成为一种商品，这就使得一部分人可以凭借手中掌握的各种信息，为交易双方提供信息，牵线搭桥促成交易双方的实现，于是产生了市场中介的特殊服务者——经纪人。我国体育经纪活动和体育经纪人的发展与改革开放以来我国经纪活动的整体发展过程基本是一致的，产生于 20 世纪 80 年代，从改革开放初期到现在，概括起来可以分为两个阶段。

**（1）探索发展阶段（1983—1993 年）**

1983 年国务院在批转原国家体委《关于进一步开创体育新局面问题的请示》中明确指出："体育是全民的活动，不能只靠体委办，必须依靠和发挥各有关部门的社会力量。"明确提出要加快体育社会化的指导方针。原国家体委在贯彻中央 20 号文件的通知中进一步指出："克服体育过分集中于国家办的弊端，放手发动全社会办体育，是当前我国体育体制改革的首要问题。"并把体育社会化作为体育体制改革的突破口。1984 年，我国体育健儿在第 23 届奥运会获得 15 枚金牌，取得了历史性的突破，极大地振奋了民族精神，点燃了我国人民对体育的热情；同时也对推动我国体育事业的发展起到了推波助澜的作用。

**（2）规划发展阶段（1994 年至今）**

1992 年，国家体委在广东召开的全国体育工作会议上，提出了我国体育改革的发展方案与总体目标，强调改变原来在计划经济体制下单纯依靠国家和行政手段办体育的高度集中的体育管理体制，建立与社会主义市场经济相适应的符合现代体育运动规律、国家调控、依托社会、有自我发展活力的体育体制和良性循环的运行机制，形成国家与社会相结合、集中与分散相结合的格局，力争建立具有中国特色社会主义体育新体制。这充分说明：体育作为一项产业，不仅仅已经得到全社会的认可，在其自身的发展道路上也取得了突飞猛进的进步。

### 7.3.3　我国体育经纪人的管理制度

**（1）从业资格与专门的从业考试**

一般来说，对申请从事体育经纪人这一职业的要求并不特别严格。只要是本国公民，没有犯罪和违反体育法规的记录，具备基本的文化程度（如高中毕业）和一定的经济实力，都有资格申请从事体育经纪人的职业。国际足联规定"足球经纪人必须是自然人"，英格兰足协和意大利足协也有类似规定。

除此之外，体育经纪人一般不能同时在相应的体育组织和体育机构内任职，也不能是某一体育组织的雇员，不能与这些体育组织和体育机构存在伙伴关系。体育组织的官员和雇员必须要等原工作结束一定期限后才能申请成为经纪人。

除了要满足以上条件外，有些体育项目的申请人还必须通过特定的经纪人行业考试。体育经纪人的从业资格考试一般都是由相应的体育组织、行业协会或两者共同组织进行的。

在欧洲，足球经纪人的从业人数最多、影响最大。根据国际足联的有关规定，申请获得国际足联经纪人许可证的面试都在本国足球协会的组织下进行，由国际足联发布考试大纲。面试主要考察申请人是否具备以下两个方面的能力：①是否熟悉各项足球管理规定，这些规定包括国际足联、所有洲的足联以及居住国足球协会的有关管理条例和相应的规则；②是否充分理解民法和合同法的有关内容及其有一定的有效期，一般是2~5年。

**（2）注册登记制度**

申请人在通过考试后，还必须经过一个专门机构进行资格审定。在欧洲，不同的体育项目有不同的审定办法。田径和网球经纪人人数相对较少，他们的资格审定分别是由田径经纪人和网球经纪人联合会进行。这些相对松散的经纪人行业协会都有专职的秘书负责这方面的工作。根据意大利足协的有关规定，申请获得国内许可证的足球经纪人的资格审定是由专门的足球经纪人事务委员会来进行，该委员会由足协代表、职业联赛代表、运动员工会代表、足球经纪人代表组成，并且还有体育法律的专家列席。在英格兰，主要是足协的竞赛委员会来负责这项工作。

在认定了申请人的资格之后，申请人还必须要在相应的体育组织与经纪人联合会内注册，并且必须交纳一笔注册费。有些项目还要实行年度注册制度，这些项目的经纪人必须在每年年初的特定期限内到体育组织或者经纪人协会进行年度注册，接受他们的年度审查，并交纳年度注册费。

**（3）保证金制度**

在申请进行注册的同时，申请人一般还必须在有关机构指定的银行存入一定数额的保证金。以押金的形式储存在管理机构，作为经纪人违约的赔偿，以此来约束经纪人履行义务，规范经营。经纪人如果违反有关规定，将从其银行保证金中扣除全部或者部分作为罚款，此后经纪人必须立即在银行内补足这笔钱，否则就取消其经纪资格。

根据国际足联的有关规定，获得国际足联许可证的经纪人必须在瑞士的银行存入20万瑞士法郎的保证金，只有国际足联有权支配经纪人这笔保证金，用来补偿由于经纪人活动违反国际足球条例引起的一切损害。当然，保证金数额并非赔偿受害方损失的上限。意大利足协规定其国内足球经纪人的保证金是7000万里拉，英格兰足球协会类似的规定是3万英镑，美国是2.5万~10万美元。田径经纪人的保证金大约在1万美元。一旦经纪人的银行存款由于上述原因被动用，该经纪人应立即补齐全部银行保证金数额。保证金数额不满时，该经纪人的许可证将被停止。

保证金制度是经纪人及其经纪行为管理中一项非常重要的制度。由于经纪人行为具有一定的隐蔽性，容易滋生经纪活动中的欺诈行为。保证金制度是利用经济手段，约束和规范经纪行为的一个重要管理措施。

**（4）佣金制度**

体育经纪人在完成其经纪活动后有权得到合理的报酬，即佣金。不同的代理事务、不同的运动项目有不同的佣金标准。佣金比例必须要在合同中写明。运动员必须在合同生效后一定期限内付给经纪人佣金。如果运动员在合同期内取消委托代理，必须要赔偿损失。

一般来说，涉及运动员与所属俱乐部或职业体育组织的劳资谈判中的收入问题，佣金的提取比例相对较低，如代理运动员制定合同期限，确定运动员的工资、出场费、奖金和转会费提成（包括签字费）等。在这方面足球经纪人的佣金标准在 0.5%~5%，委托人和代理人可以在这一幅度内灵活掌握。田径经纪人组织确定的提成标准为 15%，不能多也不能少，如果有谁超过这一收费标准，联合会就会对其施以罚款处罚，或者将其从所在组织中除名。网球经纪人联合会确定的标准是 10%。

经纪人代理运动员与体育组织以外的自然人或法人进行有关运动员名字及其形象的商业开发、广告、赞助和电视转播合同方面的代理，佣金比例相对较高。足球经纪人在这方面的佣金可以达到 15%，田径经纪人是 25%~30%，网球经纪人是 20%~25%。

**（5）仲裁制度**

经纪人在为运动员进行代理的过程中，尽管有合同的约束，但是很容易出现各种争议和纠纷。当出现这些问题时，一般都要提请相关的机构进行调解和仲裁。不同的运动项目和不同的国家有不同的仲裁方式。目前，欧洲已有五个国家：法国、西班牙、希腊、挪威和土耳其都颁布了解决体育争议问题的专门法规。其中针对运动员与经纪人之间的有关争议，运动员工会、体育组织的仲裁小组或者体育法庭都有可能成为最终的仲裁者。当出现争议需提请仲裁时，起诉人可以书面方式向相应的仲裁机构陈述事实及起因，并且出示相应的证据，同时向仲裁机构交纳一定的仲裁费。仲裁机构在进行裁决前，往往会寻找一个调解办法，如果成功，由各方和仲裁人签名，按调解办法执行。如果调解没有被接受，双方必须拿出证词、证据。仲裁机构在规定的期限内进行裁决。

## 本章小结

文化经纪人是指与文化市场相关的众多行业的经纪人群体，即在演出、出版、影视、娱乐、美术、文物、体育等文化市场上为供求双方充当媒介而收取佣金的经纪人。由于具体的文化领域不同，由此形成了文化经纪的不同职界。本章对演艺经纪人、出版经纪人和体育经纪人进行了介绍。其中，演艺经纪人是指在演出经济活动中，以收取佣金为目的，为促成他人交易而从事居间、行纪或者代理等经纪业务的自然人、法人和其他经济组织；出版经纪人是指接受作者的委托代理作者作品版权及其他出版事宜，并向作者收取中介费的出版中介人，是介于作者与出版社、报刊以及其他媒体之间（因为著作的版权通常会涉及其他的媒体，如图书转载或被改编为电视剧电影）的“第三实体”；体育经纪人是指取得经纪人资格后在体育及其相关行业从事居间、行纪、代理等经纪业务并从中收取佣金的个人和组织。

阅读材料

## 演出经纪人资格认定实施办法

### 第一章　总则

第一条　根据国务院《营业性演出管理条例》和文化部《营业性演出管理条例实施细则》的有关规定，制定本实施办法。

第二条　演出经纪人从事演出经纪活动的（包括中外合资经营、中外合作经营的演出经纪机构，香港特别行政区、澳门特别行政区演出经纪机构在内地设立的分支机构，台湾地区在大陆设立合资、合作经营的演出经纪机构从事演出经纪活动的人员），均适用本实施办法。

第三条　本实施办法所称演出经纪人，是指通过中国演出家协会认定并取得演出经纪人资格证书的人员。

第四条　中国演出家协会负责全国演出经纪人的培训、考试、资格认定及行业管理工作。

未取得中国演出家协会核发的演出经纪人资格证的人员，不得从事演出经纪活动。

第五条　演出经纪人资格认定实行职业资质等级认定制度，具体办法另行规定。

### 第二章　资格认定

第六条　演出经纪人资格采取培训、考试、发证的方式认定。

第七条　凡年满18周岁，具有高中以上文化程度的中华人民共和国公民以及中外合资经营、中外合作经营的演出经纪机构，香港特别行政区、澳门特别行政区演出经纪机构在内地设立的分支机构，台湾地区在大陆设立合资、合作经营的演出经纪机构申请从事演出经纪活动的港澳台地区人员，均可参加演出经纪人资格的培训，经考试合格后，发给《演出经纪人资格证》。

第八条 《演出经纪人资格证》由中国演出家协会负责制作，实行统一编号并在全国范围内通用。

第九条《演出经纪人资格证》有效期为四年，有效期满应重新申请注册。

第十条 演出经纪人资格认定由中国演出家协会统一编写教材、统一命题、统一印制、统一阅卷，统一发证，并委托省级演出行业协会（未成立演出行业协会的省、市、自治区暂由省级文化行政主管部门指定的其他机构）进行培训及有关工作。

第十一条 演出经纪人资格认定培训、考试等项目的收费标准，应当符合国家的相关规定。

## 第三章 经纪管理

第十二条 演出经纪机构从事演出经纪活动，应当由取得《演出经纪人资格证》的专职演出经纪人员进行。

第十三条 演出经纪人只能受聘于一个演出经纪机构或者从事个体演出经纪人业务。受聘于演出经纪机构的演出经纪人应当以演出经纪机构的名义从事经纪活动，不得以个体演出经纪人的身份从事经纪活动或在其他经纪机构兼职。

第十四条 演出经纪人向委托人提供居间、代理或者具有委托事项的咨询服务，应当与委托人签订演出经纪合同。

演出经纪合同应当包括下列内容：

（一）标的（经纪事项）；

（二）经纪事项的要求和标准；

（三）合同履行的期限；

（四）服务金额和支付方式、支付时限；

（五）违约责任和纠纷解决方式；

（六）双方约定的其他内容。

第十五条 演出经纪人与委托人签订演出经纪合同后，转托他人代理的，应当征得委托人的同意。

第十六条 演出经纪合同不能履行或者不能完全履行的，演出经纪人不得收取或者减少收取服务费。但由于委托人过失造成的除外。

由于演出经纪人过失造成委托人经济损失的，演出经纪人应当承担赔偿责任。

第十七条 演出经纪人收取服务费应当向委托人开具发票，经营所得应当依法纳税。

第十八条　演出经纪人不得有下列行为：

（一）未经登记注册擅自开展演出经纪活动；

（二）超越经核准的经营范围从事演出经纪活动

（三）同时受聘于两个或两个以上演出经纪机构或者受聘于演出经纪机构的同时以个体演出经纪人从事演出经纪活动；

（四）涂改、伪造《演出经纪人资格证》或演出交易文件；

（五）对委托人隐瞒与委托人有关的重要事项；

（六）违反约定或者违反委托人有关保守商业秘密的要求，泄露委托人的商业秘密；

（七）利用虚假信息，诱人签订合同，骗取中介费；

（八）采取欺诈、胁迫、贿赂、恶意串通等手段损害当事人利益；

（九）通过诋毁其他演出经纪人或者支付介绍费等不正当手段承揽业务；

（十）对经纪事项或者服务作引人误解的虚假宣传；

（十一）不按规定办理演出经纪人年度审验；

（十二）法律法规禁止的其他行为。

## 第四章　信用记录

第十九条　各级演出行业协会应当加强对演出经纪人的信用管理，建立健全演出经纪人信用记录制度。

第二十条　演出经纪人信用记录应当包括下列内容：

（一）是否受奖及奖项名称、种类、授奖单位等；

（二）是否受过行政管理部门的查处；

（三）是否受过演出行业协会的违规处罚。

第二十一条　演出经纪人信用记录的信息采集

（一）演出经纪人资格认定的自然身份和社会身份信息；

（二）演出经纪人年度审验的执业状况信息；

（三）各级行政管理部门、演出行业协会对演出经纪人的奖惩记录。

第二十二条　演出经纪人信用记录通过中国演出家协会指定的官方网站向社会公示，但不得涉及演出经纪人经纪合同的商业秘密及不对外公开的个人隐私资料。

## 第五章　年度审验

第二十三条　演出行业协会应当指导、监督演出经纪人的经营活动，建立健全演出经纪人经营活动和信用记录年度审验制度。

第二十四条　演出经纪人年度审验的时间为每年的1月1日至3月31日。

第二十五条　演出经纪人年度审验应当包括下列内容：

（一）填写《演出经纪人资格证年度审验报表》；

（二）从业记录（含奖惩情况）；

（三）工作单位变更记录（《演出经纪人资格证》、所在单位证明或个体演出经纪人营业执照〈复印件〉）。

演出经纪人领取《演出经纪人资格证》当年可不办理年度审验。

第二十六条　演出经纪人年度审验的程序

（一）演出经纪人向领取《演出经纪人资格证》的省级演出行业协会或省级文化行政管理部门指定的培训机构申办年度审验；

（二）省级演出行业协会或省级文化行政管理部门指定的培训机构负责办理演出经纪人年度审验的验证手续和审核工作，并将审核结果申报中国演出家协会汇总；

（三）经中国演出家协会审查合格的演出经纪人，由申报的省级演出行业协会或省级文化行政管理部门指定的培训机构在申办人的《演出经纪人资格证》年审记录栏内加盖本省级演出行业协会或培训机构公章予以确认。

第二十七条　演出经纪人不办理年度审验，限期改正仍不办理的，视为自动解除演出经纪人资格。

## 第六章　罚则

第二十八条　违反本办法的演出经纪人，由演出行业协会分别给予通报批评、限期改正、取消演出经纪人资格等处罚或数项并罚。

第二十九条　演出经纪人在进行经纪活动中发生一般性行政违规或行业违规事项但未给当事人造成重大损失的，给予通报批评处罚。

第三十条　演出经纪人的违规行为可以在规定时限内实施改正的，给予限期改正处罚。

限期改正的期限最长不得超过一年。

第三十一条　演出经纪人有下列行为之一的，给予取消演出经纪人资格处罚：

（一）不办理年度审验，逾期不改正的；

（二）限期改正期间仍从事演出经纪活动或经限期改正仍继续违规，且情节严重的；

（三）违规经纪活动给有关方面和当事人造成重大经济损失或严重社会影响的；

（四）违反《营业性演出管理条例》第二十六条规定的。

因（一）（二）（三）项受取消演出经纪人资格处罚的，1 年内不得重新申领《演出经纪人资格证》；因（四）项受取消演出经纪人资格处罚的，不得重新申领《演出经纪人资格证》。

第三十二条　演出经纪人被通报批评、限期改正，由省级演出行业协会或省级文化行政管理部门指定的培训机构给予处罚，并向中国演出家协会备案；被取消演出经纪人资格的，由中国演出家协会给予处罚。

第三十三条　演出经纪人违反行政管理部门规定的，演出行业协会应及时向文化主管部门、公安部门、工商行政管理部门通报，由相关管理部门依照有关规定予以处罚。构成犯罪的，依法追究刑事责任。

## 第七章　附则

第三十四条　本办法由中国演出家协会负责解释。

第三十五条　本办法自2008年1月1日起施行。

## 思考讨论

1. 什么是演艺经纪人？
2. 演艺经纪人的管理制度有哪些？
3. 演艺经纪人的资格认证程序是什么样的？
4. 什么是出版经纪人？
5. 出版经纪的内容有哪些？
6. 体育经纪的内容有哪些？
7. 体育经纪人的管理制度有哪些？

# 第 8 章 文化经纪案例

## 8.1 文化经纪人案例

### 案例 8-1-1 IMG 的体育产业经营理念

在体育产业的发展过程中，IMG 是全球体育产业化的拓荒者。现在 IMG 已成为体育、文化、娱乐的行销和经纪公司。到底什么是体育产业？IMG 曾把比赛场地冠名权、场地广告、甚至专营的汽水冠名权集中包装起来销售，创造了一项新的赚钱业务——“场馆管理”。所以，对于体育产业，国际管理集团（IMG）中国区总经理王应权认为：体育产业没有界限——Sky is the limit——只要有创意就能赚钱。

首先，要有好的赛事。有了赛事才有商业运作的空间，而赛事是为运动员创造的。赛事不仅是塑造明星的平台，也构成商业运作的空间。世界知名赛事：PGA 巡回赛、ATP 网球公开赛……都是 IMG 的产品。除了世界杯、世锦赛等正式比赛外，IMG 还策划众多的表演赛，比如 N B A 全明星赛、中巴足球对抗赛等。赛事的成功，是通过体育明星和赞助商包装出来的，所有比赛都是市场主导的。那么，什么赛事可以操作呢？王应权透露了 IMG 的一个方程：知名运动员+竞争力+地位+奖金=成功的赛事。“竞争力”指的是比赛的水准，“地位”是指世界杯、国家队等可以炒作的卖点。

其次，IMG 把电视比喻为赛事的“钱包”。做赛事要想赢利，只有通过电视转播，找赞助商拉广告。百事可乐终止甲 A 赞助就是因为中央电视台没有转播，使赞助商失去了充分曝光的机会。体育是内容，媒体是载体，两者唇齿相依。体育对于电视的意义也非同小可，对提高收视率来说，体育是最有效、最忠心、最经济的方式，一个电视剧不能上演 10 年，而体育节目对观众的诱惑是一辈子的，一个小时的电视剧生产成本要几十万，而体育比赛成本低多了。原来英超一直由 BBC 独家转播，后来由英国的有线电视网 BskyB 转播。

转播英超使BskyB收视率增加了好几倍，成就了这家新的有线电视网。与电视转播赛事相比，体育新闻是IMG在中国最赚钱的项目，除电视外，网络、手机短信、宽带也都是IMG在利用的媒体。

再来谈体育的商业化问题。过度的商业化会对体育造成伤害，目前许多赛事正在围绕电视而发展。比如，1996年的汉城奥运会，为了方便欧美地区观众收看NBC的转播，百米赛跑被安排在了中午举行，奥运会在限制过度商业这方面做得比较成功。既净化了比赛场地（没有广告），又保证了赞助商的曝光率，实现了赞助的价值。尽管经历了中国体育市场化过程中的艰难，王应权仍认为：体育事业与体育产业并不矛盾，体育的整体水准提升了，体育市场才能做好，大家才有钱赚。

（资料来源：《体育产业信息》2005年第3期）

## 案例8-1-2　美国体育商业化传奇：迈克马克与IMG帝国

刘　美

1959年的一天，高尔夫球明星阿诺德·帕默（Arnold Palmer）与年轻律师马克·迈克马克（Mark McCormack）用一个握手，建立起非正式的合作约定。这是历史性的一次握手，它代表着现代意义上的大规模体育商业化的开始。

马克·迈克马克并不是第一个体育经纪人，阿诺德·帕默也不是第一个商业化的体育明星。在他之前，运动员们也热衷于拍广告赚钱。然而，从未有人想象过体育与商业可以如此完美地结合在一起。迈克马克所创立的IMG（国际管理集团）成为体育商业化的范本，其模式已深深植入美国体育产业中。

**“花雨伞”品牌的诞生**

迈克马克为帕默建立起一套全面的商业推广计划，从组织比赛、电视广告到形象代言。IMG赞助举办了多次全国范围的高尔夫大赛，帕默毫无悬念地成为获胜最多的球员。迈克马克还把帕默“租”给著名的公司老板们打友谊赛，当时高尔夫运动在美国的普及度远远不能和今天相比，很多人不了解这项运动，却不可避免地注意到这个经常出现在各大公司老总身边的、风度翩翩的体育明星。

征询了多个设计公司意见后，迈克马克决定以一个伞形图案作为阿诺德·帕默的个人标志。这源自一次击球后，帕默顺着高尔夫球的轨迹望向远方的彩虹时看到的奇异景象。随着帕默赢得一个又一个的冠军头衔，这个标志迅速出现在专卖服装、汽车广告、饮料包装，甚至航空公司的宣传画上。“花雨伞”成为时尚的图腾，帕默比赛时，成千上万的球迷撑着雨伞站在场边，那种辉煌的景象成为一代美国人心中难以磨灭的记忆。而“花雨伞”作为一个集服装、设计、旅行为一体的国际品牌，至今仍享有盛誉。

之后，迈克马克亲自设计的高尔夫球员积分和排名方法，成为后来世界通行的标准。

在高尔夫界获得成功后，迈克马克和 IMG 的领域很快扩展到其他体育项目，更重要的是，他们迅速走出美国的范围，开始了全球化的商业冒险。

**电视：超越体育与国界**

20 世纪 60 年代著名的英国高尔夫选手托尼·杰克林（Tony Jacklin）在某场比赛获得胜利后，一个葡萄酒公司请他手拿一瓶酒拍照，这时迈克马克走上去，把酒瓶商标转到里侧。“如果你们想让自己的商标和杰克林出现在同一张照片里，那么就得先付钱。”迈克马克强硬地说。

此时的迈克马克已经把 IMG 分部开到了欧洲各地，他旗下的运动员包括足球界的球王贝利，他让贝利领衔的一支美国球队与他的巴西队友踢一场“世纪之战”友谊赛，吸引了全世界的眼球；然后是网球天王桑普拉斯、女子网球名将纳芙拉蒂洛娃和克莉丝·埃弗特、F1 赛车的迈克尔·舒马赫，在迈克马克去世前几年，他还签下了年轻的泰戈·伍兹。

在走向世界的过程中，迈克马克发掘了商业体育的另一个重要部分：电视。他创办了体育节目制作公司 TWI，他举办的体育赛事和旗下运动员的品牌形象通过电视荧屏传播世界各地。目前 TWI 是世界上最大的体育节目制作公司，每年制作 6500 小时的节目，输送至 200 多个国家，涵盖的体育项目超过 200 种。

IMG 前联合首席执行官鲍勃·凯恩这样评价自己的老板：“迈克马克之前，体育行业基本上是区域性和国家性的，是迈克马克首创了大规模、国际化的商业体育模式。”“迈克马克能把全世界最不可能在一起比赛的体育明星聚到一起进行商业表演，这一点任何其他经纪人都做不到。”《商业周刊》这样评论。而《体育画报》则评选迈克马克为“体育界最有权势的人”。

**谦逊和蔼的迈克马克**

2003 年 5 月 16 日，马克·迈克马克因心脏病去世。在他的讣告中，阿诺德·帕默的挚友，同时也是迈克马克的早期合作者加里·普莱尔说：“迈克马克的第一个客户就是阿诺德·帕默——一个伟大的运动员，你们可能会说迈克马克很幸运。但在我看来，他是个天才，他深深地理解体育、理解商业，而且，他深深地理解人性。”这句话点出了迈克马克体育商业帝国的成功之本。

正如阿诺德·帕默所说，迈克马克最重视的并不是他的成绩，而是他诚实、坚韧的品质。“我告诉马克，我绝不为自己没用过或觉得不好的产品做代言，他深表赞同。”帕默在自己的网站中写道，“马克最聪明之处，就是从不把我的品牌和成绩联系在一起。因为随着年龄增长，我不可能一直赢下去。”如今帕默退役已经数十年，“花雨伞”的品牌仍然屹立。

前滑雪运动员简·克劳德·基利（Jean Claude Killy）仍然记得第一次认识迈克马克的那个下午：“他向我走过来，跟我说话，非常友善。他不是在讨论滑雪运动，而是在讨论滑雪运动员本身。我当时觉得，我要跟这样一位理解体育的专业人士合作，虽然他打着那么令人生畏的彩色领带。”要知道，在当时滑雪是一项十分小众的运动，虽然基利得过三次奥运会冠军，但他的商业价值并不被看好。然而迈克马克并不这样看，他重视的是基利的个人品质与魅力，而不是他从事的运动著名与否。现在，基利作为顶级运动服饰品牌，已经风靡世界各地。

目前，IMG 是全球最大的品牌许可提供商，它旗下的每个品牌都有一段震撼人心的体育传奇，而这一切背后，则是迈克马克慧眼识人的能力。

迈克马克曾以帕默为例，阐述自己选择合作者的标准：第一，他的外表非常帅气；第二，他既不来自底层也不是富家子弟，而是出身中产阶级家庭；第三，他打球的方式——敢于冒险以及潇洒的挥杆动作；第四，他参加过一些非常激动人心的比赛，而且曾被电视转播过；第五，他的谦逊与和蔼。

（资料来源：《环球财经》2010 年第 6 期，有删减）

## 案例 8-1-3 陈淑芬：香港三巨星的铺路人

张 宣

陈淑芬，祖籍广东，出生香港。1973 年，她刚从香港商科学校毕业，还没想好是继续读书，还是工作。华星娱乐公司的经理陈柳泉就请她去帮忙。当时，香港的娱乐业尚处在起步阶段。陈淑芬做过张国荣、张学友、梅艳芳，还有沈殿霞、张智霖、陈松伶、周华健、罗文、陈百强、利智、草蜢、黄敏豪的经纪人。早在 20 世纪 70 年代她就做过邓丽君的个人演唱会，之后又见证了港台娱乐业兴衰起伏的 20 多年。

**沙里淘金，一手捧红梅艳芳**

1981 年，陈淑芬主持华星娱乐公司唱片部日常工作时，借鉴国外的经验，向公司高层建议签约自己的歌手，并投入重金对签约歌手进行包装，然后推向市场。

为寻觅歌手，陈淑芬和无线电视台联合举办“香港第一届新秀歌唱比赛”。舞台上，18 岁的梅艳芳身穿一袭金色舞衣，披着长卷发，以沧桑低沉的嗓音，唱“吹呀吹，让这风吹……”伴之以绚丽的表演、豪放的舞蹈，赢得了满场观众的喝彩，也打动了所有评委。陈淑芬当时就很想把她签下来。比赛揭晓，梅艳芳以一曲《风的季节》技压群芳，夺得冠军。

签下了梅艳芳，路该怎么走？陈淑芬认为：“梅艳芳的卖点是演出，看点是音乐和形象的多变，这是她的定位。”于是她在帮她找歌的同时，在形象设计上下了很大工夫。她找了香港大师级的时装设计师刘培基和唱片封套设计师陈幼坚，与他们共同研究如何包装梅艳芳。后来的事实证明，陈淑芬的这一策划抓住了梅艳芳的长处，震动了观众。“梅艳芳的每场演出，大家都期待地想看她穿什么时装，以怎样的新形象出现。我们是先选歌，再依据歌的内容和旋律设计形象。她的打扮一直领导着香港的时尚潮流。”

陈淑芬推出梅艳芳第一首歌《心债》和同名专辑后，梅艳芳一炮走红。此非偶然，她低沉而略带沙哑、拥有独特的男性化磁性的嗓音，时而夹带着女性化尖厉的高音，别具一格，令无数歌迷为之倾倒。

1985 年，梅艳芳的第 4 张专辑《似水流年》的同名主题歌的创作，花费了陈淑芬不少心血。她和国际音乐大师日本的喜多郎很熟，电影公司找到她，希望请喜多郎配乐、谱曲。喜多郎答应帮忙，但喜多郎作的歌出来后，陈淑芬听了感觉发飘，怎么办？这首歌是准备让梅艳芳唱的。一向视艺术质量为生命的陈淑芬，情急之中，找到了李小田，同他商量，能否把整个电影的音乐片段融合、连缀起来做成一首歌。李小田只花了一天时间就把曲谱写好了，而且十分动听。录音时，梅艳芳身体不太舒服，她用接近男声的中音，以涓涓细流的速度委婉地唱着……唱得特别凄凉，那无奈的味道，表达得淋漓尽致。陈淑芬被深深地打动了，她相信这首歌肯定能红。

陈淑芬判断得没错，梅艳芳演唱的《似水流年》成为香港和内地一批歌迷认可的最早的经典歌曲。继 1983 年的《赤色梅艳芳》、1984 年的《飞跃舞台》、1985 年的《似水流年》3 张专辑出版后，1985 年，她又一鼓作气推出梅艳芳的第 5 张专辑《坏女孩》，创下 40 万张的销量。这也是梅艳芳音乐生涯里销量最高的一张专辑。正是这张唱片奠定了梅艳芳在香港乐坛新大姐大的地位。梅艳芳一生出了 34 张专辑，拍了 37 部电影。留下了许多脍炙人口的好歌曲，被称为“亚洲天后”“东方麦当娜”，其辉煌无人能及。但追根溯源，她的成功离不开陈淑芬的一手发掘和培养。

**伯乐识马，艰危携手张国荣**

张国荣在 1977 年参加歌唱比赛时，一曲《柔情蜜意》获奖，开始了他的娱乐生涯。但运气不佳，拍过《鼓手》等几部电影，没引起太多人注意，却因《卖猪仔》（三级片）被蒙上不白之冤，闯了不少祸。1982年，一次偶然的机会，陈淑芬认识了他。“我认识他的时候，他几乎还是个从零开始的毛小伙，我发现他很直爽、热情可爱，别人站着唱，他在舞台上却连唱带跳的，唱英文歌《红鞋子》参赛时就这样，很活跃。也正因为如此，他的形象被人认为是异类，很多人不看好他。我却觉得他的声线很特别，很有潜质，于是我签下了他。”

1983年，陈淑芬推出张国荣的第一张专辑《风继续吹》，销量不错，但因一些商业原因未获奖。在观看罗文演出时，张国荣坐在陈淑芬旁边伤心地哭起来。她劝慰他：“别泄气，以后再努力嘛！”不久，陈淑芬到日本参加东京音乐节，一名日本歌手唱的名叫“MONICA”的歌十分好听，她被深深打动了，同时感觉很适合张国荣唱，便找到版权所有者渡边公司商量，想把歌买下来。不料渡边有个好朋友在香港开了个小公司，这首歌已交给朋友代理了。渡边不愿意为一首歌的代理权和朋友弄得不开心。陈淑芬看渡边为难，不好意思再索要，但她不甘心就此作罢。为拿下这首歌的版权，又两次赴日本与渡边商洽。当时，张国荣的第2张专辑已制作得差不多了，就等这首歌了。陈淑芬将“万事俱备，只欠东风”之苦告诉对方，渡边为她的诚意感动，终于答应了要求。1984年，专辑《MONICA》问世，这首歌红得发紫。那时，一般唱片卖3万~5万张就很厉害了，这张唱片销量却高达20多万张。张国荣就此一鸣惊人，走红香港歌坛。此后，在陈淑芬的帮助下，张国荣一发而不可收。《兜风心情》《狂恋》《爱慕》等专辑陆续推出，令歌迷惊喜不已，在香港掀起张国荣热，张国荣遂成为偶像级歌星。

为了使张国荣能与国际接轨，陈淑芬除替他寻找海外的演出机会外，还把目光盯在广告领域。她先是让张国荣去做一名很红的韩国歌星的演出嘉宾，假以光彩亮相，以此作铺垫，成功地推荐他做了一家公司的朱古力广告。在韩国，请国外明星做广告这是第一次。广告别开生面，带有很强的故事性，在韩国引起轰动。

香港娱乐圈，演员多栖的很多。张国荣出道之初便既唱歌又拍电影。陈淑芬认为哥哥两方面都胜人一筹，自然不肯放松影坛的工作。香港拍戏剧本很简单，关键是导演，所以她先选导演，当然是名导，如吴宇森、徐克、王家卫等。他们对张国荣很感兴趣，也很疼他。在1983年主演的《杨过与小龙女》和1984年主演的《缘分》中，他的演技虽略显青涩、稚嫩，但将人物演绎得非常清新、自然，令人别有一番赞叹。张国荣因此一举成名。后来，他一度告别歌坛，陈淑芬帮助他专攻电影，于是人们看到了张国荣的经典之作《阿飞正传》《霸王别姬》《胭脂扣》等，成就了张国荣在电影界长达10年的辉煌岁月。

陈淑芬与张国荣之间的关系，是经纪人和艺人的关系，更是艰危携手的朋友关系。出于信任和依赖，1986 年，陈淑芬离开华星时，张国荣问也不问就跟着她走了。张国荣的《风再起时》告别歌坛的演唱会是在陈淑芬的协助下完成的。会上，他提得最多的就是在幕后默默支持他的陈淑芬——他最感谢的人。而 1996 年，他作出重返歌坛的决定，也与她的劝说有很大关系。1996 年年底，经陈淑芬精心策划后，推出了张国荣复出歌坛演唱会，24 场几乎场场座无虚席。

对于张国荣的弃世而去，陈淑芬十分悲痛。她替他操办了一个完美的葬礼。谈到他自尽的缘由，她说："哥哥非为情所苦而自杀，先是因胃酸倒流影响声沙，唱片录音受到影响。后是被抑郁症折磨坠入痛苦深渊，影响工作，连电影也不敢接拍。" 2002 年 5 月，张国荣与黄耀明合作推出一张大碟，却因张国荣染病而耽搁。原已接下的片约《美丽上海》也不得不推掉，而他倾注了无数心血，准备由演员向导演转型的第一部作品《偷心》，主要演员胡军、宁静、沈殿霞已确定，一切就绪，却因资金问题而没能开机，使他一直郁郁寡欢，情绪跌入谷底。一连串的事情给他的打击太大了，以至于到了无法忍受的地步。

为了纪念张国荣，陈淑芬于 2004 年忍痛亲自填词《烟花烫》，自资制成 CD，并拍摄 MTV 在电视上播出。制作时，她亲自彻夜翻看张国荣的所有影带，寻找他纯真的笑容，剪辑他生前最爱去的沙滩、酒店的镜头，寄托深深的哀思。陈淑芬为张国荣付出了一个经纪人全部的真诚、执著、关爱和努力，他俩拍挡被誉为业内最佳"组合"。

**志同道合，《雪狼湖》圆梦张学友**

早在 20 世纪 80 年代陈淑芬就与张学友合作过。当时她旗下有女歌手吕芳寻找搭档，她就找到张学友。但她与张学友的长期合作，始于 1993 年。当时，张学友度过了几年的低潮后，又火了起来。1993 年的《吻别》，全球销量达 400 万张。张学友由此确立了香港歌坛天王的地位，也揭开了四大天王"雄霸"香港乐坛的序幕。

陈淑芬与张学友是在上述背景下签约的，签的是演出和广告合约。张学友在香港红得发紫，这是好事，但起点这么高，也给陈淑芬出了难题：接下来做什么？不过，她是有备而来："我一直有推香港歌手到国外的打算。记得 1985 年，我跟梅艳芳、张国荣到欧洲演出，要等戏院里的戏演完。晚上 9 点半以后，我们才可以进场搭台。开演差不多要到 12 点以后了。我们的观众华人很多，多在餐馆工作，要等饭店打烊后他们才可以过来看演出。我想，以后我要在欧洲做像香港红馆那样的正式演出，晚上 8 点开始，让香港的歌星登台亮相，火上一把，那一直是我的希望。”陈淑芬看中张学友，是因为他能唱那么多动人和成名的国语歌，她则有那么多的海外关系可利用，于是，她把希望寄托在张学友身上。

海外的演出场馆都需提前1年预订。在与张学友达成共识后，陈淑芬忙碌地张罗起来：制订详细计划，组织100余人的演出队伍，同世界各地演出商及著名的演出场馆联络，商洽演出相关事宜。经过1年多的紧张筹备，1995年8月至1996年6月，“1995张学友世界巡回演唱会”在世界各地举行。悉尼、墨尔本、新加坡、纽约、巴黎……所到之处，备受欢迎。张学友100场世界巡演，在香港歌手中前所未有，是香港歌手在国际演艺事业上的突破，在世界各地掀起中国热。

巡演的成功激励着陈淑芬和张学友尝试新的探索和新的追求。“我们看过很多百老汇的歌剧和音乐剧，在许多人看来，百老汇有几十年的历史，似乎高不可攀，一些学校排音乐剧，都是把外国的东西拿来翻演。学友觉得，为什么我们华人就不能有自己的音乐剧呢？于是，我们就决定自己搞华人原创音乐剧。”两位勇于创新中国音乐文化的志同道合者，摩拳擦掌，匆促上阵。这是否有些冒险呢？不能说一点儿没有，因为观众不知道他们要做的是什么样的音乐剧，是否好看，是否吸引人。这确实是个挑战，压力不小，但他们相信，只要是张学友的歌，歌迷一定会来听。

在动物世界里，狼对爱情非常忠诚，它一生只有一个伴侣。“我们想写个至死不渝的爱情故事，就选狼的性格来形容主角。”1997年3月28日，《雪狼湖》在香港红磡体育馆公演，接连爆满43场，以至于一票难求。该剧完美地将张学友通俗演唱会的热烈与经典音乐剧的高雅融合在一起，轰动了香港，成为香港演艺界的空前盛事。

但是，仅仅在中国香港和新加坡演出，覆盖面有限，这不能不说是个遗憾。看到外国《猫》等不少音乐剧登陆中国内地，陈淑芬心动了：“张学友也心动了，我们也可以把《雪狼湖》介绍到内地去啊！”他感到眼下自己体力尚好，再过几年不知会怎样。于是，陈淑芬便积极筹备将该剧由粤语版改成国语版，请林夕重新写词，同时高标准地设计舞台、服装、灯光，与学友一起挑选演员，组织庞大的演出队伍。总计投资达1亿港元，其中宣传费1500万港元，台前幕后动用工作人员达300名，演出的设备、灯光、音响及服装、道具总重150吨，需15个大型集装箱储运。

2004年12月24日北京首都体育馆首演座无虚席，以后的演出，苏州刮大风，宁波下瓢泼大雨，不仅没有挡住歌迷，反而激起他们更大的热情。沈阳的演出呈现多年未见的火爆情景，在南京，歌迷们“学友——我爱你——”的疯狂大叫响彻全场。剧组马不停蹄，从东莞、深圳、广州到成都、西安、天津、台北，一站接一站。2006 年 1 月 7 日在北京再次做绝版重演，总共演出 53 场，场场受到观众热烈欢迎。

陈淑芬和剧组为国语版《雪狼湖》付了太多的心血。在南京闷热的天气里，张学友彩排时 T 恤全湿透了，演出时快热晕了，在重庆一个大仓库彩排，张学友坦言“太累了！”他蹲在陈淑芬面前，深情地唱起《怎么舍得你》，不知不觉中，陈淑芬已感动得泪流满面。在演出中，灯光师为处理突发情况，一直待在高空架上，因为他们不可能爬上爬下影响观众欣赏表演，体现了一个高素质幕后团队的敬业精神。在一场又一场的演出中，张学友无论是引吭高歌，还是低声细语，举手投足间都透露出一股令人无法抗拒的魅力，许多观众用“震撼”来形容自己的感受。陈淑芬则替张学友感到欣慰：“过去大家不会把通俗歌手看成艺术家，但《雪狼湖》却受到了包括古典音乐教授等专业人士在内的许多人的表扬。”《雪狼湖》跨进了高雅的艺术殿堂。

**◆补充：陈淑芬演艺经纪生涯感悟**

记者：你与签约艺人相处得很好，并能长期合作，其中奥妙何在？

陈淑芬：我注意与艺人建立互相信任的关系。我把他们当朋友，我不会去做名利挂帅的事情，而坚持演出质量第一。假如某剧或某演唱会头一次不理想，那么就努力争取下一次能理想。我不会为票房而压缩制作费。艺人对我很重要，我策划的每次演出，不光是为这一次，更多的是为下一次。

记者：你与艺人处好关系，会不会影响对他们的要求？

陈淑芬：我与艺人的利益关系签约时就说好了，我不会因为这个艺人赚钱少，就对他不好，我一视同仁。对艺人要付出真诚，他们红的时候，我不会说很好听的话；而他们演得不好，我就指出缺点，不客气地说不好。不然，他们会掉下去。在他们情绪低落的时候，我会给他们鼓励。我对工作要求很严格，有的艺人很认真，但还是没有达到我的要求，我会很耐心地去帮，如果我觉得他（她）没努力的话，我首先会劝，不行就骂，还是不行我就不理了。

（资料来源：《经纪人》2006 年第 1 期）

**案例讨论问题：**

1. 简述文化经纪人与其他行业经纪人在观念和工作中的相同和不同之处。
2. 文化经纪人的重要职能有哪些？

3. 通过案例阅读，文化经纪人的哪些品质和素质在工作中比较重要？

## 8.2 文化经济市场案例

### 案例 8-2-1 指尖上的博物馆
——数字技术给博物馆带来了什么

网络技术发展的日新月异、新媒体应用的日益广泛，使得古老的文化遗产与博物馆文化传播进入了一个新格局。在此背景下，国内外许多博物馆已经开始在展示与服务中融入数字和互动等新媒体元素，具体做法基本包括数字化网站建设、展厅互动和移动设备互动软件开发3个主要方面。技术正给博物馆带来全方位的变化。

杨瑾是北京服装学院设计专业的学生，也是一名博物馆的忠实粉丝。在他的手机里还存有2012年12月28日在首都博物馆举办的“台北世界宗教博物馆宗教艺术文化展”的APP（智能手机第三方应用程序）。他介绍，“当天去了展厅之后，打开Wifi下载导览应用程序，这样就可以将手机变成导览仪，可以显示文物信息以及我在展厅中的路线位置。这个程序还支持脱机使用，可以把展览带回家慢慢欣赏。”

此外，他的手机里还有近10个博物馆展览的APP，除了单个具体展览的导览之外，也有如“文化上海”这样的综合性导览。“这是我为了下个月去上海玩事先准备的。只要选择任意一张导览图，上海所有博物馆、名人故居就会自动根据我所在的位置从远到近排列出来，还可以查看每个场馆的图片、简介、地址、电话，以及从当前位置到达那里的交通线路。”杨瑾说。

**永不落幕的展览**

目前，国内许多博物馆都在其网站上开设了虚拟展厅，借助新媒体技术，开发网络互动平台，观众足不出户即可“游览”博物馆；为提升展览效果、开展个性化和人性化服务，展台式或嵌入式触摸屏多媒体电脑、互动投影仪、电子虚拟互动系统、多媒体互动游戏等多媒体技术在大型博物馆，尤其是科技类展馆中已得到了较为广泛的应用。而近年来，由智能手机、平板电脑等移动设备带来的风潮更为博物馆行业注入了新鲜的血液。

2011年6月，新加坡亚洲文明博物馆为配合该馆“千秋帝业：兵马俑与秦文化”展，特别推出了世界首个专为博物馆而设计的苹果手机综合导览程序。2012年3月1日，随着改造后的中国国家博物馆投入使用，国博开始与3家电信运营商合作提供手机导览服务，成为我国第一家开展手机导览服务的博物馆。随后的近一年来，各种服务于博物馆的 APP 如雨后春笋般冒了出来。上文提到的导览程序便是其中之一。

一方面，正如杨瑾所说，“提到博物馆时大家都说这里是终生学习的场所。现在掌上的博物馆使得参观更加便利，而且不是一次性的，对我来说这种终生学习也更可能实现。”另一方面，博物馆每年都花费上百万元经费举办临时展览，从选题、选材、组织到情节调动都倾注了大量心血，然而到了临时展览闭幕的当天，它的“生命”就“终结”了，而利用数字化手段可以为博物馆开一场“永不落幕的展览”。此外，数字技术可以在某种程度上缓解游客压力，让更多观众可以利用新技术体验古老藏品的神奇魅力。

**APP 时代的策展之路**

“博物馆的数字化，绝不能只是藏品档案的数字化。博物馆的馆藏也有很多属性不适合用传统展示手段来表现的，以这些属性为基础串联，可能是博物馆数字化展示的一个方向。”从事博物馆 APP 设计制作的上海三棱镜科技公司一位负责人表示。

文博专家认为，正如传统的方式必定会存在一样，新的方式的加入、应用也是必然的、必需的。因此，我们努力解决的是数字化网络化传播、接收与现场参观、实地考察之间的互动互补的关系。

对此，这位负责人认为，如果说博物馆实体展览的节奏更多表现在策展人对展览的把握上，那么博物馆移动应用上的展览是可以把节奏交给用户来 DIY 的，但这并不是说移动应用上的展览就可以无作为，而是要尽力针对移动平台特有的浏览方式（触摸、拖动、点击等）进行优化，一定要考虑到和其他传播手段，如报刊、网站、印刷品之间内容的差异性。博物馆数字化终端受信息输出平台的限制，对反映器物信息有一定的影响，从目前的经验来看，移动终端最适于显示书画作品（平面艺术），对立体空间文物的拆解展示也是一大优势。但新技术展示必然会带来展品信息的衰减，所以实体展和数字展的使用要分目的、分对象。如同博物馆界泰斗苏东海先生曾经说过的，要警惕“博物馆技术主义”。

反观数字技术与传统手段在博物馆发展中的交融、碰撞、各尽所长，不难发现，技术正在客观上推动着博物馆的展览及服务活动越来越具有亲和力。不仅各式各样的导览程序为参观者提供了详尽的服务资讯和专业讲解，而且由于这些以新技术为支撑的展览、服务方式建立在观众参与互动的基础上，也进一步推动了博物馆“以藏品为中心”向“以观众为中心”的转型。博物馆，特别是中国博物馆应紧抓新媒体时代的机遇，一改昔日冷冰冰的“收藏所”“古董摊”等的陈旧印象，树立博物馆“以观众满意为己荣、以观众需求为己任”的新形象。

**保障措施的改进**

一方面，博物馆中“禁止拍照”“防止手机干扰”之类的标语随处可见，另一方面，握着手机的观众正在使用展厅手机导览、视频对话等各类程序。新技术对博物馆展览的改变也呼唤着更符合时代要求的“博物馆参观礼仪”的出台。此外，一些艺术家由于担心侵权、商业运作等风险，常常反对将他们的作品在网络上复制，而中国的版权制度确实有待完善。博物馆数字化之路要长期、健康地走下去还需完善的配套制度的支持。

在南开大学博物馆学教授黄春雨看来，在新技术浪潮中，人力资源的缺位则更为明显。他认为，在文化遗产和博物馆领域，缺少数字建设、网络建设的专业人才，而在数字、网络领域，在高新技术领域，缺少甚至没有人文历史博物馆方面的专业人员。这容易导致原创性的数字传播内容很难到位，出现一些顺应普通公众娱乐化、兴趣化的浅层需求，或受流行文化、快餐文化、商业文化的干扰的“技术产品”，不能把博物馆深厚的文化资源较为丰满地传达给公众，甚至对博物馆文化传播形成负面影响。

（资料来源：《中国文化报》2013 年 1 月 25 日，http：//gb. cri. cn/36724/2013/01/25/342s4002491. htm）

**案例讨论问题：**

1. 数字技术为博物馆带来了什么样的影响？

2. 随着网络数字化时代的到来，文化经纪市场将迎来什么样的变化？文化经纪人及文化经纪公司将如何应对这一变化趋势？

# 8.3 文化经纪合同案例

## 案例 8-3-1 合同视野下的表演者权利实现研究

崔立红 韩 笑

2012 年 6 月，世界知识产权组织《视听表演北京条约》正式在我国签署，标志着国际社会对表演者权利的保护又上了一个新的台阶。一直以来，表演者权利在我国是作为邻接权规定在《著作权法》中，但实践中表演者与制作者或者经纪公司之间更多的是通过合同的方式实现权利，所以合同的纠纷层出不穷。表演者同时又是劳动者，其权益可以在劳动合同中得到保障。但是《合同法》《劳动法》《劳动合同法》中皆没有关于表演者的专门规定，学界与实务界也缺乏对此的梳理和关注，而表演者及其专有权具有不同于其他合同（劳动合同）当事人的特质，本文拟以合同为切入点，借鉴发达国家的成熟经验，探讨研究各种合同类型中表演者权利的实现，为我国表演者权利的合同保护开启新的思路。

**一、合同在表演者权利实现中的作用**

无论社会如何变迁，技术如何进步，通过合同来保护表演者权利一直有其充分的事实和理论依据。

（一）表演的价值实现

表演只有向公众发行，其经济价值和艺术追求才能体现。一直以来，单靠表演者很难实现上述目标，与此同时，表演的制作者或者组织者却功不可没。所以说表演者与制作者或组织者之间更有效率的是合作关系，而不是对抗关系，合同法仍旧是表演者权利实现的最为重要的手段。对此比较执著的是法国，早在《罗马公约》外交会议上，法国就对讨论其他方式保护表演者、录音制作者权利不以为然，其代表认为完全可以通过完善合同法来达到目的。当然，随着录制技术、传播技术的发展，尤其是互联网的出现，让表演的录制和传播更为容易，表演者也更难以控制和跟踪他人对其表演的使用，自然表演者获得合理报酬的权利也难以实现。单靠合同法难以全面、公平、高效地保证表演者权利的实现。

（二）合同自身的特性

合同自身具有的一些特性使其一直以来备受市场交易主体的青睐。首先，只要不损害社会公共利益，双方可以就表演者权利归属、使用、权利义务等问题以书面形式达成一致，这种便捷性带来的是交易的高效；其次，表演者可以与制作者在使用表演者权利之前就相关事项进行协商，达成共识，这种事前性节省了诉讼、仲裁等事后公权力带来的强制救济措施；再次，合同的方式可以补足国内法、国际公约中没有规定的内容，实践证明，当事人之间的意思自治可以完善、补充法律中的空白或者缺漏；最后，对于著作权领域的非强制性规范，合同可以在不违反法律规定的情形下对当事人的权利义务进行调整，这种变更体现了以合同方式实现表演者权利的灵活性。可见，表演者通过合同方式实现自己的权利由来已久，所以合同法成为对表演者权利进行保护的最直接，也是实践中使用最广泛的方法。

实践中常见的合同方式有基本型合同方式、基础型集体合同和混合型演艺经纪合同三种。本文着重介绍基础型集体合同和混合型演艺经纪合同两种实践中比较常见的合同方式。

## 二、基础型集体合同

（一）集体合同的特有功能

按照国际劳工组织第91号建议书《集体合同建议书》规定，集体合同是指："以一个雇主或者一群雇主，或者一个或几个雇主组织为一方，一个或几个有代表性的工人组织为另一方，如果没有这样的工人组织，则根据国家法律和法规由工人正式选举并授权的代表为另一方，上述各方之间缔结的关于劳动条件和就业条件的一切书面协议，为集体合同。"换言之，集体合同是工会与用人单位或其团体为规范劳动关系而订立的，以全体劳动者的共同利益为中心内容的书面协议。因为在保护劳动者利益和协调劳动关系方面具有劳动法规和劳动合同所无法取代的功能，盛行于现代各国，并在劳动法体系中处于与劳动合同制度并重甚至比劳动合同制度更高的地位。

首先，集体合同可以实现平等的价值目标，弥补劳动合同的不足。单个劳动者在用人单位面前处于弱势地位，因无法与用人单位抗衡而难免接受用人单位提出的不合理条件。但是，工会代表全体劳动者与用人单位签订集体合同，可以保障双方间的平等协商，避免劳动者接受不平等条款；即使在劳动者之间，因为各自实力的差异，单纯劳动合同容易导致有的劳动者被歧视，如同工不同酬，集体合同却可以实现一定范围内全体劳动者平等地享有权利和承担义务。其次，集体合同可以让劳动者利益最大化，弥补劳动立法的不足。劳动法所规定的劳动者利益是最低标准，集体合同可以约定高于法定最低标准的劳动者利益；不仅如此，集体合同相较劳动法规在对劳动者利益和劳动关系关注上，更为具体、灵活，而后者更多是原则性、概括性的规定，无法应对劳动关系的不断变化。

（二）集体合同与表演者权利的实现

表演者作为劳动者的一部分，其权利实现和保护离不开劳动法律制度。集体合同从理论到实践的日臻完善，也同样惠及表演者。

在我国，集体合同肇始于1922年新民主主义革命时期的《劳动法案大纲》，后在不同历史时期的劳动法、工会法以及其他章程和条例中都有规定。至1994年7月《劳动法》，集体合同正式与劳动合同处于并列地位，同年12月，劳动部的《集体合同规定》对集体合同签订、审查和争议处理做了较具体的规定，2003年12月，劳动和社会保障部又出台了新的《集体合同规定》。

上述法律法规与国际通行的集体合同相比，具备一些中国特色：根据《集体合同规定》第3条的规定，集体合同的当事人是用人单位与本单位职工，二者并不具备团体的性质，所以，从法理上将这种合同认定为集合的劳动合同或多数劳动者同时成立的劳动合同的集合，也许更为合理。第二个特色是集体合同争议的解决是协商基础上加协调，来自《集体合同规定》第32、38

条。很明显，在我国集体合同中斗争手段是被禁止的。第三个特色是强制效力的扩大化。我国《劳动法》《劳动合同法》《集体合同规定》等都明确规定，集体合同的强制力不仅及于合同成员即工会成员，而且还延及非工会成员，特别在集体合同的签订层次为行业性或区域性时，这种扩张更为明显。

（三）集体合同的缺陷

集体合同的保护是要求个人合同标准必须在集体合同的标准之上，其初衷是为了保障劳动者的福利保持在一定的水准之上。但当面临经济不景气的时候，如果继续坚持集体合同的基础标准，企业会以个人合同条件过高而减少岗位，反而会让劳动者失去被雇佣的机会，给劳动者带来损害。所以面临的直接问题是在经济形势不好的特殊时期，是否仍需继续坚持集体合同的标准？有些国家已经开始探讨并实践，如德国的个人合同中的“开放条款”，允许在特定的经济时期内在工作实践安排、加班、工资等方面的约定低于集体劳资协议的标准。虽然“开放条款”初衷是增进劳动者福利，但该规定在法理和实践中仍旧存在很多争议需要解决。

## 三、混合型演艺经纪合同

随着人们对文化娱乐领域消费需求的逐渐增加，演艺娱乐发展成为重要的产业。其中，基石性的内容是演艺经纪合同，它是演艺娱乐产业发达的国家表演者比较普遍采用的一种权利实现方式。美国哈佛大学教授 George P. Baker 认为，对其进行有效约束和规范是保证演艺娱乐产业良性发展的关键。

（一）演艺经纪合同的性质

演艺经纪合同，目前尚没有统一的定义，一般指艺人和演艺经纪公司之间就代理、委托演艺事务而订立的明确双方权利义务关系的协议。首先，演艺经济合同的本质和基础源于“委托”，例如合同中经常出现的：“甲方接受乙方的委托……”“经纪人根据艺人的授权代表艺人进行演艺事业活动……”艺人基于对演艺公司的信任签订演艺经纪合同，符合委托合同的法律特点。其次，演艺经纪合同中包含有劳动合同的内容，如“聘用”字眼、基础工资、保密和竞业禁止条款，美国、我国台湾地区都是在“劳动法”中约束和调整演艺经纪合同的。但劳动合同中必备的社会保险、劳动保障、休息休假、劳动终止等条款，因为要增加经济和管理上的成本，不是所有的演艺经济合同都会采纳，如我国。再次，演艺经纪合同具有居间合同的特点，即演艺经纪公司是居间人，为委托人（艺人）寻找演艺机会，为艺人与第三方签订演出合同等提供媒介服务，委托人（艺人）支付一定的佣金作为报酬。最后，演艺经纪合同中会出现关于音乐著作权概括性转让的内容。综上所述，演艺经纪合同既不是有名合同，也不属于单纯的无名合同，应该划归到混合型的无名合同之列。

（二）演艺经纪合同的主要内容

契约自由是意思自治的核心部分，意思表示真实的合同才能是有效的合同。但合同自由原则是不允许滥用的，所以国家会通过相关的价值判断来对演艺经纪合同进行全方位干预。下面就一些与表演者利益攸关的合同条款分别进行分析。

1. 期限

经纪公司为艺人投资巨大，承担巨大商业风险，为确保自身的投资回报，经纪公司愿意与艺人签订更为长期的合同，如歌手韩庚与韩国 S. M. 娱乐公司就签订了长达 10 年类似“卖身契”的演艺合同。但该种合同早在 60 多年前就被奥斯卡获得者、女演员奥利维亚·德·哈维兰起诉华纳兄弟制片公司案件中所终止，以判例的形式规定了娱乐业的合同期限不得超过 7 年，后在美国加州《劳动法典》第 2855 条中得以确认。

2. 违约金

违约责任，是指合同当事人不履行合同义务或者履行合同义务不符合约定所要承担的法律责任，主要表现在违约金的约定上，是合同双方意思自治的反映。为防止艺人提前解约，经纪公司通常会在演艺经纪合同中约定巨额违约金，以此作为限制艺人的“致命法宝”，艺人为了借助经纪公司的投资和宣传，也“自愿”接受这样的条款。意思自治是合同法原则，公平原则同样是合同法追求的价值目标。违约金的合理性必须依据公平的前提。违约金的合理性在于，一是无过错原则，只要有违约的事实存在，不论是否主观上有过错，都要承担违约责任；二是违约赔偿的性质是补齐性的还是惩罚性的。大陆法系采用补齐说，违约金包括“实际损失”和“可得利益损失”。虽然英美法系合同双方可以约定惩罚性违约赔偿数额，但是该数额并不完全由合同当事人做主，法院最终要审查对违约所造成的损害是否进行了公平合理的估算。我国对违约金数额的态度是，没有约定的按照补齐性原则确定，有约定的尊重当事人意思自治。

3. 解除

虽然通过主张合同无效或者申请撤销合同可以使艺人免受违约责任而不支付巨额的违约金，但实践中本着维护合同稳定从而维护交易安全的原则，法院或仲裁机构确认无效或予以撤销的演艺经纪合同案例非常少，大多数演艺经纪合同权利义务的终止是通过合同解除来实现的。

合同双方都希望圆满地解除合同，所以约定解除是首选。《合同法》规定，当事人可以协商一致解除合同，当解除合同的条件成就时，若艺人享有解除权，就可以解约。从已经发生的案例看，合同解除的条件需要约定得明确、具体，具有可操作性，尽量减少争议。

除此之外，在基于信赖关系前提下签订的带有委托性质的合同中，当信任关系不复存在的时候，任何一方有权随时解除合同，即合同的任意解除。任意解除合同后，除不可归责于当事人的事由外，应当赔偿损失。演艺经纪合同是混合型合同，其中包含委托代理的事务，艺人一旦行使任意解除权，不得不面对的就是违约赔偿，往往该种解除合同的方式是以支付高额违约金给经纪公司为代价的。

在没有约定或非信任关系合同中，其解除条件可以由法律来规定：一方的严重违约或根本违约行为，如果导致合同的主要目的不能实现，可以行使法定解除权。如果严重违约或根本违约的是经纪公司，艺人不需要承担赔偿责任，可是需要证明经纪公司的严重违约或根本违约，在法律尚没有明确具体界定标准的情况下，只能靠法官或仲裁人员的自由裁量，因此艺人承担的法律风险比较高。严重违约或根本违约的证明标准很高，一旦不能认定，艺人将要承担违约和损害赔偿等法律责任。

(三) 演艺经纪合同的缺陷

该种混合型合同，最大的缺陷是合同的性质比较复杂，在行使解除权的时候依据不好把握，容易给弱势的表演者一方造成重大损失；再者，在双方自由约定的情况下，难免给地位不平等的表演者一方规定过重的义务，但何种情况是公平的，法律又没有明确规定，只能靠法官的自由裁量来判定，影响合同正义价值目标的实现。

**四、我国表演者权利合同实现方式的完善**

约定详尽的表演合同，是合同保护表演者的基本要求。此外，在尊重合同自由的前提下，法律和司法实践中应该贯穿公平、正义、安全、效率等合同法的价值目标，主动进行价值判断，保证合同双方利益平衡。下面重点从集体合同在我国的完善出发，为表演者权利的实现提供建议。

(一) 我国集体合同存在的问题

与其他国家的集体合同比较，我国存在的问题有：合同当事人是用人单位与本单位职工，而不是用人单位与相关的团体；我国的集体合同只约定履行义务，而禁止斗争手段解决争议；我国集体合同的强制性效力已经超出签订集体合同的工会成员，延伸到非工会成员。

(二) 我国集体合同的理论准备

上述问题的成因，在于我国集体合同的相关立法既忽视对个人自由保障的私法自治理念，又缺乏社会自治理论的支撑。德国集体合同的“法规性效力”与“债权性效力”区分性理论，奠定了德国集体劳动法的理论基础，值得借鉴。德国《集体合同法》第 1 条第一款规定：“集体合同规范集体合同当事人的权利和义务，它还包括法规性效力内容，即对于劳动关系的建立、内容和终止以及企业规章或企业组织法上的规范具有法规性效力。”该条款前半部分规定的是“债权性效力”的内容，后半部分规定的是“法规性效力”的内容。集体合同“债权性效力”的理论根源来自集体合同的私法性质，而单纯契约私法性，并不能解释集体合同当事人——工会或雇主组织——通过契约为其成员（劳动者或雇员）设定强制性权利和义务的行为，因为这明显与契约不得为他人设定义务的基本原则相悖。辛茨海默却通过社会自治的方式赋予社会团体力量，即赋予集体合同双方构建的法律关系与国家法同样的法律地位，将集体合同中规范个别劳动关系的部分视为自动进入的“规范性”内容。因此，集体合同的当事人必须是团体，可以通过斗争的方式自行解决争议，当然集体合同内容只对团体组织成员才有法律效力。

综上，我国应该认真构建集体合同的理论基础，并在《宪法》等法律中规定同盟自由类基本权利，为集体合同的债权效力和法规效力提供理论和权利支持。此外，在充分尊重民事主体自由的前提下，将集体合同的强制效力局限在团体成员范围之内。

（三）工会等团体组织准备

从前面论述可以看出，发达国家都有非常成熟的工会类团体组织代表表演者签订集体合同，成为表演者的“娘家人”。不论是永久的表演者，还是临时表演者，都无任何义务、条件限制地可以自由加入到工会组织中，工会类团体组织会对所有成员一视同仁，保证成员平等地获取工作机会和获得报酬。我国目前有两家比较正规的演员组织——中国广播电视协会电视剧演员委员会和中国电视艺术家协会演员工作委员会。虽然两家的会员条件不完全一致，但共同点是入会门槛都比较高，如“得过金鹰奖、德艺双馨奖”，或者组织里都是明星级大腕，一般表演者很难进入，即使上海演艺工作者联合会，一个表演艺术从业人员自发组成的非营利性组织，其入会条件也有学历、资历、演出场次、作品数量等要求，许多表演者只有“望会兴叹”。我国可以参考发达国家的机构设置，如美国SAG，成立专门保障表演者的工会组织等团体，向所有表演者敞开大门，既不强迫加入，也不增设加入条件。通过集体合同的签订，为所有表演者，无论是大腕明星还是临时演员，平等地保护他们的合法权益。

（资料来源：《知识产权》2013年第8期）

**案例讨论问题：**

1. 根据经纪合同相关规定，思考文化经纪纠纷主要出现在哪些方面？
2. 对于文化经纪纠纷，应该采取什么样的预防措施？
3. 一旦发生文化经纪纠纷该如何妥善处理？

# 8.4　文化经纪项目案例

## 案例 8-4-1　中国传统武术的国际化问题研究
——上海永鹤体育经纪有限公司案例研究

孙剑群

武术是国粹，既是一项体育运动项目，也是一种文化形态。它既具备了体育项目的共性，又具有鲜明的文化特征。它起源于古代，得到长期、系统的发展。随着中国经济的迅猛发展和国际地位的提高，武术也逐渐走出了中国，走向了世界舞台。现在，“中国武术——功夫——太极拳”更成了中国在世界上最有影响力的体育品牌，以武术为表现内容的文艺作品，已经在国际上占有重要位置。可以说，武术“源于中国，属于世界”已经成为现实。北京申奥成功和中国加入 WTO，给武术产业带来了机遇和挑战。作为以武术为主要产品进行经纪活动的体育经纪公司，该如何使武术产品在企业经营中发挥最大的效能成为具有全新内容的新课题。如何使中国武术运动的研究适应世界体育事业的发展。在加速我国运动训练科学化进程中发挥更大的作用，不仅是中国武术界人士普遍关注的问题，更从客观上反映了我国武术运动研究的现状。总结武术研究的特点和存在的问题，以及今后发展的趋势，从而使我国的传统武术运动发扬光大，有着重大的现实意义。

随着我国武术运动在本土及世界各地的迅速发展，许多以前很少见到的学科术语在理论研究中频频出现，这是武术学科建设发展的标志。一般，我们将根据不同场合、用途、研究意义，从四个角度对其进行分类：从历史学视角可以分为“古代武术”、“近代武术”和“现代武术”，由功能目的可以衍生为“竞技武术”、“健身武术”和“技击（实用）武术”，按习武群体可以划分为“军事武艺”、“民间武术”、“群众（社会）武术”、“专业队（竞技）武术”、“学校武术”，从文化社会学意义上可以分为“传统武术”与“现代武术”。

但目前，武术界却长期存在着中国传统武术与现代竞技武术的争鸣。人们习惯于将新中国成立前以攻防技击为主体的武术及按原来方向发展的武术称为传统武术，将新中国成立后发展起来的以艺术表现为特色，以“高、难、美、新”为发展方向的竞技武术套路及 20 世纪 80 年代发展起来的搏斗运动称为现代竞技武术。传统武术在历史上一直以技击武术为主体，以军事武术为主导而发展，由于种种原因，新中国成立后的很长一段时期内，以技击武术为主体所谓的传统武术一直处于被冷落的境地。

现代竞技武术是在西方体育传入中国后，受竞技体育的影响而逐渐形成的。新中国成立后的近40年间一直大规模开展的只有套路形式，并一直以《武术竞赛规则》为指针而发展。经历了近半个世纪的发展演化，竞技武术套路技术的发展从20世纪60年代追求“难度大、质量高、形象美”到今天提出的“突出竞技特色，提高艺术水平，鼓励发展创新”的指导思想和“高、难、美、新”的技术发展方向，使竞技武术套路的艺术化进程进一步加快，竞技武术套路逐渐发展成为符合奥运精神的表现“难、美”性项目。而与此同时，散手运动自20世纪70年代末开始，经过不断试点与改进，逐渐明确了“强化体能，技法全面，突出个性，快狠巧准”的技术发展方向，在武术发展中处于主导地位。

如果我们做个市场调查或数据统计，不难发现，中国传统武术在国外比较熟知的只是太极，而其他拳种了解的人就很少了。原因就是，外国人比较喜欢竞技搏击，如日本的柔道，韩国的跆拳道。而恰恰就是因为我们在竞技武术方面还拿不出成熟的东西，武术的特点也就不易发挥。

同样，由于中国武术进行世界性推广还没有走“表演与竞赛相结合”的道路，没有把我们的武术哲学与理念也宣传出去，使得我们所采用的“老子的阴阳动静理论”等区别于国外的只用身体的搏击的新鲜理念没有很快地被外国人接受。并不是外国人排斥我们的传统武术，而是看我们用哪种方式去宣传我们文化的独特性。

在中国的传统武术缺少定期性的国际比赛的状态下，很多人认为，练传统武术没有出路，不像练跆拳道，可以扬名。这也是我们传统武术想打出去所面临的问题。只要中国传统武术把有对抗性的比赛搞好了，走向世界的日子也就不远了。

在传统武术与竞技武术争鸣的过程中，我们必须清醒地认识到，竞技武术必须汲取传统武术的文化营养。一方面，传统武术的守护者们，站在自身的角度和捍卫民族文化的立场上，极力宣扬传统武术文化的优越性，而大造批判现代武术（竞技武术）的声势，漠视其发展；另一方面，现代武术的倡导者们，则极力主张武术发展与改革应以“运动的武术”为中心，推崇武术的奥林匹克化。这种现象对中国武术无论是在国内还是外国的发展都产生了不利的影响。武术至今在奥运会门外徘徊的根本原因之一，就是中国当代的竞技武术在发展的过程中没有或很少汲取传统武术的营养，从而使武术这一颇具民族特色的项目变得不伦不类。

那么，怎样才能使传统武术摒弃“清高”，走向市场，在竞技武术分割“客户群体”、汲取文化涵养的磨合中两全其美呢？应该将武术作为宣扬中国文化，进行国际化推广，带动武术产业的国际化，将武术通过体育经营载体彻底投入市场。

上海永鹤体育经纪有限公司是上海市第一家注册的体育经纪有限公司。旗下有上海青浦武术院、上海瑞大学校两所学校。上海青浦武术院是一所有着8年办学经验的以武术教学为特色的体育类学校；上海瑞大学校是一所新办的9年一贯制义务教育学校，有武术特色学生200名。

通过调查，国内国际的体育经纪公司的大致业务一般分为两大类：体育赛事推广和代理运动员注册及转会。通过体育经纪人的中介作用，促成某项赛事的成功举办或者进行运动员的管理、与俱乐部之间的签约和人头买卖。目前热点和焦点仍为列入国际奥林匹克运动会的体育项目。他们不直接参与赛事的具体安排或者运动员的直接培养。

而上海永鹤体育经纪公司以武术作为进行经纪活动的主要产品，目前在国内还较少。很多人认为，武术还不是国际奥林匹克项目，作为经纪公司，对其进行运作还不成熟，没有多大的利润可以创造。因该公司有自己的武术教学基地，在武术运动员的培养上有得天独厚的优势，再进行运动员的中介代理较之其他经纪公司方便得多。且因武术是一项传统的中国文化，在不能就文化进行直接的商业买卖的状况下，通过武术产品的相关延伸产品，如武术旅游、武术对外表演交流、外国学员体验中国传统文化武术教学等变相将文化推向市场，达到经营目的，不仅可以弥补武术作为不是奥运会项目而认可度不高、导致经纪活动不活跃的缺憾，更能使该体育经纪公司的经营活动成为早期占领市场的先驱。产生这一想法的原因主要有几点：一是，武术产业在中国体育产业中占据着重要的位置。因为是传统项目，是中国传统文化中不可忽视的重要组成部分，让中国武术在中国体育产业中占据了重要的位置。而且具备了世界一流的竞技水平，这是任何产业得以发展壮大并最终位列前沿地位的先决条件。二是，武术产业具有可持续发展的丰富资源。这些资源包括人文资源、文化资源、人才资源、产品资源、技术资源等。三是武术产业具有庞大的世界消费群体和消费市场。以武术为表现内容的文艺作品，特别是影视作品，已经成为西方娱乐业的主流内容之一，对世界各国的各年龄层次的人都有吸引力。四是，武术产业具有世界影响力的体育品牌。太极拳和八卦掌成为中国传统武术的代名词，在世界各国有很高的知晓度，是具有世界影响力的体育品牌。中国功夫是一种被神化了的体育竞技和观赏项目。五是，武术产业的衍生产业具有强大的市场。由武术产业衍生的武术旅游、武术中介、武术教学等相关产业的兴起，证明了中国传统武术在国际市场上的潜能是非常大的。外来求学者由武术学习萌生对中国传统的其他文化的好奇，带动了相关行业的繁荣，形成了一个经济辐射圈。

在体育经纪活动中，马来西亚、韩国、日本等东南亚国家对武术竞技人才的培养为中国武术走向世界市场奠定了很好的基础；部分西方国家，如：斯里兰卡、西班牙、德国等国家对武术表演人才的需求为中国传统武术走向世界市场带来了希望。目前，与我国毗邻的日本已有柔道项目进入奥运会，韩国也有跆拳道项目进入奥运会，我们作为一个泱泱体育文化大国，以何种项目、何种形式尽快步入奥运殿堂，是需要我国体育工作者献策献力，共同努力来实现的。

所以，作为一家以新思路，新举措来进行武术推广，武术经营的体育公司，运作上更应进一步解放思想，更新观念，树立市场经济意识；争取政策，透析国家在加快武术市场管理的法制化、规范化建设中对武术产业的定位；在逐步完善的武术市场体系下，做好企业内部管理；加强企业内部对武术市场经营、管理专门人才的培养；对以武术为主要产品的可持续发展要有长远眼光，要有战略性的考虑；与产品的延伸行业要广泛合作，整合资源。这样，我们的武术才会在国际市场上具有无上的价值，我们的传统文化项目才会更合理、有序、快速地进入市场轨道，我们的国粹才会有更高的认可度。

（资料来源：《中华武术》2006年12月）

## 案例8-4-2　墨色国际打造

李　琳

2004年7月中旬，关于几米的图书、电影、音乐剧、画作手稿、文具用品，甚至印有几米作品人物形象的床上用品，都亮相于“遇见几米——感性上海生活艺术季”。这是迄今华人文化品牌首次大规模地整体展示。意味“几米”两个字从引领华语世界绘本风潮的作家，成为一个立体的规模庞大的文化品牌。

在近两年文艺界最出风头的排名者中。几米可谓首当其冲。小小的图画本创造了上亿元营业额，其《向左走，向右走》《地下铁》被改编成电影上映时，超过45%的观众是冲几米，而非影片中的当红偶像明星来的；几米作品的周边商品已延伸至旅游卡、金饰品、玩具、文具、寝具，甚至咖啡和房地产广告种种现象宣告：在媒体的曝光下，随着购买群体意识的发酵。一股强劲的“几米热”已经成形。

从绘本作家，到一个规模庞大的文化品牌，不过6年。

6年前，“几米”这两个字，只寂寞地出现在故事书插画的下方；如今，“几米”这两个字，已成为一种标识。从故事插画到绘本专辑，从网络音乐、动画屏保，到系列文具、寝具，铺天盖地地泛滥在人们的生活中。在拥有几米股份的公司管理下，与其绘画相关的图书、电影、音乐剧、玩具、灯具、床单，都在帮他赚钱。

是谁使几米在 6 年里实现了一个文化经济的惊天神话？是几米的经纪公司——墨色国际。“几米热”，不仅是其作品魅力所致，很大程度源于墨色国际对这一文化创意品牌的倾力塑造。若无墨色国际，恐怕至今，几米还是一个做梦人；现代都市中也无多少人听过“几米”这个名词。

几米是台湾文化大学美术系毕业生，曾供职广告公司 12 年，后为报纸、杂志等出版物画插图。1998 年，几米首次出版个人绘本《森林里的秘密》《微笑的鱼》。1999—2004 年，他陆续推出《向左走，向右走》《月亮忘记了》《我的心中每天开出一朵花》《地下铁》《我只能为你画一张小卡片》《布瓜的世界》等经典之作。在这些作品中，几米以其独特的绘画风格和叙事方式，赢得千万十五六岁的少男少女乃至三四十岁的白领阶层的青睐，掀起持续至今的绘本创作大潮。

几米绘本的热销和品牌的确立，源于优秀的营销者李雨珊。早在 1999 年，李雨珊任格林出版社企划编辑时，便为几米《向左走，向右走》的出版策划网站，让几米和读者沟通互动。当时，很多网友便已认同和喜爱几米的作品，有网友写到“他的文字、图片总是很轻易地牵引我的感觉，在不同时间的不同情绪下，会产生不同的感觉”。

并非所有的文化创意都能作为品牌经营，若作品具有足够的市场和社会影响力，其成功就绝非神话。凭着做过广播节目企划和在企业管理顾问公司的经历，李雨珊敏锐地感到，经营几米品牌成功的可能性并开始认真思考几米品牌策划行销的问题。

首先考虑的是文化创意品牌的核心价值，即该品牌以区别其他品牌的独具特色的核心竞争力。几米的作品传达的是，现代都市中人与人之间的疏离感，其作品每每以简单的画面延伸出一个感人的故事，主角都是都市生活中随时随处可见的凡尘中人，很能拨动一般都市读者的心弦，背景设在都市的某一角落，可以是台北、上海，也可以是汉城、东京，所以进入各国市场能立即融入都市读者的感情体验中。对许多人来说，“几米”是一种让人憧憬的微带苦涩情调的浪漫。其中常常细腻地营造出流畅的诗意空间，配以梦呓般的文字，描绘出现代都市人的感慨与梦想，表达的是一种大众化的“都市伤感”。这种平易且善解人意的作品性格，直接构成其作为品牌的核心价值。几年来，几米的作品陆续以简体中文、日文、韩文形式进军中国内地、日本、韩国的绘本市场，受到各地读者青睐的原因正在于此。故墨色国际一直谨慎地保持几米品牌的核心价值。如几米作品进入中国内地市场未更改一字一句；进军日本市场时，为适应当地市场特性，在色彩基调上偏重粉色的可爱感觉，封面及其尺寸也重新设计，但仍坚持文字及图画的完整性。

然后，是进行几米品牌的市场定位。据李雨珊披露，她曾考虑过各种品牌宣传的方法，是像kitty猫那样，将几米的系列人物形象单一地做成卡通商品，还是塑造一个台湾的“宫崎骏”，用多媒体的方式打造“几米”？考虑到几米与宫崎骏作品的相似处：每一画本中的人物都具独特性，从最早的《森林里的秘密》《微笑的鱼》，到《幸运儿》《你们我们他们》，很难以一个模式涵盖。于是，她决定借鉴日本动画大师宫崎骏文化创意品牌的经营模式，以“几米”为品牌名称，对其进行多方面多重性的打造。

核心价值和市场定位的确定，仿佛两颗定心丸。李雨珊有了这两件“法宝”，再加上精打细算的头脑与步步为营的策略，“几米品牌”就不是一个神话了。

明确了品牌核心价值和定位的确定，只是完成了品牌经营的第一步。接下来的事情是要建立强势品牌，创造品牌资产，以及选择运用各品牌要素去提供品牌认知和品牌印象。几米最初只作为绘本作家而存在，读书的人毕竟是少数，而出版社很少会为推广一本书去做电视、报纸、杂志广告。如何让不读书的人也了解、接触到几米作品，把几米品牌的知名度最大限度地提高，这是李雨珊经营几米品牌获得成功的关键所在。

2000年李雨珊和几米合资成立了墨色国际。“几米不是娱乐明星，我们最终达成共识，不经营几米本人，只经营几米的作品。”李雨珊说，“墨色国际成立的目标，就是以企业的形态把几米当作一个品牌来经营”。

李雨珊把要走的路都看得很清楚。文化产品有一个优势，就是能相对容易地和其他品牌结合宣传，借此快速提升品牌知名度。墨色国际利用这个优势设定品牌第一阶段目标是为几米打响品牌知名度，这也是墨色国际第一阶段4年的任务。“将几米作品的图案和其他产品相结合是当年运作这一品牌的第一步，不仅能够迅速拓宽几米作品的受众面，也是资金来源之一。”李雨珊说。在跟众多商业品牌跨界合作的推动下，几米品牌走出书店，接触到更多消费者。同时墨色国际也获得了不菲的广告收入，当年的单个汽车广告金额约100万新台币。

紧接着进入第二阶段的品牌开发，其重点是陆续开发几米的周边产品。首先是将战线延伸至大陆，在上海成立分公司负责中国内地的授权合作，同时寻找合适的工厂生产几米品牌的灯具、音乐盒等商品，并考虑立体人偶造型的小家电生产。李雨珊说，在中国内地推广几米品牌周边产品的这个想法是她在几米网站进行的问卷调查结果中蹦出来的：“问卷挂在网站上仅两个礼拜就吸引了3000多人来填写。更令人惊讶的是，1/3接受调查的网友来自中国内地，而当时几米的绘本在大陆出版不过两个月而已。”读者的反应表现出的品牌认知度和喜好度让李雨珊感到几米品牌开拓周边商品的时机到了，她按捺不住兴奋之情，“于是，才有了几米的音乐、屏保、文具、电影、舞台剧，甚至还有可能出现的其他种种几米商品”。

此后，几米网站便开设了会员专区，提供免费下载几米作品的桌面、图标、屏保程序，还定时或不定时地向会员寄送电子贺卡。墨色国际上海分公司成立以后，中国内地陆续生产了几米品牌的灯具、文具、音乐盒等商品。最近，又推出了几米寝具系列。用几米绘本中的人物与故事来行销商品，消费者在产品中找到了对几米作品产生共鸣的物质寄托，很自然地受到了欢迎。

“我们要依据每个作品的不同性格确定每个独立作品的开发重点。”李雨珊说。比如，《向左走，向右走》和《布瓜的世界》语调柔软清新，适合开发棉布的抱枕寝具，而《地下铁》有金属的都市风格，就对于开发金属制品的灯具、扑满或其他小商品比较合适。

除了借鉴日本的宫崎骏的品牌经营模式之外，墨色国际还去美国考察迪斯尼的运作，并从中领悟到，以文化创意为卖点的商品，必须紧紧抓住社会流行的元素，才能常葆品牌青春。因此决定把几米创作的2D平面图画，制成立体化的3D彩色公仔。“在中国内地及港澳台地区，目前还没有一个以漫画为核心的国际品牌，也没有这样一种运作模式。几米的目标，就是成为一个华人的国际文化品牌。”李雨珊说。

墨色国际正是通过图像授权、异业结合、开发周边商品等企业化经营让几米品牌成为一股旋风。如今，几米品牌的确立已经是不容置疑的事情，几米的成功，或者说墨色国际的成功，带给公众的不仅是一种多方位消费几米品牌的方式，而是提供了一种经营文化品牌可能获得成功的模式。几米的绘画加上品牌营销的理念，造就了一个崛起的品牌产业。

（资料来源：《中外文化交流》2004 年第 10 期）

**案例讨论问题：**

1. 体育经纪公司把中国传统武术市场化的关键是什么？
2. 墨色国际如何完善几米这一文化形象的产业链的？
3. 结合案例，试分析一个文化经纪项目成功的要素应该包含哪些？

# 附　录

## 附录一

### 金领职业：文化经纪人 薪酬丰厚未来发展空间大

赵　强

文化经纪人，是在演出、艺术品、文物、影视、出版、文化娱乐等活动中从事代理服务的专业人员。目前，经纪人的薪酬颇为优厚，被认为是“金领职业”。然而在这个新兴行当里，真正高素质的经纪人在市场上还很少。目前的文化经纪人，大多是以前专业文艺团体里的演员、经营者或从模特儿等转行而来。

**职业前景**

文化经纪人是在文化艺术经济活动中，以收取佣金为职业收入手段，从事居间、行纪、代理等中介业务的人员或机构。相对于房地产经纪人上万人的从业队伍来说，中国的文化经纪人绝对是少数人的职业。

随着国内文化市场的日趋繁荣，各类文化经纪活动的日趋活跃，以及专门从事演出、影视制作和节目策划等文化公司的层出不穷，文化经纪人职业的发展潜力被普遍看好。据统计，目前从业人员还不到整个行业需求的20%，被列入“上海12类紧缺人才”之一。而经纪人的薪酬也从万元到百万元不等，被认为是“金领职业”。随着未来文化创意产业的兴起，文化经纪人将有更大发展空间。

**职业素质**

要想成为一名优秀的文化经纪人，需要具有艺术修养和文化底蕴；熟悉市场规律，能进行策划营销；有沉着稳重的头脑，能够冷静地思考，不能急功近利。除了具备相关领域的专业知识外，还要熟悉掌握法律、财务、传播、受众心理等相关知识，并具敏锐的市场感悟力；具有一定的公关能力，即能建立良好且广泛的社会关系，并在业务洽谈中显示良好的沟通技巧，解决危机难题；至少掌握一门外语。

**证书介绍**

根据国家相关政策规定，凡是文化经纪从业人员，必须通过上海市执业经纪人协会组织的培训，考核后，到工商局申领经纪执业证书，才能取得从事文化经纪事务的资格，成为合法经纪人。

适合人群：对从事文化经纪业务有兴趣者。

报考对象：各类文化经纪人（演出、艺术品、文物、影视、出版与版权代理、文化娱乐、模特经济等）。

报考条件：具有大专（含）以上文化程度。

考试内容：涉及国家有关的法律法规和政策、文化经纪专业知识等。

证书颁发：当地劳动和社会保障部门。

点评：每年的文化经纪执业资质考试总是吸引了很多人，可事实上，获取证书并不意味着就能成为成功的经纪人。经纪公司在招聘经纪人时，并不一定把拥有《文化经纪资格证书》作为前提条件，只要具备经纪人的潜质，一般公司允许新人边工作边考证，但经纪人的工作往往很忙，所以事先考取“准入 PASS”，也不失为一个明智的选择。

**Tips：经纪人释疑**

经纪人是指在经济活动中，以收取佣金为职业收入手段，为促成他人交易而从事居间、行纪或代理服务的中间人。经纪人大致可划分为一般经纪人和特殊行业经纪人。一般经纪人是指从事国家允许公开交易，又不属于特殊行业的商品交易的中间商。特殊行业经纪人是指从事金融、保险、证券、期货、科技、房地产、文体等行业的专业经纪人。

据了解，目前经纪人涉及的行业有证券、保险、期货、房地产、科技、产权、汽车、文化、体育等几十个。市场中最为活跃的主要是房地产经纪人、体育经纪人、文化经纪人、汽车经纪人、证券经纪人等，他们不仅拥有令人羡慕的职业，更有令人羡慕的收入。

根据相关规定，具备下列条件的人员，经工商行政管理机关考核批准，取得经纪资格证书后，方可申请从事经纪活动：具有完全民事行为能力；具有从事经纪活动所需要的法律知识和专业知识；有固定的住所；申请经纪资格之日前连续三年以上没有犯罪或者经济违法行为。此外，从事保险、房地产、证券、期货、技术贸易、商业性演出等国家有专项规定的特殊行业经纪业务的，还应具备相应的专业经纪资格证书。

（资料来源：http：//business. sohu. com/20070606/n250414629. shtml）

# 附录二

## 《美国统一运动员经纪人法》述评

肖永平　周青山

2000年，美国统一州法全国委员会通过了《美国统一运动员经纪人法》（*Uniform Athlete Agents Act*，以下简称UAAA），推荐给全国各州和地区使用，以期消除各州在运动员经纪人立法上的差异，达到统一监管的目的。本文通过介绍UAAA的制定背景，剖析其具体内容，评价其得失，揭示它对我国体育经纪人立法的启示。

### 一、制定UAAA的背景

（一）美国运动员经纪人概况

体育经纪人是指在体育经纪活动中提供中介服务，并以此获取佣金，依法设立的体育经济组织、独立经纪人。美国的体育产业很发达，体育市场化程度很高，这为体育经纪的发展提供了丰厚的土壤，特别是职业运动员的出现，客观上促进了运动员经纪人队伍的蓬勃发展（体育经纪人既包括从事体育经济活动的体育经济组织，也包括个体的独立经纪人。考虑到UAAA规制的仅为个体的运动员经纪人，本文前两部分讨论的范围仅限于运动员经纪人，只在最后一部分探讨对我国的启示时扩展及体育经纪人。运动员经纪人的主要工作包括合同谈判、纳税计划、财务计划、理财、投资、不动产计划、所得税预计、运动医学顾问、体能顾问、退役后的发展、职业和个人发展顾问、法律顾问和保险服务。美国的体育活动可以划分为职业体育和业余体育，利益主体复杂且多元，由于这两种体育活动性质的差异，它们对体育经纪人的态度也各不相同。职业体育由于是市场化、产业化运作，因而对体育经纪人的依存度非常高，体育经纪人在职业体育中发挥着不可替代的作用。例如，美国四大职业联盟均有自己专属的体育经纪人队伍，在2006年，全美职业棒球大联盟有328位注册经纪人，全美职业篮球协会有350位注册经纪人，全美职业橄榄球联盟有1000位注册经纪人，全美职业冰球联盟有159位注册经纪人。但作为业余体育的学校体育，为保持其业余性质，完全拒绝运动员经纪人的介入。如美国全国大学生体育协会（以下简称NCAA）对签订经纪合同的学生运动员给予取消其学生运动员资格的纪律处罚，并对其所属的大学给予相应的处罚。

（二）美国对运动员经纪人的监管

在美国，对运动员经纪人的监管包括两个不同的体系，一是政府监管，二是各体育组织监管。在政府监管体系中，又分为联邦监管和各州监管。美国是一个联邦制国家，同时存在着联邦法和州法两个法律体系，具体到体育经纪人立法，联邦没有统一的全面规制体育经纪人的立法，只是在2003年，美国国会通过了一部《联邦体育经纪人责任和信托法》，旨在对体育经纪人的违规行为进行规范，并为学校和学生运动员提供救济渠道。在州法体系中，1981 年加州通过了全美第一部体育经纪人法，到 2001 年，美国 29 个州已经有了体育经纪人立法，但由于各州立法缺乏统一的标准和协调机制，这些立法的差异比较大，各州形成了自己独立的体育经纪人法律体系，也在各州之间形成了监管壁垒。

体育组织的监管主要存在于职业体育。许多职业体育联盟对参与本联盟经纪业务的运动员经纪人制定了单独的管理规则，具体行使管理职责的一般为该联盟的运动员工会。运动员工会是联盟中运动员自发组成维护其自身权益的组织，可以代表运动员与职业联盟资方进行集体谈判，签订集体雇佣合同，也负责对本联盟运动员经纪人的管理。一般职业体育联盟制定有单独的运动员经纪人管理规则，如四大职业联盟均制定有各自的运动员经纪人管理规则，这些管理规则一般包括以下内容：资格申请要求、申请程序、注册费用、经纪报酬计算方式、培训等。其中许多要求是比较苛刻的，如 NFL 就要求其合同谈判类经纪人必须具有硕士以上学历。这些苛刻的要求对职业运动员是有好处的，因为职业运动员的数量非常有限，远远低于运动员经纪人的数量，运动员工会制定的运动员经纪人注册标准能起到初步的过滤作用，既保证了运动员经纪人的素质，也降低了运动员挑选优秀经纪人的成本。

（三）运动员经纪人立法的直接动因

随着体育经纪行业的巨大发展，已有的运动员经纪人监管规则已经不能满足管理的需要，主要表现在以下 3 个方面。

首先，体育经纪人数量巨大，违规行为增多。由于职业体育项目数量的增多和体育产业的发达，体育经纪成为一个利润极高的行业。比如，一名经纪人代理一名运动员签订一份 1000 万美元的雇佣合同，体育经纪人获得的酬金一般为合同金额的 3%~10%，其获得的佣金一般为 3O 万美元，这还不包括从财务管理、比赛奖金等获得的酬金。巨大的利润吸引了大量人员参与其中，但由于职业运动员数量是有限的，两者数量的不对等造成许多体育经纪人没有业务，面对巨大的利益诱惑，许多经纪人将手伸向了学生运动员。如前所述，NCAA 为保证其业余性质，是严禁其所属学生运动员签订经纪合同的。根据 NCAA 章程规定，任何人，无论是口头还是书面形式，委托一名经纪人代理其与运动相关的商业活动，将失去学生运动员的资格，不能获得奖学金及参加任何 NCAA 的比赛，并且，NCAA 还将对违规学生运动员所在大学进行处罚，无论学校是否知情。处罚形式包括返还电视转播权收入、取消季后赛资格等。尽管 NCAA 对学生运动员和学校处罚严厉，但 NCAA 无权对违规的体育经纪人进行处罚，而各州对体育经纪人此类违规行为处罚标准不一，使得一些体育经纪人有恃无恐，采取各种形式，包括送车、送现金、拉拢学生运动员父母等形式与学生运动员进行接触，以期能够与他们签订经纪合同。

其次，各州立法复杂多样，缺乏统一性和协调性。如前所述，美国已有 29 个州颁布了相应的运动员经纪人法律，但这些法律自成一体，在注册、续期及强制性措施等方面各不相同，也没有相互承认及信息通报的措施和制度，但运动员经纪人的活动往往是跨州的。例如，一名持有佛罗里达州运动员经纪人执照的人，如果希望成为一名住所在田纳西州职业运动员的经纪人，并在其他州进行经纪活动，就与所有相关的州构成了实质性联系，这样就必须在其他州注册，否则就是违法经纪，这给体育经纪活动的正常开展带来了不少障碍。

最后，NCAA 的大力推动。NCAA 作为美国职业体育的蓄水池、后备军，一直在采取措施保证其业余性质，主要是确保其所属学生运动员的业余资格，因为学生运动员是享受国家提供的奖学金完成学业的。但职业体育的商业化和巨大诱惑已经极大地影响了 NCAA 的业余性，许多学生运动员面对诱惑往往铤而走险，在经纪人的引诱下，放弃学生运动员的身份，期望能进入职业体育联盟；或者秘密与经纪人签订经纪合同，欺骗校方，继续享有奖学金，这给 NCAA 对学生运动员的监管带来了很大困难。NCAA 由于是非营利性社团，对违规的体育经纪人没有处罚的权力，而州法对这些违反 NCAA 规则的运动员经纪人的处罚也有很多缺失。因此，NCAA 急需一部全国统一的法律来规制运动员经纪人，从而保护 NCAA 及其成员的利益，维护 NCAA 的业余性。

**二、UAAA 的起草及其主要内容**

（一）起草过程

在 NCAA 的大力推动及资助下，美国统一州法全国委员会（The National Conference of Commissioners on Uniform State Laws，以下简称 NCCUSL）于 1996 年开始了 UAAA 的起草工作。NCCUSL 起源于美国 19 世纪末的法律统一运动，于 1892 年在“促进美国法律统一性的各州委员会会议”上成立，其目的是拟制示范法律文本并向各州推荐使用。NCCUSL 是一个具有广泛代表性的组织，它由每一个州的州统一法委员会组成。起草统一法的一般工作程序如下：首先由一个起草委员会提出一份需要制定的法律草案，在 NCCUSL 召开的全国会议通过了该草案后，还应由各州统一州法委员会代表各州按一州一票投票通过，出席统一州法委员会的大多数州且不少于 20 个州投票通过后，该法案才能成为正式的统一法或示范法。当统一法或示范法起草完毕之后，NCCUSL 还要积极推动各州采纳统一法或示范法，它为寻求 50 多个具有不同法律传统的州的法律统一，作出了巨大贡献，最具影响力的工作是制定了《统一商法典》。NCCUSL 于 1996 年成立了 UAAA 起草委员会，并任命密西西比大学法学院的罗伯特·戴维斯为全国报告人口，具体负责起草委员会的工作。NCCUSL 明确了 UAAA 应达到的 6 个目标：（1）各州运动员经纪人注册的互惠；（2）当一州作出拒绝、暂停、撤回某人的注册申请时，其他州有权据此作出同样的决定；（3）规制某些人为获取经纪合同而接触运动员的某些行为；（4）要求在与学生运动员签订经纪合同时应通知该学生运动员所属的教育机构；（5）教育机构的利益因运动员经纪人或学生运动员的行为受到损害时，可以获得民事救济；（6）建立违法经纪行为的民事和刑事处罚机制。经过起草委员会3年多的工作，NCCUSL于2000年在佛罗里达州召开的第109次全国年度会议上通过了UAAA，并推荐给各州和地区批准使用。

（二）UAAA的主要内容

UAAA共21条，主要内容包括定义条款、监管机构、运动员经纪人注册、体育经纪合同、体育经纪行为、法律责任等，基本上统一了各州在运动员经纪人立法上不一致的地方，下面结合UAAA的条文及NC—CUSL的评述对其主要内容作一简单介绍。

1. 定义条款

定义条款普遍存在于普通法系国家的法典中，UAAA第2条为定义条款，对经纪合同、运动员经纪人、运动员管理人、学生运动员等12个专用名词进行了界定，这里重点讨论其中的2个关键名词：运动员经纪人，学生运动员。UAAA对运动员经纪人是这样定义的："运动员经纪人是指该人与学生运动员签订了经纪合同，或者是直接或间接吸引学生运动员签订经纪合同，也包括公众认为是运动员经纪人的个人，运动员经纪人不包括以下人员：学生运动员配偶、父母、祖父母，仅为职业体育运动队及职业体育组织经纪的也不在本法所指的体育经纪人之列。"从这个定义可以看出，运动员经纪人不仅指直接与运动员签订经纪合同的经纪人，也包括受运动员经纪人雇佣帮助寻求学生运动员的人员。UAAA只规制作为个体的为运动员服务的体育经纪人，以公司和其他商业形式从事体育经纪活动的组织不属于其规制范围。另外，如果是专为职业体育组织服务的个体体育经纪人，如为四大职业联盟及所属各球队服务的体育经纪人，也不受UAAA的规制。

UAAA对学生运动员定义如下："学生运动员是指这样的个人，他已经进入或有资格进入，或者在将来有资格进入任何大学体育项目，如果一人永远没有资格参加某一大学体育项目，他就不是该大学体育项目中的学生运动员。"对这一定义可以做如下理解：首先，UAAA不适用于职业运动员的经纪人，也不适用于已不具备业余资格的运动员聘请的运动员经纪人。其次，对于同时参加两项体育运动的个人，如某一运动员既参加棒球运动，又参加足球运动，但他是职业棒球运动员、业余足球运动员。如果一名运动员经纪人与该人就足球的商业活动进行谈判，也应该受UAAA的约束。再次，学生运动员的含义比较广泛，不仅包括大学里的学生运动员，也包括高中学生运动员、未来有可能进入大学体育运动的高中毕业生、退学高中生等。

2. 运动员经纪人的注册

运动员经纪人资格的获得及续期是UAAA需要解决的主要问题之一。因此，UAAA使用了6个条文来规定与运动员经纪人资格相关的问题。UAAA规定，任何人在获得运动员经纪人资格证书之前不能以运动员经纪人的身份从事经纪活动，但在以下情况，可以以运动员经纪人身份从事除签订体育经纪合同外的活动：①学生运动员或其代表主动接触；②在以运动员经纪人身份活动后的7日内向该州提出了注册申请。

UAAA规定，申请人在申请注册时必须提交以下材料：①申请人的姓名及主要营业地址；②雇佣申请人的机构名称或个人姓名；③此前5年的职业活动；④运动员经纪人参加培训证明与从事体育经纪活动相关信息、教育背景；⑤3名推荐人的姓名及住址；⑥在申请前5年接受其所提供经纪服务的个人姓名、运动项目名称、运动队名称；⑦与申请人经纪商业行为有关的任何人的姓名及住址，如申请人的商业伙伴、同事、所属公司的负责人等；⑧犯罪记录；⑨因不当代理行为引起的行政或司法决定；⑩如曾经是学生运动员是否存在被处罚、暂停资格、取消资格；⑪是否因为在过去的工作中被处罚；⑫在任何州是否存在申请被拒绝、暂停或撤回及被拒绝续期的情形。可见，UAAA对体育经纪人的注册信息要求非常详细和严格，不仅要求申请人的相关个人信息，还需提交与申请人经纪行为可能相关的其他人的信息。

UAAA规定了各州受理注册时的互惠条款，以方便运动员经纪人。UAAA规定：如果申请人已经向一州提出申请，或已经获得一州的运动员经纪人资格，他可将同样的申请材料或凭运动员经纪人资格证书到另一州申请注册，只要符合以下3个条件，该州应接受申请材料：①申请材料在向一州提交后6个月内提交，并且申请材料所包含信息已经进行更新；②符合该州注册所要求的基本条件；③申请人签署了诚信声明。

在申请人提交注册申请后，州运动员经纪人管理部门应对这些申请进行审查，并决定是否批准。UAAA规定，对提交了符合要求的申请材料的申请人，一般应予批准，但有下列7种情形的不予批准：①有犯罪记录的；②在进行体育经纪或注册申请时有弄虚作假行为的；③有减损申请人信托能力行为的；④从事了UAAA第14条禁止行为的；⑤在任何州注册时被拒绝、暂停或撤回及被拒绝续期的；⑥其行为曾导致学生运动员或教育机构受到纪律处罚，比如被暂停、取消参加高中及大学联赛的资格；⑦存在明显影响申请人诚信的行为。

在考察上述7种情形时，管理机构应从以下3个方面进行考虑：①此行为发生的时间；②行为的性质及发生的具体情形；③申请人的其他相关行为。

在续期方面，UAAA规定申请人应提交与申请注册时同样的材料，申请人在一州续期的，同样的续期申请材料也可以在另一州申请续期，只要符合以下3个条件：①申请材料在向一州提交后6个月内提交，其包含的信息已经进行了更新；②符合该州注册所要求的基本条件；③申请人签署了诚信声明。一般情况下，一州同意了续期，另一州也应当同意。

UAAA 规定，运动员经纪人资格的有效期为 2 年，如果一州决定中止或拒绝申请人的体育经纪资格，应及时通知该人并给其申辩机会。由于管理机构的原因无法及时批准申请人申请的，应及时发给临时证书，以方便其进行体育经纪活动。另外，UAAA 还有注册及续期费用的条款，具体费用由各州自行规定。

3. 体育经纪合同

UAAA 第 10 条对体育经纪合同做了详细规定。UAAA 规定，体育经纪合同必须是书面合同，并经双方签署，合同必须包括以下内容：①经纪费用计算方式；②如果申请人没有获准注册或续期对签订经纪合同学生运动员的赔偿；③学生运动员同意补偿经纪人因经纪活动而支出的费用；④提供给学生运动员的服务内容；⑤合同期限；⑥合同生效日期。另外，每份经纪合同在运动员签名处还必须包括以下警示语："如果你签署了本合同：（A）你将失去作为一名学生运动员参与竞赛的资格；（B）在签订体育经纪合同后 72 小时内，如果你有运动员管理人，你及你的经纪人必须通知此人；（C）在签署本合同 14 日内，你可以撤销本合同，但撤销本合同并不必然导致恢复你的学生运动员身份。"UAAA 特别规定，没有包括第 10 条所规定内容的体育经纪合同是无效合同。

为保护学生运动员所属教育机构的利益，UAAA 明确规定，在签订体育经纪合同 72 小时内，或在签订体育经纪合同后学生运动员可能会参加的第一场比赛之前，该运动员经纪人必须将已签订体育经纪合同的信息书面报告给该校运动员管理人。这样要求是为了避免学校在不知情的情况下派遣学生运动员上场比赛，从而导致纪律处罚，因为根据 UAAA 的规定，学生运动员一旦签订经纪合同便失去了其学生运动员的资格，这样，如果学校派其上场比赛便是派遣无资格的学生运动员上场比赛，违反了 NCAA 的规则。

UAAA 赋予学生运动员在签订体育经纪合同 14 天内单方面解除合同的权利，并且这一权利不能放弃，学生运动员依此解除合同，无须赔偿任何损失，也不需返还运动员经纪人为引诱学生运动员签订经纪合同而给予的好处。我们认为，这一规定是为了保证学生运动员的利益，给予其一次摆脱经纪人重新回到业余体育的机会。

4. 法律责任

UAAA 规定了严格的法律责任条款，并对刑事、行政处罚做了规定。UAAA 第 14 条详细列举了禁止运动员经纪人从事的行为：①体育经纪人不能通过以下行为引诱学生运动员签订经纪合同：传递虚假或误导性的信息，或做出虚假承诺，在学生运动员签订经纪合同前向其提供有价值物品，向学生运动员外的其他人或其他运动员经纪人提供有价值物品；②体育经纪人也不能有意以下行为：没有按照本法注册即开始接触学生，拒绝或没有保存本法第 13 条要求保存的材料，申请注册或续期时提供虚假或误导性的材料，没有在学生运动员签订经纪合同前告知其签署经纪合同将导致其学生运动员资格的丧失。针对以上违法行为，UAAA 规定了刑事和行政两种处罚方式，具体的刑事处罚方式及将何种违法行为列为刑事处罚对象则由各州根据具体情况自行规定，这主要是考虑到对体育经纪人的违规行为是否给予刑事处罚、给予何种刑事处罚各州还存在不同之处。对于行政处罚，UAAA 规定最多不超过 25000 美元，具体数额由各州的运动员经纪人管理部门根据具体情况决定。

为保护教育机构的利益，UAAA 第 16 条专门为教育机构创设了民事救济途径，教育机构因运动员经纪人或其所属学生运动员的行为违反本法而被体育行会处罚遭受损失的，该教育机构可以向两者提起民事诉讼，追偿相应的损失和律师费用。但在没有造成巨大损失的情况下，教育机构一般会避免提起此类诉讼，因为这会造成不好的公众影响，影响以后学生运动员申请该校，有可能造成该校招不到高水平的学生运动员。

**三、评价及启示**

（一）评价

UAAA 作为一部民间机构制定的统一法，在可能的范围内为美国全国范围内统一监管运动员经纪人提供了新的模式和制度安排，有评价认为，UAAA 是现有的最好的运动员经纪人立法之一，从以上对 UAAA 主要内容的介绍可以看出，在美国运动员经纪人管理法律体系中，UAAA 具有以下优点：

1. 统一州法

这也是 NCCUSL 制定 UAAA 的主要目的，事实上也是 NCCUSL 这一机构的工作目标。UAAA 为美国各州和地区提供了一个统一的管理运动员经纪人的法律框架，促进了法律的统一，特别是运动员经纪人注册标准、法律责任承担方式的统一，使得运动员经纪人的管理更科学，更有效率。

2. 保护了学生运动员及教育机构的利益

学生运动员通过 UAAA 能更明确知晓他所享有的权利和应承担的义务，在签订经纪合同时会更加谨慎。特别是 UAAA 规定学生运动员可以在签订经纪合同后 14 天内单方解除合同，更是明确彰显了 UAAA 的价值取向。教育机构则通过 UAAA 获得了对学生运动员签订经纪合同的知情权及对体育经纪人不当行为寻求救济的权利和途径。学生运动员及教育机构能更准确地知晓和判断经纪人的不当行为及违法行为。

3. 有利于运动员经纪人开展经纪活动

UAAA 对运动员经纪人注册进行了统一和完善，方便了经纪人在全美范围内开展经纪活动，节省了经纪人的时间和注册费用。对体育经纪市场来说，也方便了经纪人之间开展竞争，为运动员提供更好的经纪服务。

4. 完善了法律责任承担方式

UAAA 规定对违规体育经纪行为的处罚包括刑事处罚、行政处罚和民事处罚，处罚形式多样化、梯度化能有效地震慑违规者，并促使体育经纪人遵守 UAAA 的规定，合法经纪，公平竞争。另外，UAAA 的信息披露制度也使得各州能获得足够的信息准确适用该法，管理运动员经纪人。

UAAA 作为一部由 NCCUSL 起草的统一法，并不当然具有法律效力，必须经由各州议会通过方能发生法律效力。在 NCCUSL 将 UAAA 向各州推荐后，犹他州第一个接受了 UAAA，截至 2006 年 4 月，已经有 35 个州或地区接受了 UAAA，5 个州在审议中，6 个州仍然适用州议会自己的立法，还有 11 个州或地区既没州立法，也没有接受 UAAA。从 UAAA 被各州接受的情况来看，UAAA 在统一美国运动员经纪人立法方面起到了不可或缺的作用。

（二）对我国的启示

在我国从体育大国向体育强国迈进的过程中，我国的体育产业发展很快，职业体育正在稳步推进中，这客观上促进了体育经纪行业的大发展，但我国目前体育经纪人管理机制仍比较滞后。我们认为，UAAA 对我国的体育经纪人管理有以下 3 点启示。

1. 制定《体育经纪人管理办法》

我国在体育经纪人立法方面，主要是国家工商管理总局 1995 年颁布的《经纪人管理办法》，但这并不是专门针对体育经纪人的，国家体育总局目前没有制定专门的体育经纪人法规。部分省市制定了专门的体育经纪人管理规范，如北京、上海、山东、浙江、河南，但只是行政性的管理规范，并不是法律。而且，这些管理规范并不统一，如在体育经纪资格要求方面，北京、浙江就要求申请人具有大专以上学历，而河南只要求中专以上学历。为统一全国体育经纪人立法，建议由国家工商管理总局与国家体育总局共同制定《体育经纪人管理办法》，在注册、管理等方面统一标准。

2. 建立统一注册和信息披露制度

目前各省已有的体育经纪人管理规范自成一体，在现代体育产业环境下，经纪活动是全国甚至全球范围的，这客观上要求对体育经纪人进行全国统一监管。首先，应建立全国统一的体育经纪人注册制度，目前，各省自行分割建立体育经纪人注册制度，存在严重的壁垒，如《浙江省体育经纪人管理办法（试行）》第 9 条规定：不具有《体育经纪资格证书》的人员不得在本省行政区域内从事体育经纪业务。具有国家、外省市颁发的《体育经纪资格证书》的经纪人，经省体育局资格认定，由省工商局核准备案，在经营所在地登记注册，领取营业执照后，方可在本省从事体育经纪业务。这阻碍了体育经纪人跨省经纪，不利于体育经纪行业的发展。我们认为，应该由国家工商管理总局与国家体育总局共同负责核发体育经纪资格证书，取得该证书的体育经纪人在任一地区申请领取营业执照后，即可以在全国范围内开展经纪业务；其次，建立全国体育经纪人信息系统，输入所有取得体育经纪资格的人员信息，管理部门及接受体育经纪服务者能够方便地获得相关信息。

3. 行政管理与体育项目协会管理相结合

在行政管理的基础上，部分单项体育项目协会可以针对本项目的特点，对从事本项目体育经纪业务的经纪人提出特别要求，配合行政部门加强对经纪人的监管。

（资料来源：《武汉体育学院学报》2010 年 6 月）

# 参考文献


［1］胡晓明，肖春晔．文化经纪理论与实务［M］．广州：中山大学出版社，2014.
［2］汪京．文化经纪人［M］．北京：中国经济出版社，2006.
［3］徐海龙．文化经纪人概论［M］．北京：北京大学出版社，2010.
［4］林仁惠．乡村文化经纪人［M］．北京：中国农业科学技术出版社，2011.
［5］曲彦斌，王正．市场经纪人［M］．济南：山东教育出版社，1999.